本刊获得浙江敦和慈善基金会资助

东方哲学与文化

第一辑

徐小跃 主编

Eastern Philosophy
and Culture

中国社会科学出版社

图书在版编目(CIP)数据

东方哲学与文化. 第一辑 / 徐小跃主编. —北京：中国社会科学出版社，2019.9

ISBN 978 - 7 - 5203 - 5504 - 9

Ⅰ.①东… Ⅱ.①徐… Ⅲ.①东方学—丛刊 Ⅳ.①K107.8 - 55

中国版本图书馆 CIP 数据核字(2019)第 233507 号

出 版 人	赵剑英
责任编辑	郝玉明
责任校对	李　莉
责任印制	王　超

出　版	中国社会科学出版社
社　址	北京鼓楼西大街甲 158 号
邮　编	100720
网　址	http://www.csspw.cn
发 行 部	010 - 84083685
门 市 部	010 - 84029450
经　销	新华书店及其他书店
印　刷	北京明恒达印务有限公司
装　订	廊坊市广阳区广增装订厂
版　次	2019 年 9 月第 1 版
印　次	2019 年 9 月第 1 次印刷
开　本	710×1000　1/16
印　张	18.25
插　页	2
字　数	263 千字
定　价	86.00 元

凡购买中国社会科学出版社图书，如有质量问题请与本社营销中心联系调换
电话：010 - 84083683
版权所有　侵权必究

《东方哲学与文化》编委会

学术委员会(按姓氏笔画排序)：
    卢国龙 朱越利 刘笑敢 杜维明（美国）
    李丰楙（台湾） 李 刚 李远国 胡孚琛
    施舟人（法国） 洪修平 姚卫群 徐 新
    傅有德 楼宇烈 赖永海 詹石窗 熊铁基

编辑委员会(按姓氏笔画排序)：
    戈国龙 刘固盛 刘鹿鸣 李建欣 杨维中
    何建明 沈文华 宋立宏 张广保 陈 霞
    郑志明（台湾） 徐小跃 郭 武 盖建民
    彭国翔

主 编：徐小跃

执行主编：沈文华

主办单位：老子道学文化研究会
     南京大学道学与东方文化研究中心

发 刊 辞

徐小跃

　　世界地域有东西南北，而世界文化则常冠以东西，于是就有了西方文化与东方文化的判分。西方文化与东方文化产生的根源不同，其价值取向与思维方式也不同，而正是因为这种不同才使世界文明呈现出丰富多彩性。加强对东方文化的研究既是展现其自身特点的需要，又是融通东西方文化普适性的需要。

　　古人云："思以其道易天下"，"观乎人文，以化成天下"。所以，"易天下""化成天下"构成了中华传统文化乃至东方文化的价值取向。"天下"，这个概念在东方文化的体系中常常是在文化的意义上被使用的，也就是说，不能只在空间意义上去理解"天下"这个概念。实际上，"易天下""化成天下"是欲实现"三化三成三和"的目的：即净化心性，变化气质，淳化世风；成就道德，成长生命，成全人格；和谐社会，和平世界，和协自然。而这一目标的实现要通过"人文"教化！"观乎人文，以化成天下"，此之谓也。

　　"道主统"，它是要达到一个共同的目标，"一达之谓道"，此之谓也。然而，达此目标的途径和道路一定是多条的。东西方之哲思，东西方之圣教，东西方之文化必然是多样的，因而也是具有个性的存在。我们首先要认清东西方文化客观所存在的"不齐"，因为"物之不齐，物之情也"。其次我们还要心向着人类共同的大道去行进，这亦可叫作"不齐之齐"。我们人类，无论是身处西方文化的背景下，还是身处东方文化的背景下都应遵循各自的特性去呈现各自的文化精神，如此也才能展现"活泼泼"的道的世界！"率性之谓道"，此之谓也。

我们的做法则在于要以"以道观之"之胸襟与视野去通观各种文化及其意义与价值。一切符合人性的对待与合乎社会文明发展方向的思想文化都需要我们去创造性地转化与创新性地发展。儒家的忠恕之道，道家道教的道德之道，佛教的慈悲之道，基督教的博爱之道等皆可对现代人精神生活产生积极的影响。世界的文化正是在"各美其美，美人之美，美美与共"的前提下最终实现"天下大同"的。

"为往圣继绝学""六经责我开生面"是中国哲人的神圣责任。正是在这份责任的感召下，老子道学文化研究会和南京大学道学与东方文化研究中心创办了《东方哲学与文化》集刊，旨在构建中国东方学研究的学术阵地和交流平台。

本集刊得到了四川大学道教与宗教文化研究所、南京大学犹太和以色列研究所的支持，在此表示感谢。我们坚信，有同道的支持，有大家的智慧，本刊一定会办好，东方哲学与文化的研究也一定能够取得更好的成绩。

目 录

道学与民间信仰

论道言教：中华民族共同的信仰 …………………… 李远国（1）
论道教的黄帝信仰 …………………… 张泽洪 李雯婷（22）
《周易参同契》的天人感应之道 …………………… 郑志明（42）
论"惟道是从"
　　——《道德经》第21章诠释 …………………… 詹石窗（95）
"真""道""人""身""德（得）""大""天""地"
　　——道家道教几个核心概念的身体渊源略探 …… 易　宏（114）
汉文景教经典的道教化 …………………… 刘康乐（139）
近年傩文化研究及其趋势 …………… 刘　平　刘润雨（149）

佛学研究

古典禅里的材料与理解 …………………… 蒋海怒（170）
喻嘉言佛医思想新论 …………………… 欧阳镇（193）
中国佛教文化的创造性转化与未来发展简论 ……… 刘鹿鸣（204）

儒学研究

多元文化融通背景下传统儒家仁学理论形态现代转换的
　新探索
　　——从牟钟鉴的《新仁学构想——爱的追寻》到陈来的
　　《新原仁——仁学本体论》 …………………… 魏　涛（215）

仁爱可以为现代性奠基吗？ ………………………… 李海超（232）
《孟子》学中的"端喻"诠释 ………………………… 王　格（245）

犹太教研究
论犹太文化与犹太教的同一性 ………………………… 徐　新（259）
论寓意解经法在基督教与犹太教分离过程中的
　作用 …………………………………………………… 刘南阳（271）

《东方哲学与文化》稿约 ………………………………………（283）

道学与民间信仰

论道言教：中华民族共同的信仰

李远国

摘　要：道，是生命起源的原点，宇宙演化的本体，万物发展的规律。道，始源于距今约五千年前的黄帝时期，即考古学上新石器时期的晚期，因此保留着母系社会的痕迹。原始道家所处的时期，阴阳、五行、八卦、太极的图像已经出现，道家的理论已相当成熟。在悠久的历史中，道家以道为最高信仰，信仰神灵，崇拜祖先，以黄帝、老子为模范，发天人之学，在信仰和礼仪上传承了中国人的固有信仰和礼仪制度，在思想文化上紧紧围绕着自然本体与人文信仰的关系，形成了"天人合一"的整体观念，构筑起了中国宗教的思想体系，具有鲜明的民族主体意识，成为中华民族共同的信仰。
关键词：道；神灵；中华民族；共同信仰
作者简介：李远国，四川省社会科学院研究员（四川成都610071）。

一　什么是道教

道，是生命起源的原点，宇宙演化的本体，万物发展的规律。众所周知，自古至今的所有中外哲学所要解决的根本问题有三个：

一是宇宙和生命起源及演化问题，人们称之为哲学发生论；二是现实世界的本质与基础问题，人们称之为哲学本体论；三是社会与人生的理想问题，人们称之为哲学价值论。

"教"，是教化、教育。《说文解字》曰："上所施，下所效也。从攴从孝。凡教之属皆从教。"① 篆体的"教"，象以手持杖或执鞭，意味执政者手持鞭杖来施行他们的教育、教化，指导人们习礼学道。《周礼·地官司徒·师氏》曰："师氏掌以媺诏王。以三德教国子：一曰至德，以为道本；二曰敏德，以为行本；三曰孝德，以知逆恶。教三行：一曰孝行，以亲父母；二曰友行，以尊贤良；三曰顺行，以事师长。居虎门之左，司王朝，掌国中失之事，以教国子弟，凡国之贵游子弟学焉。""教之者，使识旧事也。"②《礼记·学记》曰："玉不琢，不成器。人不学，不知道。是故古之王者，建国君民，教学为先。《兑命》曰：念终始典于学。其此之谓乎。虽有佳肴，弗食不知其旨也。虽有至道，弗学不知其善也。是故学然后知不足，教然后知困。知不足然后能自反也，知困然后能自强也。故曰：教学相长也。《兑命》曰：学学半。其此之谓乎。古之教者，家有塾，党有庠，术有序，国有学。比年入学，中年考校。一年视离经辨志，三年视敬业乐群，五年视博习亲师，七年视论学取友，谓之小成。九年知类通达，强立而不反，谓之大成。夫然后足以化民易俗，近者说服而远者怀之，此大学之道也。"③《礼记·王制》曰："修六礼以节民性，明七教以兴民德。"④

在中国历史上，"道教"一词最初的意思，就是指以道来教化民众的各种理论学说和实践方法。《礼记·中庸》曰："天命之谓性，率性之谓道，修道之谓教。道也者，不可须臾离也，可离非道

---

① 丁福保编：《说文解字诂林》，中华书局1988年版，第4册，第3724页。
② （清）阮元编：《十三经注疏》，上册，中华书局1988年版，第730页。
③ （清）阮元编：《十三经注疏》，下册，第1521页。
④ （清）阮元编：《十三经注疏》，上册，第1342页。

也。"① 陶弘景《真诰》卷五曰："道者混然，是生元气，元气成然后有太极，太极则天地之父母，道之奥也。故道有大归，是为素真。故非道无以成真，非真无以成道，道不成，其素安可见乎？是以为大归也。见而谓之妙，成而谓之道，用而谓之性，性与道之体，体好至道，道使之然也。此说人体自然与道气合。所以天命谓性，率性谓道，修道谓教。今以道教，使性成真，则同于道矣。"② 张君房在《云笈七签》卷三《道教本始部》中曰："上古无教，教自三皇五帝以来有矣。教者，告也。有言，有理，有义，有授，有传。言则宣，教则告。因言而悟教明理，理明则忘言。既有能教所教，必在能师所师。是有自然之教，神明之教，此二教，无师资也。神明之教，义说则有，据理则无。正真之教，三皇五帝返俗之教，训世之教，宜分权实。且斯五教，启乎一真。自然教者，元气之前，淳朴未散，杳冥寂尔，颢旷空洞，无师说法，无资受传，无终无始，无义无言，元气得之而变化，神明得之而造作，天地得之而覆载，日月得之而照临，上古之君得之而无为。无为，教之化也。神明之教者，朴散为神明。夫器莫大于天地，权莫大于神明。混元气而周运，叶至道而裁成，整圆清而立天，制方浊而为地，溥灵通而化世界，蒸和气而成人伦。阴阳莫测其端倪，神鬼不知其情状。正真之教者，无上虚皇为师，元始天尊传授。泊乎玄粹，秘于九天，正化敷于代圣，天上则天尊演化于三清众天，大弘真乘，开导仙阶；人间则伏羲受图，轩辕受符，高辛受天经，夏禹受洛书。四圣禀其神灵，五老现于河渚。故有三坟五典，常道之教也。返俗之教者，玄元大圣皇帝以理国理家，灵文真诀，大布人间；金简玉章，广弘天上。欲令天上天下，还淳返朴，契皇风也。训世之教者，夫子伤道德衰丧，阐仁义之道，化乎时俗，将礼智而救乱，则淳厚之风远矣。噫，立教者，圣人救世愍物之心也。悟教则同圣人

---

① （清）阮元编：《十三经注疏》，下册，第1625页。
② （南朝）陶弘景：《真诰》卷五，《道藏》，文物出版社、上海书店、天津古籍出版社1988年版，第20册，第516页。

心，同圣人心则权实双忘，言诠俱泯，方契不言之理，意象固无存焉。"①

这些言说都是指用道来教化民众，民众又以道来修身养性，圣人则用教救世，立教度人。故自三皇五帝以来，已有自然之教、神明之教、正真之教、常道之教、返俗之教、训世之教，目的是为了"还淳返朴""救世愍物"。

作为一个专门的概念——"道教"，最早见于《墨子》。《墨子·非儒》谓儒者强执有命以说议，曰："寿夭贫富，安危治乱，固有天命，不可损益，穷达赏罚，幸否有极，人之知力不能为焉。群吏信之，则怠于分职，庶人信之，则怠于从事。不治则乱，农事缓则贫，贫且乱政之本。而儒者以为道教，是贱天下之人者也。"子墨子曰："天下之所以生者，以大王之道教也。今誉大王，是誉天下之所以生也。可誉而不可誉，非仁也。"（《墨子·耕柱》）这里所谓的"道教"，就是"先王之道"，即中国古代传说的圣天子尧舜、禹汤、周公文王等实行的政治教化的准则。

诸子百家中许多人都曾经以道来称呼自己的理论和方法。儒家、墨家、道家、阴阳家甚至佛教，都曾经由于各种原因自称或被认为是"道教"。儒家使用"道教"一词，将先王之道和孔子的理论称之为"道教"。佛教刚刚传入中国时，曾把"菩提"翻译成"道"，因此也被称为"道教"。到了东汉末年出现了正一道，自称为"道教"，取"以善道教化"之意。自此，其他各家为了以示区别，也就不再以"道教"自称，而成为正一道的专称。

一部约五千言的《道德经》，核心的内容是讲说大道。其中曰："道可道，非常道。""道者，万物之奥。"字里行间，反反复复，都是围绕一个道字，阐发道的精义，那么，什么是道呢？

老子的道论把这三个哲学问题合在一起加以探讨。他说："道生一，一生二，二生三，三生万物。"（《道德经》第42章）

---

① （宋）张君房：《云笈七签》卷三，《道藏》，第22册，第12页。

自此，中国哲学的宇宙发生论的基本模式便奠定了。他说："道者，万物之奥。"（《道德经》第62章）"万物恃之以生而不辞，功成而不有，衣养万物而不为主。"（《道德经》第34章）由之，中国哲学的体用论而具雏形。他说："人法地，地法天，天法道，道法自然。"（《道德经》第25章）从此，中国哲学以道为核心的价值论也正式建立。道，不仅成为道家、道教的最高信仰，亦成为中华民族最高真理的代称。从古至今，多少圣贤志士都毕生竭力于求道、学道、闻道、得道、悟道、体道、行道、弘道，为的是使人生变得更有价值，使世界变得更加美好。可以说，老子建立了一座道的丰碑，诸子百家环绕而敬仰之，得大道之滋润，用大道而生辉。换言之，老子的道论是超乎学派，没有封界的，一切愿意探根究底和需要安身立命的人们，都可以到大道里去寻找答案。

二　道的源头与原始道家

道，始源于约距今五千年前的黄帝时期，即考古学上新石器时期的晚期，因此保留着母系社会的痕迹。《道德经》第6章曰："谷神不死，是谓玄牝。玄牝之门，是谓天地根。绵绵若存，用之不勤。"也就是说，生养天地万物的"谷神"（道）是永恒长存的，这叫作玄妙的母性。玄妙母体的生育之产门，就是天地的根本。"谷神""玄牝"都是与女性生殖崇拜有关的生命意象，深藏在道学的深层结构里，与道的本体、特质、根源相互表里。

青海乐都柳湾出土彩陶壶，颈部略高，口沿外侈，在壶身捏塑出一个裸体人像（如图1，见第6页）。人像站立，头位于壶的颈部，五官俱备，小眼、高鼻、硕耳、大嘴，披发，双手置腹前，两脚直立，乳房微突，乳头用黑彩加以点绘，在人像下腹处夸张地塑造出生殖器形象，在阴唇的中央，却包含着男性的阴茎，可知裸体人像所表现的是合男女为一体的阴阳人。陶壶背后绘有一只形体较大的简化的蛙类动物，表示的应是人的后背。我们看到的是一个奇特的画面，人像的正面是阴阳人，人像的背面是只蛙，人蛙相融，合为一体。①

图1　中国国家博物馆藏马家窑彩陶壶

陶壶以夸张的手法突出性器官，在阴唇的中央，却包含着男性的阴茎，生动地反映了人类文明史上的生殖崇拜。老子讲"万物负阴而抱阳，冲气以为和"（《老子》第42章）。阴阳负抱，同体共生。"冲气"，男女合和交媾之气，就是天地间的至和之气，这是对老子所论阴阳最生动鲜活的诠释。说明道家阴阳互抱的思想，源于新石器晚期。在陶壶背后绘有一只简化的大蛙，应是阴阳人的后背。壶身既是蛙身，又是人身，人蛙相融，合为一体，表达了原始先民追求子孙繁衍、生生不息的强烈愿望。

卜辞中有牝牡、阴阳等象征两性的词语，说明生殖崇拜的影响早已融入殷商文化之中。"牝"，《说文解字》曰："牝，畜母也。

---

① 参见李仰松《柳湾出土人像彩陶壶新解》，《文物》1978年第4期。

从牛匕声。《易》曰：畜牝牛，吉。"金祥恒认为甲骨文中"牝"字从土，郭鼎堂谓土、且、士、王皆为牡器之象形，原始民族祖先崇拜之男根。"牝"之所从匕。《说文》训女阴也。故后加女为牝，以名人类之阴性者。①

"牡"，《说文解字》曰："牡，畜父也。从牛土声。牲畜。"郭沫若指出："据余所见，土、且、士实同为牡器之象形……而土为古社字，祀于内者为祖，祀于外者为社，祖与社二而一者也……是故士女对言，实同牝牡、祖妣。而殷人之男名'祖某'，女名'妣某'，殆以表示性别而已。"②

原始初民的性与生殖崇拜，表现为男女生殖器及其象征物崇拜，男女交媾及生殖繁衍崇拜，以及动物交合崇拜等。周予同在《"孝"与"生殖器崇拜"》中曰："所谓生殖器崇拜，实是原始社会之普遍的信仰。盖原始社会，智识蒙昧，对于宇宙间一切自然力，每每不能求得合理的解释，而遽加人格化。他们对于产生生命之生殖力，认为不可思议，应予以最高的地位，而致崇拜，其实很普通而自然。基督教的十字架，埃及的金字塔，都是西方古代民族将性器官作为一种象征之遗留的痕迹。中国古代民族亦离不开这种信仰，他以人间的生殖方法来比拟宇宙的生殖，于是以天、太阳、山、丘陵为男性的生殖器，以地、月亮、川、谿谷为女性的生殖器，而加以崇拜，于是产生祭天地、祭日月、祭山川等的仪式。其后民智稍微进步，于是由具体的而趋于象征，造作代表男女性器官之抽象的标识，如八卦之根本的符号—与--。其后民智又稍稍进步，于是由象征的标识而另与以名词，如《易》的阴阳、乾坤、刚柔等。"③

在新石器时代的彩陶上所绘画的花卉纹中，许多都是女阴的象征。如河姆渡彩陶的"叶形纹"，庙底沟彩陶的"叶形圆点纹"，

---

① 参见李圃主编《古文字诂林》，上海教育出版社1999年版，第1册。
② 郭沫若：《甲骨文字研究》，《郭沫若全集·考古编》第1卷，科学出版社2002年版，第38—40页。
③ 顾颉刚编：《古史辨》，上海古籍出版社1982年版，第2册，第247页。

秦壁村彩陶的"花瓣纹",大墩子彩陶的"花卉纹"等。据赵国华的《生殖崇拜文化论》①及卢晓辉的《地母之歌：中国彩陶与岩画的生死母题》②,以为皆是对女阴的模拟。西安半坡、临潼姜寨彩陶,有以抽象鱼纹对偶而构成的女阴形,乃远古先民以鱼象征女阴,以祈有若鱼之生殖能力。

《老子》认为"玄牝之门"是天地万物产生的根源。人类对大地的崇拜,就像原始时期对母亲的崇拜一样,所以在《周易》中才会有"坤为地,为母","乾,天也,故称乎父；坤,地也,故称乎母"的解释,也是对上古时代"以地为母"思想的哲学总结。郭沫若先生指出："知祖妣为牡牝之初字,则祖宗崇祀及一切神道设教之古习亦可洞见其本源。盖上古之人,知母而不知父,则无论其父之母与父之父。然此有物焉,可知其为人世之初祖者,则牡牝二器是也。故生殖神之崇拜,其事几与人类之俱来。其在西方新旧石器时代之器物,已有发现,足证此事之古远。"③"示乃牡神,亦有以牝为神者。"④"盖古人于内外皆有牝神,祀于内者为妣,祀于外者为方,犹牡之祀于内者为祖,祀于外者为土（社）也。"⑤ 人类正是在对各种自然物和自然力崇拜的基础上崇拜土地,因而将大地视为氏族部落全体成员共同崇拜的祖先即"始祖母",尊称之为"大祖母大地"或"大地大祖母",亲敬地省称"地母"。正如宋兆麟、黎家芳、杜耀西等总结的："土地为万物的负载者……因此出现了地母崇拜。原始社会的妇女偶像不仅是对妇女的尊敬,也是土地、生育的象征。"⑥

那么,由不死的"谷神"化生的"玄牝",又是指什么？据郭

---

① 参见赵国华《生殖崇拜文化论》,中国社会科学出版社1990年版。
② 参见卢晓辉《地母之歌：中国彩陶与岩画的生死母题》,上海文化出版社2001年版。
③ 郭沫若：《甲骨文字研究》,《郭沫若全集·考古编》第1卷,第40页。
④ 郭沫若：《甲骨文字研究》,《郭沫若全集·考古编》第1卷,第42页。
⑤ 郭沫若：《甲骨文字研究》,《郭沫若全集·考古编》第1卷,第44页。
⑥ 宋兆麟、黎家芳、杜耀西等：《中国原始社会史》,文物出版社1983年版,第463、484页。

沫若、徐梵澄等解释，就是指女性的性器官。郭沫若先生指出，"牝""妣"等指母性、雌性、女性，其主干"匕"字指的是女性的生殖器，"盖以牝器似匕，故以匕为牝若牝妣"①。马叙伦先生指出，"匕"跟"也"实在是一个字，原为象形文，"牝"字指女阴就因为"匕"像"也"。吕思勉说："玄者，深远之意。牝，犹后世言女，言母，物之所由生，宇宙之所由生，故曰玄牝。"②徐梵澄先生说"玄牝"出于《黄帝书》，象征"阴"，"推至远古，则生殖崇拜也"③。张荣明强调这种联系的思想价值，他说："把原始、粗俗的生殖崇拜同孕育万物的天地挂起钩来"，使其"显得神圣庄重、高深莫测"，而这正是"人类思想史上的一种颇为奇特的返祖现象"。④ 由此亦可说明，原始道家的根柢深深地扎在阴阳互抱的思想中。

阴阳是中国哲学中一对重要的哲学范畴，是奠定中华文明逻辑思维基础的核心要素。道家认为，阴阳代表一切事物的最基本的对立关系。它是自然界的客观规律，是万物运动变化的本源，是人类认识事物的基本法则。古代先民在对宇宙的观察与体悟中，观察到自然界中各种对立又相联的大自然现象，如天地、日月、昼夜、寒暑、男女、上下等，便以哲学的思想方式归纳出阴阳这一概念。

道家认为，阴阳交感，化生万物，万物的化生源于阴阳之间的相互作用，宇宙自然界，事物的形成规律亦是如此。天之阳气下降，地之阴气上升，阴阳二气交感，化生出万物，并形成雨雾、雷电、雨露、阳光、空气，相互交感，天地万物、亿万生命方得以产生。所以，如果没有阴阳二气的交感运动，就没有自然界，就没有生命。可见，阴阳交感又是生命活动产生的基本条件。

阴阳对立指世间一切事物或现象都存在着相互对立的阴阳两个

---

① 郭沫若：《甲骨文字研究》，《郭沫若全集·考古编》第1卷，第38页。
② 吕思勉：《辨梁任公〈阴阳五行说之来历〉》，载顾颉刚编《古史辨》，上海古籍出版社1982年版，第5册，第374页。
③ 徐梵澄：《老子臆解》，中华书局1988年版，第9页。
④ 张荣明：《中国古代气功与先秦哲学》，上海人民出版社1987年版，第176页。

方面，如上与下、天与地、动与静、升与降等，其中上属阳、下属阴，天为阳、地为阴，动为阳、静为阴，升属阳、降属阴。而对立的阴阳双方又是互相依存的，任何一方都不能脱离另一方而单独存在。如上为阳、下为阴，没有上也就无所谓下；热为阳、冷为阴，没有冷同样就无所谓热。所以可以说，阳依存于阴，阴依存于阳，每一方都以其相对的另一方的存在为自己存在的条件，这就是阴阳互感。

阴，古文作"侌"，从今从云，意为"正在旋转团聚的雾气"。《说文解字》曰："闇也，水之南、山之北也。"段玉裁注："阴，闇者，闭门也。闭门则为幽暗。故以为高明之反。水之南，山之北也……《春秋谷梁传》曰：水北为阳，山南为阳。注云：日之所照曰阳。然则水之南，山之北为阴可知矣。"① 这是指背阴之所。徐文珊在《儒家和五行的关系》中说："日在地上为阳，有云则日不见为阴，日出则暖，属于阳；有云则天阴而寒，属于阴。寒暖交错而万物生，天道成。这是人类对于自然界认识的第一步。"②

阳，甲骨文中已有作"昜"。丁山先生说："昜者，云开而见日也。从日，一者，云也。"③ 就字形而言，是太阳被某物托起，而照耀着山坡。所以"阳"的解释与太阳有关是毫无问题的。《说文解字》曰："阳，高明也。"清代桂馥在《说文解字义证》中说："高明也，对阴言也。"④ 高者，天也；明者，日也。这是从天地这一宏观角度论阴阳。梁启超在《阴阳五行说之来历》中说："昜，从日从一者，日在地上，即日出之意。从勿者，《说文》云：勿，州里所建旗……日出地上而建旗焉，气象极发扬，此其本义。故引申以表日之光彩，故日称太阳，朝日称朝阳，夕日称夕阳，日出则暖，故引申谓和暖之气为阳气，向日乃能见阳光，故又引申为正面

---

① 丁福保编：《说文解字诂林》，第 15 册，第 13926 页。
② 徐文珊：《儒家和五行的关系》，载顾颉刚编《古史辨》，第 5 册，第 677 页。
③ 丁山：《中国古代宗教与神话考》，龙门联合书局 1961 年版，第 364 页。
④ 丁福保编：《说文解字诂林》，第 15 册，第 13928 页。

或表面或南方之义。此阳字字义变迁之大凡也。"①

英国李约瑟（Joseph Needham）博士曾综合诸说论述阴阳的起源。他说："从文字学的观点看来，阴阳二字定然各自与黑暗和光明有关。阴这个字可图解为山（之影）和云；而阳，如果它不是象征着一个人手中端着中央有孔的玉盘——此种玉盘乃是天的象征，众光之源，而且很可能原是最古老的天文仪器——那么，它就是表示斜斜的日光线，或在日光之下飞扬之旗帜。……阴令人联想起寒、云、雨、女性，以及里面和黑暗（譬如贮冰以度暑之冰室）；阳令人联想起日光、炽热、春秋两季、男性，也许还会联想起祭典上踊舞者之雄姿。"②

关于阴阳的起源，学术界表现出了极大的热情，并提出许多观点。顾文炳认为阴阳的观念出自结绳记事，他说："传说中的伏羲氏，相当于新石器时代后期，绳石并用的时代……'结绳而治'促进人们对知识与思维能力的增强。'八卦'的来历，也可能受启于绳索上的结头。--（阴）、—（阳），一是打了结的绳索，一是不打结的绳索。正是由于最简单的符号形式，复合演变出复杂神妙的阴阳体系。"③ 由于上古无文字，于是人们结绳以记事。《易·系辞下》有言："上古结绳而治，后世圣人易之以书契。"孔颖达疏："结绳者，郑康成注云，事大大结其绳，事小小结其绳，义或然也。"④ 结绳记事是被原始先民广泛使用的记录方式之一，虽然目前未发现原始先民遗留下的结绳实物，但原始社会绘画遗存中的网纹图、陶器上的绳纹和陶制网坠等实物，均说明先民结网是当时渔猎的主要条件，因此，结绳记事作为当时的记录方式是具有客观基础的。

---

① 梁启超：《阴阳五行说之来历》，载顾颉刚编《古史辨》，第5册，第343、344页。
② ［英］李约瑟：《中国科学思想史》，陈立夫等译，江西人民出版社1999年版，第344页。
③ 顾文炳：《阴阳新论》，辽宁教育出版社1993年版，第3—4页。
④ （清）阮元编：《十三经注疏》，上册，第87页。

阴阳观念的历史根源和文化背景极其深厚。凌纯声先生说："古代崇拜性器不仅敬祀祖先，崇拜天神地神，亦以男女性器代表阴神阳神。中国人崇祀神鬼，祈求赐福保佑，能使阴阳调和，而得风调雨顺、五谷丰登、子孙繁衍、六畜兴旺。所以这一阴阳哲理是宗教信仰和社会生活的本源，且其影响及于整个太平洋区域。"①此正如郭沫若先生屡屡强调的，作为中华民族最重要的祖先崇拜，是自然崇拜的扩大，生殖崇拜的延长；而生殖崇拜的核心便是阴阳二性及其器官的神秘和崇高，而且它可以扩延到人类对自然的认识与影响，参与着人类与自然或幻想或真实的能量交换。

美国卡普拉（Fritjof Capra）博士相当准确地把握这种观念的发生发展过程。他说："这对渗透中国文化的主题并决定了传统中国的所有特点。中国是一个农业国家，中国人非常熟悉太阳和月亮的运动、季节的变化。他们从生物界生长和死亡的现象看到了阴和阳、寒冷黑暗的冬天与光明炎热的夏天之间的相互作用。"②这就是说，阴阳具有强大的生命力，经过阴和阳的调和运化，生成万物。

古代人们的阴阳观念，与陶器产生有着密切的关系。这不仅表现在阴阳二字和陶器本身含有光的向背之意，而且在不同时代、不同彩陶的不同纹饰中，人们已经用不同的色彩表现出了阴阳观念。阴阳观念起源于古代人们的空间观，后来逐渐发展演变为表示世界互相对立、互相联系的两种力量或事物。其实这种观念早在彩陶文化中就有着直观的形象表述和具体的展现。

让人惊叹的是，黑白比例是如此完美，它不是展现在平面上，而是表现在立体的器物上，古人是怎样做到的？为什么他们要绘制如此标准的圆符？《易·系辞》曰："形而上者谓之道，形而下者

---

① 凌纯声：《中国的边疆民族与环太平洋文化》，台北：联经出版事业公司1979年版，下册，第1277页。
② [美]卡普拉：《现代物理学与东方神秘主义》，灌耕编译，四川人民出版社1984年版，第83—84页。

谓之器。"① 作为中国哲学中的道、器范畴的起源,首先产生于日常生活中的各种实用器物,由其最基本的实用功能逐渐升华,从而引导出形而上的超现实的意义。彩陶的圆形纹饰,正是形象地展示了虚与实、阴与阳、道与器的内在联系。阴阳法则的确立,说明原始道教已经摆脱了宗教巫术的束缚,进入了一个理论发展的新阶段,并产生了四象、八卦、太极等新的思想成果。

从现有考古材料我们可以知道,早在新石器时代,人们就已经对阴阳观念有了完整的认识和系统的表述。据顾文炳介绍,甘肃境内曾出土过一件"双龙古太极图"陶钵,其年代测定为距今六千年左右,现藏于瑞典远东博物馆。如果这件陶器不可靠,那么山东宁阳大汶口遗址出土的骨质梳子上的图案,则是铁证,证明当时已经有了阴阳观念。此外河姆渡遗址出土了当时建筑物的木榫结构的实物,充分地说明当时就已有了明确的阴阳观念,并可以驾轻就熟地将其原理运用于各种物质文化的创造过程之中。②

三 黄帝为道教始祖

道教奉黄帝为始祖,奉老子为道祖。张君房在《云笈七签》卷三《道教本始部》中曰:"上古无教,教自三皇五帝以来有矣……天上则天尊演化于三清众天,大弘真乘,开导仙阶;人间则伏羲受图,轩辕受符,高辛受天经,夏禹受洛书。四圣禀其神灵,五老现于河渚。故有三坟五典,常道之教也。"③ 杨文安在《进读老子讲义》中曰:"道家者流,其来最远,爰自黄帝氏作,至周有老聃得其传,战国时列御寇、蒙庄之徒和其说。"④ 唐封演在《封氏闻见记》卷一《道教》中曰:"本自黄帝,至老君祖述其言,故称为黄

---

① (清)阮元编:《十三经注疏》,上册,第83页。
② 参见林少雄《人文晨曦:中国彩陶的文化读解》,上海文艺出版社2001年版。
③ (宋)张君房:《云笈七签》卷三,《道藏》,第22册,第12页。
④ (宋)彭耜:《道德真经集注杂说》卷上,《道藏》,第13册,第270页。

老之学。"① 明代道士朱权曰："我道祖轩辕黄帝，始创制文字，制衣服，作宫室，制器用，而人事始备。今九流之中，三教之内，所用之文字，所服之衣裳，所居之房屋，所用之器皿，皆黄帝之始制，是皆出于吾道家黄帝之教焉。"②

黄帝是中华民族的人文始祖，是中华民族共同体形成时期的共同的祖先，是中华文明起源时期的代表，他已经成为中华文化之根的象征，获得了其他任何传说或史实中人物无法取代的崇高地位。按《史记·五帝本纪》记载："黄帝者，少典之子，姓公孙，名曰轩辕。生而神灵，弱而能言，幼而徇齐，长而敦敏，成而聪明。轩辕之时，神农氏世衰。诸侯相侵伐，暴虐百姓，而神农氏弗能征。于是轩辕乃习用干戈，以征不享，诸侯咸来宾从。而蚩尤最为暴，莫能伐。炎帝欲侵陵诸侯，诸侯咸归轩辕。轩辕乃修德振兵，治五气，艺五种，抚万民，度四方，教熊、罴、貔、貅、貙、虎，以与炎帝战于阪泉之野。三战，然后得其志。蚩尤作乱，不用帝命。于是黄帝乃征师诸侯，与蚩尤战于涿鹿之野，遂禽杀蚩尤。而诸侯咸尊轩辕为天子，代神农氏，是为黄帝。天下有不顺者，黄帝从而征之，平者去之，披山通道，未尝宁居。东至于海，登丸山，及岱宗。西至于空桐，登鸡头。南至于江，登熊、湘。北逐荤粥，合符釜山，而邑于涿鹿之阿。迁徙往来无常处，以师兵为营卫。官名皆以云命，为云师。置左右大监，监于万国。万国和，而鬼神山川封禅与为多焉。获宝鼎，迎日推筴。举风后、力牧、常先、大鸿以治民。顺天地之纪，幽明之占，死生之说，存亡之难。时播百谷草木，淳化鸟兽虫蛾，旁罗日月星辰水波土石金玉，劳勤心力耳目，节用水火材物。有土德之瑞，故号黄帝。"③ 显然在战国人的心目中，黄帝不仅仅是一位伟大的人间圣王，更是一位神通广大的神仙祖先。

黄帝被推崇为人文始祖，传说黄帝时期有许多发明，如以玉为

---

① 车吉心编：《中华野史》，泰山出版社2000年版，第2册，第306页。
② （明）周玄贞：《高上玉皇本行经集注》卷一，《道藏》，第34册，第629页。
③ 《二十五史》，浙江古籍出版社1998年版，第1册，第7页。

兵、采铜铸鼎、制图做书等。随着考古发现与研究的不断深入，黄帝时期的发明创造，几乎都可在仰韶文化遗存中得到印证。因此认为黄帝所在的时代相当于考古学上的仰韶文化时期的观点越来越多。

仰韶文化是黄河中游地区的重要的新石器时代文化，代表了中国新石器时代的一个非常重要的发展阶段。仰韶文化又是中国考古最早发现和确认的新石器时代文化，在中国考古学研究中占有相当重要的地位。

1918年，瑞典学者安特生（Johan Gunnar Andersson）在河南渑池县仰韶村采集古生物化石。1920年，他的助手刘长山在仰韶村收集到数百件石器，安特生据此认定在仰韶村一带肯定存在一处史前时代遗址。于是他在1921年4月又一次到仰韶村考察，这是一次十分重要的考古调查。他在村边冲沟的崖壁上发现了远古时代的文化堆积，采集到一些石器和陶片，包括绘有红色或黑色图案的彩陶片。安特生在征得中国政府的同意后，于这一年年末在仰韶村遗址进行了正式发掘。参与这次发掘的还有中国地质调查所的5位工作人员，他们共发掘了17个地点，获得了大批珍贵文化遗物。安特生在仰韶村的发掘，是中国第一次以学术研究为目的的正式发掘，对中国新石器时代考古学的建立和中国近代考古学的发展具有开创之功。

1951年，中国考古工作者对仰韶村进行了第二次发掘，后来在1980—1981年又进行了较大规模的发掘①，进一步弄清了遗址中不仅有仰韶文化遗存，还包括有安特生当时所不知晓的龙山文化遗存。经过数十年的考古调查和发掘，仰韶文化及受仰韶文化明显影响的遗址发现已有数千处，它的分布以陕西、河南、山西为中心，影响远达甘肃、湖北、河北和内蒙古边缘地区。

进入20世纪五六十年代，大规模发掘和全面研究使仰韶文

---

① 参见河南省文物研究所等《渑池仰韶遗址1980—1981年发掘报告》，《史前研究》1983年第1期。

化的面貌更为清晰，西安半坡和陕县庙底沟等一系列遗址的发掘取得重大收获。半坡和庙底沟两个遗址的发掘，确立了半坡和庙底沟两个仰韶文化的主要类型。调查和发掘遗址数量大大增加，仰韶文化的地区与时代特征渐渐清晰，类型和分期研究成为研究者们的重要课题。苏秉琦发表《关于仰韶文化的若干问题》，对仰韶文化进行了全面研究，是这一时期仰韶文化研究成果的阶段性总结。①

20世纪70—90年代，专题研究蓬勃开展，探源研究成果显著。这一时期发掘的重要遗址有临潼姜寨和郑州大河村等，为探索仰韶文化渊源而发掘的重要遗址主要有秦安大地湾、临潼白家村、渭南北刘、武安磁山和新郑裴李岗等。一些研究者提出了"仰韶时代"的概念，将新石器时期作为一个大的时段进行了系统研究。② 郑州西山仰韶城址和关中、晋南一些典型遗址的发掘，为渐趋冷落的仰韶文化研究注入了新的活力。在这期间获得了大批"碳十四"年代数据，"绝对年代"的研究成为现实。专题研究涉及的内容比较广泛，主要有聚落形态、农业起源、生产工具、制陶工艺、彩陶、埋葬制度、社会发展阶段、文化源流等，通过多角度的全面深入研究，人们对仰韶文化的了解更加全面透彻。在中国新石器时代考古研究中，仰韶文化的发现时间最早，发现遗址最多，研究最为深入，影响也最广泛。

由于对仰韶文化的界定存在着分歧，所以对它的分布范围，研究者们也有着明显不同的看法。调查发现的数以千计的仰韶文化遗址，主要分布在陕西、河南、山西这三个省内，此外在甘肃、湖北、河北和内蒙古临近中原的边缘地区也有分布。有些研究者划定的仰韶文化的分布范围还要广大一些，认为是以陕西、河南和晋南为中心，西达河西走廊、东至鲁西地区、北至河套一带、南抵汉水

---

① 参见苏秉琦《关于仰韶文化的若干问题》，《考古学报》1965年第1期。
② 参见张居中《仰韶时代文化刍议》，《论仰韶文化——纪念仰韶村遗址发现60周年学术讨论会论文集》，《中原文物》1986特刊；张忠培《仰韶时代——史前社会的繁荣与向文明时代的转变》，《文物季刊》1997年第1期。

流域。

在考古学上，将仰韶文化与炎黄时代相对应，越来越受到学术界的认同。其中，最早将考古学资料与炎黄文化相对应的，当推范文澜先生。他在《中国通史》第二节中提出："推想仰韶文化是黄帝族的文化"，"后岗下层的仰韶文化可能就是炎帝文化的一个遗址"。① 近年来，随着考古工作的深入，大量的考古资料陆续面世，许顺湛先生提出炎帝时代相当于仰韶文化早期，黄帝时代相当于仰韶文化中晚期的观点。② 潜明兹《中国神话学五十年》指出："仰韶文化应是黄帝族中期的文化遗址。"③ 叶修成、梁葆莉对关于黄帝族的发祥地及其所处时代的各家之说，进行比较考辨后，据古文献的记载与考古学的研究成果，得出黄帝族发祥于今西北陕甘黄土高原，其时代约相当于考古学上的仰韶文化中晚期。④ 据唐朝张守节在《史记正义·论史例》中记载："太史公作《史记》，起黄帝、高阳、高辛、唐尧、虞舜、夏、殷、周、秦，讫于汉武帝天汉四年，合二千四百一十三年。"按汉武帝天汉四年为公元前97年，由此推之黄帝始于公元前2509年。张岂之、相明、李颖科据史籍，推算黄帝的年龄，得出黄帝生于公元前2708年，距今约四千七百年，卒于公元前2598年，距今约四千五百年。⑤

从时间推算，炎黄时代距今约五千年，而仰韶文化距今六千年左右，文献记载的"黄帝时有釜甑"，"始制轩冕，垂衣裳"，铸铜、筑宫室等，均在仰韶文化遗存中得到了印证。这说明将炎黄时代与仰韶文化相对应是顺理成章的。而且，从广义来讲，仰韶文化之外的大汶口文化、红山文化、良渚文化均可概括为炎黄时代文化。

---

① 范文澜、蔡美彪等：《中国通史》，人民出版社2008年版，第11页。
② 参见许顺湛《黄河文明的曙光》，中州古籍出版社1993年版。
③ 潜明兹：《中国神话学五十年》，《民俗研究》2000年第1期。
④ 参见叶修成、梁葆莉《黄帝族的发祥地及其时代》，《贵州文史丛刊》2006年第2期。
⑤ 参见张岂之、相明、李颖科《关于黄帝与黄帝陵的若干问题》，《文博》1993年第1期。

古史传说中的炎帝、黄帝及颛顼、帝喾等，个个都是天生异禀、可以交通鬼神的人物。如《竹书纪年》说黄帝"游于洛水之上，见大鱼，杀五牲以醮之，天乃甚雨，七日七夜，鱼流于海，得图书焉。龙图出河，龟书作洛，赤文篆字，以授轩辕，接万神于明庭"[①]。

人面方鼎（如图2），又名大禾方鼎。高38.5厘米，口长29.8厘米，宽23.7厘米，1959年湖南省宁乡县黄材寨子山出土。商器体呈长方形，立耳，四柱状足，为商代后期鼎常见的样式。鼎腹的四面各以浮雕式人面作主体装饰，面部较为写实，特征突出，十分醒目。表情威严肃穆，高颧骨，双眼圆睁，眉弯曲，唇紧闭。双耳肥大，上饰勾云纹，下有手爪形纹饰，地衬云雷纹。鼎腹的内壁有铭文"大禾"二字，"禾"字象形，是谷子成熟时，谷穗沉甸甸下垂的形象，故此鼎可能是为庆祝丰年或者祈求丰年而铸造的礼器；也有可能是铸器者的名字，即物主标记。腹部四角有外凸的扉棱，并带有齿状凸饰，使形体庄重而富于动势。足上部饰兽面纹，也饰扉棱，与腹部呼应，下有三道弦纹。耳外侧饰阴线夔龙纹。整个装饰层次丰富，清晰精致，主题鲜明。此鼎形制雄伟，在装饰上以人面为饰，是目前全国唯一以人面纹为饰的青铜鼎。"人面的形象极奇异，给观者一种望而生畏、冷艳怪诞的感觉，是研究古代思想意识、祭祀风俗，以及审美意识的重要资料。"[②]

大禾方鼎鼎身四周写实化的人面图像，宽圆的脸庞，弯如新月的眉毛，丰厚的嘴唇，正视的双目，兼存威严与祥和。宽厚的双耳垂下，有爪形坠饰；耳上的"几"形，则表示其头上也有发饰或冠带存在。形象极奇异，使人望而生畏，有冷艳怪诞之感，他是主宰天地的上帝，还是人间帝王的象征？李学勤先生将大禾方鼎联系黄

---

① 张元济编：《四部丛刊初编》，商务印书馆1922年版，第86册，第2页。
② 马自树主编：《中国文物定级图典·一级品上卷》，上海辞书出版社1999年版，第199页。

图 2　湖南省博物馆藏人面方鼎

帝"四面说",认为他就是中华人文始祖黄帝。① 熊建华先生则视之为祝融的面像。② 高至喜先生认为这是蚩尤伐除妖魔的形貌,或是民间傩面信仰的表现。③ 傩面也是想象中的神灵之面,与神灵信仰亦相契合。

　　这些都说明,无论是炎帝、黄帝,还是炎黄时代的其他英雄人物,实际上都兼有巫师和部落首领的双重身份,也就是所谓的政教合一。而且,从某种意义来讲,他们所掌管的宗教权力,要远远超过其对政治的统治权力。因为越是在遥远的古代,其社会活动越是要通过宗教形式来完成。宗教实际上就是一种启动剂或催化剂,通过这种途径,它能使统治者更好地控制群众。而且,这种一身二任的情况,在考古资料中也能找到充分的依据。

---

　　① 参见李学勤编《中国美术全集·工艺美术编·青铜器》上卷,文物出版社 1990 年版,前言。

　　② 参见熊建华《人面纹方鼎装饰主题的南方文化因素》,《湖南省博物馆文集》第 4 辑,《船小学刊》杂志社 1989 年版。

　　③ 参见罗宗真、秦浩主编《中华文物鉴赏》,江苏教育出版社 1990 年版。

甘肃秦安大地湾遗址仰韶文化晚期地画的发现①，使我们能更进一步了解炎黄时代人们行巫的情景片断。这幅距今七千年左右的绘画，位于 F411 室内近后壁的中部居住面上，由黑色颜料绘制而成。画面分为两部分，均手握棍棒类器物，双脚交叉，作行走状。下部用黑线绘长方框，框内绘两只动物图案。关于地画的性质，学术界有不同的看法。然而，将其视为史前人类进行宗教活动的场景，似无太多疑义。其中的执棍棒者，很可能就是这一宗教活动的组织者和实施者，也就是脱离一般氏族成员之外的巫师阶层。

在与仰韶文化时代相当的红山文化和良渚文化遗址中，考古工作者还发现了大型祭坛及礼仪性建筑遗址。其中，辽宁省喀左东山嘴红山文化祭坛②，是我国目前发现最早的宗教遗迹，"碳十四"测定的年代距今 4825 至 4965 年，树轮校正为 5375 至 5595 年，属炎黄时代的时间范围。遗址坐落在一山梁正中缓平突起的台地上，长约 60 米，宽约 40 米。建筑以石砌而成，布局上按南北轴线分布，有中心和两翼之分，南北方圆对应，具有我国建筑的传统特色。另在与喀左相邻的凌源、建平两县交界的牛河梁，发现有同一时期、同一性质的祭祀遗址，即"女神庙"和积石冢群。③ 其规模之大，内涵之丰富，使人们对史前宗教发展水平大为惊叹。太湖地区的良渚文化遗址中，近年发现的祭坛主要有瑶山祭坛、汇观山祭坛、福泉山祭坛、寺墩祭坛等。④ 这些祭坛处于人工堆筑的高出地面的熟土堆之上或自然山丘顶部，结构多为三重，中间的土坛以灰土围沟或祭祀坑、河道界隔，并且祭坛与大型墓地共存，一批随葬大量精美玉礼器的大墓葬在人工堆筑的土台上，形似土筑"金字塔"，显示出贵族墓地与祭坛的特殊关系。墓葬的死者，生前一定

---

① 参见甘肃省文物工作队《大地湾遗址仰韶文化晚期地画的发现》，《文物》1986 年第 2 期。

② 参见郭大顺、张克举《辽宁省喀左县东山嘴红山文化建筑群址发掘简报》，《文物》1984 年第 11 期。

③ 参见濮阳市文物管理委员会等《濮阳西水坡遗址发掘简报》，《华夏考古》1988 年第 1 期。

④ 参见张德水《祭坛与文物》，《中原文物》1997 年第 1 期。

是从事宗教活动、掌管祭祀大权，死后才被埋葬在祭坛附近的。通过这些祭坛，我们还可以看出，修筑祭坛势必花费大量的人力、物力，尤其是在当时生产力还比较落后的情况下，这样的工程如果没有强有力的组织机构来加强管理，是难以想象的。它们绝非一个氏族或一个部落的力量所能及，而应是若干部落联合营建的，或者是若干村落的居民所营建的。而这个组织机构的成员，无疑只有炎帝、黄帝、颛顼这样颇孚众望的巫师权贵才能担当此任。他们既是巫师，同时又是部落的首领，在整个社会中发挥着重要的作用。

从古代文献记载与民间传说的故事来说，结合当代学者研究的成果来讲，黄帝应该是这样的一个人：黄帝姓公孙，名轩辕，是古有熊国（今河南新郑）人，生于公元前2700年前后，死后葬于桥山，即今陕西黄陵县，享年110岁。黄帝始为有熊国君，后联炎帝战蚩尤，黄帝、炎帝、蚩尤三族结盟，大小部落皆归顺，中原统一，华夏成形，黄帝成为盟主，一统天下，是中华民族的奠基人。黄帝以人为本，以和为贵，以公为要，创立国家，建造城邑，发展生产，改善民生，创造文化，治理社会，倡导德政，节用材物，是中华文明的创始人。黄帝通过"釜山合符"，建立庞大的部落联盟，推进黄帝文化、炎帝文化、蚩尤文化和其他各部落文化的大交汇、大融合，形成中华文化的雏形，被公认为中华人文的始祖，是中华文化的缔造人。

道家与中华文明同根同源、同本同时，是中华民族共同体信仰的核心与主体。在悠久的历史中，道家以道为根本信仰，以"神灵""祖先"为模范，发天人之学，在信仰和礼仪上传承了中国人的固有信仰和礼仪制度，在思想文化上紧紧围绕着自然本体与人文信仰的关系，形成了"天人合一"的整体观念，构筑起了中国宗教的思想体系，具有鲜明的民族主体意识。

论道教的黄帝信仰

张泽洪　李雯婷

摘　要：黄帝是中华民族推崇的始祖，也是道教神仙体系中尊奉的祖先神。作为人文始祖的黄帝，道教尊其为得道的神仙和道宗。本文通过对道教尊崇黄帝及其神仙化的塑造，以及道教神仙叙事中黄帝神话的分析考察，指出道教各派都致力于黄帝信仰的建构，《道藏》中托名黄帝经书的编撰，道教各种修行法门对黄帝的推崇，最终形成具有道教特色的黄帝信仰。黄帝作为远古帝王之得道者，道门人士对黄帝神格的精心塑造，显示了道教塑型华夏祖先神的智慧和想象力，也反映了道教神仙信仰的内涵和特点。
关键词：黄帝；道教；道经；神仙信仰
作者简介：张泽洪，四川大学道教与宗教文化研究所教授、博士生导师（四川成都610064）；李雯婷，四川大学道教与宗教文化研究所硕士研究生（四川成都610064）。

　　黄帝被尊为中华民族的人文始祖，在中国社会有着长期的影响。在中国传统的儒释道文化中，道教以信仰黄老之道而著称。道教推崇黄帝是得道的神仙，在斋醮科仪文书中黄帝有灵宝黄帝先生、中岳嵩山黄帝真君、黄帝中主君、黄帝解厄神君、黄帝土真神王、玄清洞元黄帝玉司道君等名号。黄帝是道教所尊崇的祖先神的典型，道教黄帝信仰的建构与形成，从侧面反映出道教塑型祖先神的特点，道教黄帝信仰的建构有助于中华民族凝聚力的形成，是道教研究中值得专门考察的问题。

一 道教尊崇黄帝及其神仙化的塑造

道教尊崇黄帝为中华民族的人文始祖，亦尊崇先秦道家的老子。西汉初年至文景之世，朝廷提倡黄帝、老子之道，社会上尊崇黄帝、老子学说，论大道则先黄老而后六经，以致形成所谓黄老之学。《隋书·经籍志》叙述《老子》《庄子》等道家著作后说："自黄帝以下，圣哲之士所言道者，传之其人，世无师说。汉时，曹参始荐盖公能言黄老，文帝宗之。自是相传，道学众矣。"[1] 早在道家庄子的学说中，就视黄帝为得道者。《庄子·大宗师》宣称大道"黄帝得之，以登云天"。早期道教在创立过程中，汲取了黄老之学的思想元素，用以建构道教的神仙学说与神学理论。道教黄帝崇拜经历了长期的历史过程，道门中历代高道的想象力和创造力，最终形成了具有祖先崇拜特色的黄帝信仰。

（一）在道经中道教自称为黄帝之教

在道教经书的神仙叙事中，常将黄帝、老子并称，甚至称道家为黄帝之教。道教以推崇黄帝之道而立教，道教的神仙学说亦以黄帝为宗本，这彰显出道教作为中华传统宗教的特质。南宋薛道光、陆墅，元陈致虚注《紫阳真人悟真篇三注》之《悟真篇记》就说："明违黄帝之言，全失老君之旨。"[2] 我们知道黄帝之言与黄老之学，是先秦两汉哲学讨论的重要话题。道经中不乏黄帝、老子并称的例证，我们试举以下数例。宋张君房在《云笈七签》卷七十

---

[1] （唐）魏征、令狐德棻：《隋书》，中华书局1973年版，第4册，第1003页。
[2] （元）陈致虚：《紫阳真人悟真篇三注》，《道藏》，文物出版社、上海书店、天津古籍出版社1988年版，第2册，第969页。

《内丹诀法》中引陶植《还金术三篇并序》说：

> 若天地在乎手，造化由乎身，自凡跻圣，名列金簿，与黄帝、老子为先后，所以顾兹门而无别径也。①

宋沈庭端在《华盖山浮丘王郭三真君事实》卷一《三真记》中说：

> 夫神仙之学，大抵宗本黄帝、老子，以清静无为、虚心寡欲为本，而佐以阴功密行及炼丹服气之术。②

元邓牧在《洞霄图志》卷六《洞霄宫碑》中说：

> 而道为天地万物之宗，幽明巨细之统。此虙羲、黄帝、老子所以握乾坤，司变化也。③

明朱权在《天皇至道太清玉册序·原道》中说：

> 凡有生之民，所称之道，所用之字，所服之衣，所居之室，所用之器，皆吾中国圣人黄帝、老子之所制也。岂非皆出于吾道教哉！④

在道教各宗师看来，道教的内丹诀法，天地万物之道，炼丹服气的神仙之学，甚至社会生活之道，大抵都以圣人黄帝为宗本。北宋苏轼在《上清储祥宫碑》中对道教尊崇黄帝、老子的特点，有一段精彩

---

① （宋）张君房：《云笈七签》卷七十《内丹诀法》，《道藏》，第22册，第491页。
② （宋）沈庭端：《华盖山浮丘王郭三真君事实》卷一《三真记》，《道藏》，第18册，第48页。
③ （元）邓牧：《洞霄图志》卷六《洞霄宫碑》，文渊阁《四库全书》本，台北：台湾商务印书馆1986年版，第587册，第455页。
④ （明）朱权：《天皇至道太清玉册序·原道》，《道藏》，第36册，第357页。

的论述：

> 道家者流，本出于黄帝、老子。其道以清静无为为宗，以虚明应物为用，以慈俭不争为行，合于《周易》"何思何虑"，《论语》"仁者静寿"之说，如是而已。①

宋元史家马端临有道教之术杂而多端之说，认为黄帝、老子所言清静无为才是道家要旨。南宋彭耜在《道德真经集注杂说》卷上中，就认为相较于方士的符箓道法，黄帝、老子之道是道教之本。② 早在司马迁《史记》的黄帝叙事中，就已将黄帝、老子并称。西汉时期，黄帝、老子学说在社会上颇有影响，朝野尊黄帝、老子之术者不乏其人。明代皇家道士朱权推崇黄帝，明确宣称道教为黄帝之教。朱权在《高上玉皇本行集经前序·原序》中说：

> 今九流之中，三教之内，所用之文字，所服之衣裳，所居之房屋，所用之器皿，皆黄帝之始制，是皆出于吾道家黄帝之教焉。③

黄帝是三皇五帝中之得道者，历来被视为帝王得道的典型。元陈致虚在《上阳子金丹大要》卷十一《与至阳子田至斋》中说：

> 帝皇之得道者，若羲、农、黄帝焉……道之在天地间，成仙作佛者，历历不可以指数也。④

---

① （宋）苏轼：《东坡全集》卷八十六，文渊阁《四库全书》本，第1108册，第383页。
② （宋）彭耜《道德真经集注杂说》卷上说："尝窃论之，黄帝、老子之道，本也；方士之言，末也。"《道藏》，第13册，第261页。
③ （明）朱权：《高上玉皇本行集经前序·原序》，《道藏》，第34册，第629页。
④ （元）陈致虚：《上阳子金丹大要》卷十一《与至阳子田至斋》，《道藏》，第24册，第40页。

在中古道教兴盛的唐宋时期，唐代李姓皇帝尊崇老子，宋代赵姓帝王则尊崇黄帝。① 北宋王朝以赵姓出于黄帝，尊道教的黄帝为圣祖，加尊号为圣祖上灵高道九天司命保生天尊。封建王朝尊黄帝、老子为始祖，将古代社会的神道设教推向极致。明代道经《道法会元》卷二说："先天元后乃老子之母玄妙玉女，犹太宗以轩辕黄帝为始祖，故尊事黄帝为圣祖，先天太后即黄帝母也。"② 总之，黄帝信仰在宋代得到皇室的推崇，更进一步确立了其在道门的宗主地位。

东晋葛洪，南朝陈马枢，唐代李筌、张果，唐末五代杜光庭，北宋王松年、陈葆光、曾慥、张君房、李思聪、謇昌辰、任照一，南宋俞琰、刘处玄，元代赵道一，元明道士王玠，明代张宇初、朱权、周玄贞等，在其经论中都祖述黄帝，着力渲染黄帝的道教宗主地位。在道教宗师关于黄帝的神圣叙事中，黄帝既是自然体道帝王的典型，又是最早得道升仙的楷模。

（二）道教黄帝传记的神圣叙事

西汉司马迁在《史记》卷一《五帝本纪》中宣称黄帝"有土德之瑞，故号黄帝"之后③，道教承袭了司马迁的黄帝叙事，并在魏晋道教神仙理论的建构中，对世俗的黄帝传说进行吸纳改造，开始了黄帝形象的神圣化塑造加工。魏晋道经《赤松子中诫经》开篇，就以"轩辕黄帝稽首问赤松子曰"而立论。④ 道教经书在史籍黄帝传说的基础上，开始对黄帝得道之说进行神仙化的建构。唐逢行珪在《鬻子》卷下《数始五帝治天下第七》中说颛顼："因修黄

---

① （宋）蒋叔舆：《无上黄箓大斋立成仪》卷十五《醮谢请献门》首列《圣祖位序说》称："唐以李姓出于老子，故祖老子；本朝以赵姓出于黄帝，故祖黄帝。"《道藏》，第9册，第464页。
② 《道法会元》，《道藏》，第28册，第680页。关于道经的作者及编撰时代，本文依据《增注新修道藏目录》（丁培仁编著：《增注新修道藏目录》，巴蜀书社2008年版）
③ （汉）司马迁：《史记》，中华书局1959年版，第1册，第6页。
④ 《赤松子中诫经》，《道藏》，第33册，第731页。

帝之道而行其政令，不改革也。"①《列子》卷六称："《黄帝之书》云，至人居若死，动若械，亦不知所以居，亦不知所以不居。"②此所谓黄帝之书，与伏羲、神农合称为"三坟"，"三坟"被视为先秦时期的大道。总之，所谓黄帝之书至少是魏晋时期流行的典籍。③

南朝道士马枢撰《道学传》，收录南朝陈以前一百多位神仙、道士的传记：

> 黄帝，少典之子，姓公孙，号常鸿氏，一号归藏氏，又有缙云之瑞，亦号缙云氏。又有土德之瑞，故号曰黄帝。弱而能言，圣而预知，好道希妙，故为道家之宗也。④

《道学传》的神仙叙事以言简意赅为特点，其黄帝传记明确称之为道家之宗。在此后道教神仙传记的编撰中，更逐步丰富完善了黄帝得道、授道的神话传说。唐广明二年（881年），王瓘撰《广黄帝本行记》三卷，该书原名《广轩辕本纪》三卷，述黄帝成长及治理天下之事的上、中二卷已佚，今仅存叙述黄帝修道成真之事的下卷。王瓘在《广黄帝本行记》中说："黄帝以天下既理，物用具备，乃寻真访隐，问道求仙，冀获长生久视，所谓先理代而登仙者也。"⑤亦渲染黄帝在治理国家成功之后，又致力于追求神仙之道的神话。

在宋代道教的神仙传记中，黄帝的传记已居于特殊地位，说明宋代是道教黄帝信仰建构的完成时期。南宋陈葆光《三洞群仙录》，其卷一开篇就为《盘古物祖，黄帝道宗》，此道宗有道教宗

---

① （唐）逢行珪：《鬻子》卷下《数始五帝治天下第七》，《道藏》，第27册，第164页。
② 《列子》卷六，文渊阁《四库全书》本，第1105册，第631页。
③ 列子为战国前期思想家，为道家代表人物之一。而《列子》一书为东晋张湛辑录增补而成，大致反映魏晋时期之思想。
④ （南朝）马枢：《道学传》，《道藏》，第32册，第235页。
⑤ （唐）王瓘：《广黄帝本行记》，《道藏》，第5册，第33页。

主、得道宗师之意，道经中称黄帝、庄子，都曾使用"道宗"一词，亦称太上老君为"玄玄道宗"。[①]《三洞群仙录》记载1054则神仙故事，而将黄帝列为首篇介绍，已确认黄帝在道教神仙中的特殊地位。宋张君房《云笈七签》卷一百《轩辕本纪》，元赵道一《历世真仙体道通鉴》卷一《轩辕黄帝》，亦都尊黄帝为道教神仙第一，这与赵宋王朝尊黄帝为圣祖的社会历史背景正相符合。总之，宋代道教明确宣称黄帝是道宗，且在秦汉史籍黄帝叙事的基础上，凸出黄帝神圣性的建构与描写，诸如黄帝的经书法术是天神传授，黄帝与七十二天神相会，黄帝在名山五岳封神等传说，道教都竭力赋予黄帝无比的神性。其中，最典型的是"天神传授说"的建构。宋张君房在《云笈七签》卷一百《轩辕本纪》中说："黄帝修德义，天下大理。乃召天老谓之曰：吾梦两龙挺白图，出于河，以授予，敢问于子。天老对曰：此《河图》《洛书》将出之状，天其授帝乎！"[②]此天老授黄帝周易篆图的故事，本出于《周易》之《河图挺佐辅》篇，此神圣叙事暗示道教行用的周易八卦，亦是黄帝得天神之传授而行世。

（三）道教各派宗承黄帝

道教黄帝信仰的建构始于早期道教的创立时期，早期道教的天师道、灵宝派、上清派都推崇黄帝，可以说黄帝信仰是道门集体智慧的结晶。西汉刘安在《淮南鸿烈解》卷二十四《说林训》中称："黄帝，古天神也。"[③]东汉道教教团创立的五斗米道，托名张陵所撰的《老子想尔注》，就有"黄帝仁圣知后世意"，"道使黄帝为之"之说。[④]在早期天师道的"二十四治"中，新津老君山所在的

[①] 唐吴筠《宗玄先生文集》卷下称南华真人为"南华源道宗"。敦煌文书S.4365号《唐玄宗御制道德真经疏释题》有"庄老道宗"之语，杜光庭《道德真经广圣义》卷三《释御疏序上》称太上老君为"玄玄道宗"。

[②] （宋）张君房：《云笈七签》卷一百《轩辕本纪》，《道藏》，第22册，第676页。

[③] （西汉）刘安：《淮南鸿烈解》卷二十四《说林训》，《道藏》，第28册，第134页。

[④] 饶宗颐：《老子想尔注校证》，上海古籍出版社1991年版，第8、14页。

稠粳治，相传为黄帝学道的名山。北周道经《无上秘要》卷二十三《正一气治品》载："稠粳治，上应危宿，治去汶山江水九里，山高去平地一千七百丈，昔轩辕黄帝学道之处也。"① 此传说可视为早期天师道黄帝崇拜的社会记忆。

东晋灵宝派道士葛洪建构道教神仙理论，最早宣称黄帝为得道之神仙。葛洪《抱朴子内篇·明本》说："黄帝既治世致太平，而又升仙，则未可谓之后于尧舜也。"② 葛洪的多处黄帝叙事显示灵宝派对黄帝的尊崇。南北朝道经《元始上真众仙记》载太昊氏、颛顼氏、祝融氏、轩辕氏、金天氏分别治五山，称"轩辕氏为黄帝，治嵩高山"③，更成为后世道教科仪"五方五帝说"的理论基础。六朝道经《太上无极大道自然真一五称符上经》卷下说：

　　黄帝曰："天老以小兆未知天气，故授兆《灵宝五称符经》。"④

《灵宝五称符经》是六朝古灵宝经，黄帝"天老授经说"代表灵宝派的观点。北周道经《无上秘要》卷三十《经文出所品》说：

　　《中央黄天真文赤书》，一名《宝劫洞清九天灵书》，一名《黄神大咒》，一名《黄帝威灵策文》。⑤

古灵宝经认为用《黄帝威灵策文》刻书佩身，可免万灾，东晋南朝的灵宝派的确推崇黄帝。

南北朝上清派道经《上清太上开天龙跻经》卷一《黄帝请问宁

---

① 《无上秘要》卷二十三《正一气治品》，《道藏》，第25册，第64页。
② 王明：《抱朴子内篇校释》，中华书局1986年版，第171页。
③ 《元始上真众仙记》，《道藏》，第3册，第270页。
④ 《太上无极大道自然真一五称符上经》卷下，《道藏》，第11册，第641页。
⑤ 《无上秘要》卷三十《经文出所品》，《道藏》，第25册，第96页。

君诀第一》赞曰:"轩辕黄帝凤植仙津,上感神精,诞灵特秀,位承天帝,复道求真,清斋玄阙。"① 黄帝"凤植仙津说"未见于世俗史籍,这是上清派对黄帝神性的想象创新。南北朝道经《上清元始变化宝真上经九灵太妙龟山玄箓》卷下载:"若行黄帝之道,当以季月服黄上八维生景玉门之符。"② 此经书为早期上清派经典,则说明上清派亦倡行黄帝之道。

元全真道士王志道在《玄教大公案》卷下中说,有"黄帝大圣人"之称。③ 元代得净明、全真、清微诸派之传的赵宜真《原阳子法语》卷下《警学偈十六首》,有"黄帝曾师七十人,人人岂必尽仙真"之语。④ 金元的全真宗师承袭南北朝道教正一派、灵宝派、上清派的传统,都致力于推崇黄帝之道,在经法理论中着意建构黄帝信仰。

我们知道先秦时期的祖先崇拜,已经形成相当成熟的祭祀理论。《国语·鲁语上》载春秋时鲁国大夫展禽说:"夫圣王之制祀也,法施于民则祀之,以死勤事则祀之,以劳定国则祀之,能御大灾则祀之,能捍大患则祀之。"⑤ 这就是华夏先民祖先所崇拜的"祭祀五原则",此先秦宗法宗教的祭祀原则为道教所继承。黄帝以有功于民而享受道教的崇祀,成为道教法坛祖先神灵的典型代表。

二 道教神仙叙事中的黄帝

顾颉刚先生撰《黄帝故事的演变次序》,曾将早期黄帝形象的

---

① 《上清太上开天龙蹻经》卷一《黄帝请问宁君诀第一》,《道藏》,第33册,第731页。
② 《上清元始变化宝真上经九灵太妙龟山玄箓》卷下,《道藏》,第34册,第227页。
③ (元)王志道:《玄教大公案》卷下,《道藏》,第23册,第904页。
④ (元)赵宜真:《原阳子法语》卷下《警学偈十六首》,《道藏》,第24册,第86页。
⑤ (战国)左丘明:《国语》,上海古籍出版社1978年版,上册,第166页。

演变过程归纳为六个阶段。① 顾颉刚总结了以儒家为主体的黄帝叙事的演变，其"黄帝形象演变说"为学术界所承认。而在道教仙传的宗教叙事中，关于黄帝得道亦有各种神异传说。道教的黄帝叙事涉及道教的诸多方面，我们至少可以从七个方面予以归纳，从这些侧面不难看出道教确乎崇信黄帝之道。

（一）道教神仙学说中的黄帝

在道教的神仙传记中，黄帝的传记居于特殊的地位。道教仙传中黄帝得道、鼎湖上升的传说，是道教仙话中脍炙人口的故事。道教历代宗师对此神话有新的诠释。东晋葛洪《抱朴子内篇·微旨》："黄帝于荆山之下，鼎湖之上，飞九丹成，乃乘龙登天也。"② 明确宣称黄帝所得为金丹之道。唐杜光庭《道门科范大全集》卷七十八《上清升化仙度迁神道场仪》的说文称："臣闻混元函谷，控白鹿以西升；黄帝鼎湖，驾髯龙而高举。莫不以长生为本，却死为先。"③ 则旨在宣扬黄帝所得为长生之道。宋张君房在《云笈七签》卷三《道教本始部》之《天尊老君名号历劫经略》中说："故黄帝以道治世一百二十年，于鼎湖山白日升天，上登太极宫，号曰中黄真人。"④ "中黄真人"是道教赋予黄帝的道号之一，黄帝确乎是与道合真的得道之人。宋王松年在《仙苑编珠》卷上《伏羲八卦，轩后五篇》中说黄帝"乃铸鼎荆山炼丹，丹成，有黄龙下迎，韦臣同升者七十二人"⑤。黄帝偕七十二人一同升仙，是道教仙话史中同时得道人数最多的范例。轩辕黄帝鼎湖飞升的仙话，在道经中有不同版本的诠释，旨在昭示黄帝是得道升仙之人。道教还有黄帝与

---

① 参见顾颉刚《顾颉刚读书笔记》卷一《纂史随笔（三）》，《顾颉刚全集》，中华书局2011年版。
② （东晋）葛洪：《抱朴子内篇·微旨》，《道藏》，第28册，第195页。
③ （唐）杜光庭：《道门科范大全集》卷七十八《上清升化仙度迁神道场仪》，《道藏》，第31册，第943页。
④ （宋）张君房：《云笈七签》卷三《道教本始部》，《道藏》，第22册，第18页。
⑤ （宋）王松年：《仙苑编珠》卷上《伏羲八卦，轩后五篇》，《道藏》，第11册，第21页。

帝喾、夏禹，"并遇神人，咸受道箓"之说。① 黄帝接受道教道箓的传说，则喻示已得道法的正式传授。

（二）道教神仙叙事中的黄帝

从先秦诸子的《庄子》《尸子》《列子》《管子》《尉缭子》《关尹子》《亢仓子》，到汉代的《史记》《汉书》，再到魏晋南北朝时期的《后汉书》《文选》等典籍，在引经据典阐述哲理时，都已然形成"黄帝曰"的叙事风格。道教对黄帝信仰的塑造与建构，也承袭这一叙事传统以阐述道教经义。我们试举数例：东晋道经《洞神八帝元变经·持神驭伏第十三》说：

> 黄帝曰："人性能通鬼神，而神与人道理有殊。"②

北周道经《无上秘要》卷六《帝王品》称：

> 黄帝曰："三皇者，则三洞之尊神，大有之祖气也。"③

宋曾慥《道枢》卷三十《真一篇》说：

> 黄帝曰："宇宙在吾手，造化在吾身。"④

在道教的神仙叙事中，天界神仙的太上老君、天真皇人、广成子、宁先生，都与黄帝有道法的传授交流。道教的天地自然之道、祀神的斋醮科仪、修仙飞行术、内丹修炼之道，甚至修身治国之道，都得到仙真的传授。唐代道经《金锁流珠引》卷

---

① （唐）魏征、令狐德棻：《经籍志》，《隋书》，第4册，第1093页。
② 《洞神八帝元变经·持神驭伏第十三》，《道藏》，第28册，第403页。
③ 《无上秘要》卷六《帝王品》，《道藏》，第25册，第19页。
④ （宋）曾慥：《道枢》卷三十《真一篇》，《道藏》，第20册，第760页。《道法会元》卷一《清微道法枢纽》载："黄帝云：宇宙在乎手，万化生乎心。"

七载：

> 太上老君告黄帝曰："幽思转身，告命万神。合通天地，自得其真。"①

唐代道经《金锁流珠引》卷四载：

> 太上老君授黄帝礼师法，别有科仪，具用五等。②

宋张君房在《云笈七签》卷二十九《禀生受命·禀受章》中说：

> 昔天真皇人于峨眉山中告黄帝曰："一人之身，一国之象也。胸腹之位，犹宫室也；四肢之列，犹郊境也……能知治身，则知治国也。"③

《云笈七签》卷一百二十《道教灵验记》之《青城丈人授黄帝龙跻并降雨验》记：

> 青城山，黄帝诣龙跻真人宁先生，受《龙跻经》，得御飞云之道。④

元陈致虚在《上阳子金丹大要》卷七《朔望弦晦须知》中说：

> 故广成子谓黄帝曰："目无所见，耳无所闻，心无所知，

---

① 《金锁流珠引》卷七，《道藏》，第 20 册，第 391 页。
② 《金锁流珠引》卷四，《道藏》，第 20 册，第 369 页。
③ （宋）张君房：《云笈七签》卷二十九《禀生受命·禀受章》，《道藏》，第 22 册，第 211 页。
④ （宋）张君房：《云笈七签》卷一百二十《道教灵验记》，《道藏》，第 22 册，第 833 页。

神将守形，形乃长生。一泄之后，即出一阳，而交一阴，是为离也。自此而往，情欲已萌，淳朴已散，精气日损。"①

上古时期黄帝问道于广成子，是道经中广为传颂的仙话。而广成子传授的是只有修身养性才能得长生不老之道的要义。陈致虚在《太上洞玄灵宝无量度人上品妙经注·序》说：

轩辕时，皇人与太清三仙王会峨眉山，黄帝再拜问道。皇人授以五牙三一之文并《度人经》上卷，黄帝修之上仙。②

天真皇人授给黄帝《度人经》上卷，为东晋南朝古灵宝经之一，《度人经》讲述道教济世度人之道。陈致虚为《度人经》的撰作传授，建构出一个颇具神学色彩的授经谱系。称元始天尊撰《度人经》授玉晨道君，玉晨道君授玄一真人，玄一真人授天真皇人。黄帝得天真皇人、太清三仙王传授《度人经》，则象征黄帝获得神仙之道的真传，果然黄帝修炼此度人之道而成为上仙。

（三）《道藏》中托名黄帝的经书

道教的经书中多有托名黄帝的道经，医学、占卜、外丹术、法术道符等经书以祖述黄帝为特点。《道藏》中诸如《黄帝内经》《黄帝龙首经》《黄帝金匮玉衡经》等十五种托名黄帝的经书，构成道教黄帝信仰的重要内容。据唐代道经《金锁流珠引》卷十四引录《黄帝集灵记》，此经有大禹编为四十九卷之说，此《黄帝集灵记》实为法术道符的汇编。道教的《黄帝阴符经》，主要论述道家哲学与修养之术，是托名黄帝的著述中最有影响力的名篇，于东晋南朝时已问世。东晋南朝道经《洞真上清太微帝君步

---

① （元）陈致虚：《上阳子金丹大要》卷七《朔望弦晦须知》，《道藏》，第24册，第26页。
② （元）陈致虚：《太上洞玄灵宝无量度人上品妙经注·序》，《道藏》，第2册，第393页。

天纲飞地纪金简玉字上经》说：

> 而世传惟《阴符》一经，为黄帝书，其文质而雅，深而要，非有道者，其能是乎。①

北魏寇谦之在进行新道教改革之时，就以曾藏此经于嵩山石室而知名。明张宇初在《岘泉集》卷一《辨阴符经》中说：

> 史称黄老者，以黄老之道同也。而黄帝之言，未之见焉。若子列子之谓《黄帝书》曰者，大率与老同。②

第四十三代天师张宇初认为《黄帝书》与《老子》的学说，共同构成道教遵行的黄老之道。道教有黄帝悟道而撰写《黄帝阴符经》之说，以致历史上《黄帝阴符经》的注疏最多，今仅存于《正统道藏》的便有二十四种，反映了道门人士对此经的重视。

（四）道教饮食养生与黄帝

道教有着丰富的饮食养生思想，充满着中华先民的生活智慧，是历代高道大德探索总结的成果。道经中论说饮食养生的要义，其开篇也托黄帝之口而立论。《孙真人备急千金要方》卷七十九《食治》称：

> 黄帝曰："五味入于口也，各有所走，各有所病。"③

唐范翛然在《至言总》卷三《禁忌》中称：

---

① 《洞真上清太微帝君步天纲飞地纪金简玉字上经》，《道藏》，第33册，第444页。
② （明）张宇初：《岘泉集》卷一《辨阴符经》，《道藏》，第33册，第201页。
③ 《孙真人备急千金要方》卷七十九《食治》，《道藏》，第26册，第516页。

> 黄帝曰："一日之忌，夜莫饱食。一月之忌，暮莫大醉。"①

宋张君房《云笈七签》卷五十七引天台白云《诸家气法·服气精义论并序》说：

> 黄帝曰："食谷者知而夭，食气者神而寿，不食者不死。"②

道教论说饮食养生之要义，刻意引用黄帝之说以立论，托名黄帝的饮食养生的法门和禁忌，甚至比饮食养生更高的服气之法，都旨在彰显这些养生理论来自黄帝的智慧。

（五）道教丹道与黄帝

道教丹道旨在追求长生不老，丹道修炼亦源自黄帝的养生思想。在道教经书的丹道叙事中，称黄帝是最早服食神丹者。宋李昉《太平御览》卷六百七十八《道部二十传授上》说：

> 昔黄帝、老子奉事元君，元君以受要诀，况乎不逮彼二君者，安能自得仙度世者乎。按《荆山经》及《龙首记》皆云黄帝服神丹。③

东晋葛洪《抱朴子内篇·遐览》提及《荆山经》《龙首记》各一卷。明《正统道藏》收录《黄帝龙首经》上下两卷。东晋道教则已有黄帝服神丹之说。东晋葛洪《神仙传》卷五《张道陵》，还有天师张道陵得黄帝九鼎丹经之说。托名黄帝的《黄帝九鼎神丹经》

---

① （唐）范翛然：《至言总》卷三《禁忌》，《道藏》，第 22 册，第 859 页。
② （宋）张君房：《云笈七签》卷五十七，《道藏》，第 22 册，第 392 页。
③ （宋）李昉：《太平御览》卷六百七十八《道部二十传授上》，文渊阁《四库全书》本，第 899 册，第 161 页。

为西汉末东汉初的道经，该经认为黄帝服食九鼎神丹而升仙。① 唐宋道教盛行金丹之道，宣称黄帝修之而登云天，老君修之是为道祖。黄帝既是金丹之道的习得者，又是在道门传授金丹之道者，东汉道教祖师张道陵就曾得黄帝丹法的传授。《太平御览》卷六百六十四《道部六》引《集仙录》曰：

　　张天师道陵隐龙虎山，修三元默朝之道，得黄帝龙虎中丹之术。②

唐杜光庭《墉城集仙录》卷六载：

　　孙夫人者，三天法师张道陵之妻也……依太一元君所授黄帝之法，积年丹成，变形飞化无所不能。③

道教金丹道在唐宋时期成为道教修炼成仙的主流，在朝廷和民间都影响很大，所谓黄帝金丹道就是这种社会氛围下的产物。唐代道教有一种黄帝内视法，是存想五脏五色的修炼方法，则此黄帝内视法又具有内丹术和存想法结合的特点。

（六）道教戒律与黄帝

道教经书在阐扬教理教义时，常托称神仙天尊之口以叙事，用"黄帝曰""老君曰""太上曰""太极真人曰""天尊曰""道君曰""太上道君曰""道曰""道言""师曰"的口吻宣讲经义，以此强调教理教义的神圣性。北周道经《无上秘要》卷四十六《洞

---

① 东晋葛洪《抱朴子内篇·金丹》："按《黄帝九鼎神丹经》曰，黄帝服之，遂以升仙。"《道藏》，第28册，第183页。《云笈七签》卷六十七《金丹部》之《黄帝九鼎神丹序》亦称："按《黄帝九鼎神丹经》曰：黄帝服之，遂以升仙。"《道藏》，第22册，第466页。
② （宋）李昉：《太平御览》卷六百六十四《道部六》，文渊阁《四库全书》本，第899册，第70页。
③ （唐）杜光庭：《墉城集仙录》卷六，《道藏》，第18册，第195页。

神戒品》，在宣讲道教戒律的功能时，就托黄帝以宣教，其论洞神五戒说：

> 黄帝曰："人不持戒，吏兵不附其身，所得无验，徒劳用心。"若不信至道承事师，若欲使吏兵防身护命，却死来生，禳疾延寿，为人消灾，救治厄患，存思求微，克期取验者，受五戒。①

《洞神戒品》宣讲"洞神八戒"，亦称：

> 黄帝曰："余尝闲居，太上垂降，见问经戒大小始终。余虽受持，多所不了，未测次序，具启太上。"太上答曰："凡诸戒律，通应共行。"其间缓急繁简高卑，各有意义，准拟玄源变化，生数皆渐相成，三五八九、十百千万，虽随缘所堪，亦不可越略，知因向正，法修长生不死，三五兼参，宜受八戒。②

魏晋南北朝道教有"洞神三戒""洞神五戒""洞神八戒"和"想尔九戒"，分别是早期道教灵宝派、天师道的戒律。《无上秘要》借黄帝之口宣讲"洞神五戒""洞神八戒"的要义，显示了早期道教戒律亦依托黄帝以宣示的特点。

（七）道教法术中的黄帝神符

道教法术中的符箓具有驱邪的功能，在道门中和社会上运用广泛。相传西王母曾传授黄帝神符。道经中所见黄帝符箓、真文，有黄帝真符、元始黄帝真符、黄帝御魔总真灵符、中央黄帝土功符、中央黄帝玉符、黄帝全角符、中央黄帝赤书玉篇真文、黄帝威灵策

---

① 《无上秘要》卷四十六《洞神戒品》，《道藏》，第25册，第165页。
② 《无上秘要》卷四十六《洞神戒品》，《道藏》，第25册，第165页。

文等。道教斋醮法坛行用的符箓灵文、真文玉字，具有祈禳驱邪的无穷法力。宋张君房《云笈七签》卷一百《轩辕本纪》说：

> 玄女传《阴符经》三百言，帝观之十旬，讨伏蚩尤。授帝《灵宝五符真文》及《兵信符》，帝服佩之，灭蚩尤。①

此《灵宝五符真文》产生于东汉时期，为道教史上之古灵宝经，该经谈及的黄帝神符或许就是灵宝符文。相传黄帝以金简书《灵宝五符真文》，一通藏于钟山，一通藏于宛委之山。黄帝所得的《灵宝五符真文》为道教常用符箓，可以安镇天地、开度鬼神，具有强大的驱邪功能。宋元道经《灵宝无量度人上经大法》卷二十说东晋真人许逊，"曾亲受黄帝之书，用铁板书此五符，投于湘渚，斩鹹妖毒"②。许逊用铁板所书五符，即《灵宝五符真文》。唐代道经《金锁流珠引》卷十一《说佩诸地隐讳》称：

> 昔黄帝得广成君教佩此九地真讳，经过之处，神灵俱见，拜送扶迎，不敢为患，受驱使。③

道教有佩天地之真讳的法术，认为身佩九州真讳、五岳名讳，则具有驱使鬼神的法力。黄帝得九州真讳隐术的传授，则是具有驱使神灵法力的仙真。道经《无上秘要》卷二十五《三皇要用品》说：

> 黄帝得神图天文字，以知九天名山川灵之字。若能按文致诸神者，可以长生，可令召司命削死籍，必为人除之，然后修道求术，必得神仙矣。④

---

① （宋）张君房：《云笈七签》卷一百《轩辕本纪》，《道藏》，第22册，第679页。
② 《灵宝无量度人上经大法》卷二十，《道藏》，第3册，第731页。
③ 《金锁流珠引》卷十一《说佩诸地隐讳》，《道藏》，第20册，第406页。
④ 《无上秘要》卷二十五《三皇要用品》，《道藏》，第25册，第72页。

此黄帝得神图天文字的传说，喻示黄帝已掌握求取长生之道的方法。

综上所述，道教的神仙学说、修炼法门、经法制度都要远推至黄帝时期，宣称是由黄帝创造，这是典型的黄帝崇拜思维的结果。而道教经书中不乏黄帝赴天下名山寻真访隐，终获长生久视的不死之道、真一之道的记载。诸如道教地理的《五岳真形图》，乃宣称是黄帝赴五岳临摹山势真形而撰成。在西汉司马迁《史记·五帝本纪》的黄帝叙事中，黄帝是一位有功于民的伟大之人，而历史上道教对黄帝进行了神仙化的改造提升，赋予黄帝华夏祖先神的品格。总之，黄帝由人到神的转化，道教黄帝信仰的建构与形成，显示了道教塑型华夏祖先神的智慧和想象力，道教对黄帝神性和神格的塑造，在道教神仙信仰体系中具有典型性。道教宣称黄帝是帝皇得道之典型，经过道教神学理论精心塑造的黄帝形象，成为中华民族共同尊奉的祖先神，对黄帝的信仰至今在中国社会还有着持久的生命力。

结　　论

道教以神仙信仰为鲜明特色，道教神仙体系中的祖先神，都是历史上有功于民之人，此亦显示出道教奉中国之道的特点。黄帝作为华夏先民认同的人文始祖，道教则着力建构其问道、得道的神圣历史。道教宣称黄帝是自然体道者。历代道门人士都致力于弘扬黄帝之至道，甚至直接称道教为黄帝之教。明代道士朱权比较儒释道三者的特点说："校其佛氏之教，导之以慈爱；黄帝之教，导之以仁义；老氏之教，导之以道德，陈之以忠孝；孔氏之教，导之以礼乐，陈之以纲常。"[①] 朱权刻意在道教中分列"黄帝之教"与"老氏之教"，一定程度地反映了道教崇拜黄帝的历史事实。道教所塑

---

① （明）朱权：《天皇至道太清玉册》卷六《宋理宗皇帝御制化胡辩》，《道藏》，第36册，第422—423页。

造的黄帝伦理道德神仙形象,在当代社会仍有其教化功能和现实意义。总之,道教黄帝信仰的形成经历了长期的历史过程,在历代高道黄帝叙事的想象建构之下,最终奠定了黄帝为道教宗主的地位。黄帝是远古帝王被奉为祖先神的典型,道门对黄帝神格的精心塑造和圣化,彰显了道教作为中华本土宗教的自信。

《周易参同契》的天人感应之道

郑志明

摘　要：《周易参同契》现有的文本仍夹带着大量晦涩与暧昧的隐语，加上长期的辗转流传，在结构编排与脉络上已异于原本，有一些后人的诠释文字混入正文之中，导致文体不一与章法紊乱，多种注解各圆其说，引发不少的猜测与怀疑，在众说纷纭中难有一致的理解。尽管有不少的缺失，但是此书的历史价值不容忽略，或等闲视之，此书是东汉时期各种流行思想的集大成者，是用来了解汉代学术内涵的重要著作，比如将当时的象数易学与黄老道学做相当程度的结合与运用，融入汉代的天文学之中，配合炼丹术彰显阴阳五行的造化作用，引用天人感应的相关理论，确立人生命的主体存在价值，转向调气养性的修炼工夫。《周易参同契》可以被视为阐述内丹修炼理论与思想的鼻祖，虽然延续了道教内修法术，但是内修术与内丹术不能完全等同。《周易参同契》有关身心修炼的论述，综合了先秦两汉养生与修道术，将人体视为对应天地的小宇宙，承续了汉代天人相副感应的神学传统，肯定在物质与精神的双重修炼工夫下，可以契合生命存在的永恒价值。如此内修的养生术早于后代的内丹道法，二者虽然有相互传承的密切关系，在内涵上却存在显著的差异。

关键词：《周易参同契》；阴阳；五行；天人感应；炼丹术

作者简介：郑志明，台湾辅仁大学宗教学系教授（台湾新北 24205）。

一　前言

　　《周易参同契》的作者与版本问题，在学术上引发了热烈的讨论，有不少分歧的争议与说法，其中颇多考证却难有定论。今本《周易参同契》甚至有伪书的嫌疑。[①] 目前学界大致上倾向于否定伪书之说，认为该书可能非单一作者，但不是唐代或五代时期的冒名伪作，应是东汉时期特有思想氛围下发展而成的著作，大约成书于东汉桓帝时期前后。[②]《周易参同契》的内容极为博杂，主要是渊源于汉代易学与阴阳五行等思想风潮，又沾染了汉代黄老与谶纬的文化色彩，相应于汉代广为流传的天人感应神学。[③]

　　《周易参同契》虽以"周易"为名，实际上深受汉代象数易学的影响，延续着先秦阴阳家与杂家的知识传承，将卦象的排列与阴阳、五行、干支、历律等术数相结合，用以占验吉凶与解说灾异，建构出极为复杂的推算体系，其中以孟喜的"卦气说"对《周易参同契》的影响最大，以六十四卦三百八十四爻象配合一年中四时、十二月、二十四气、七十二侯、三百六十五日等，发展出体系庞大的时空对应法则，形成了四正卦、十二月卦、六日七分法等学说。[④] 汉代另有相应于经学的纬书，以《易纬》盛行一时，也是以术数合于易道，大致上与孟喜等人的学说互为表里，用以说明灾异占验与天象时变的对应关系。《周易参同契》不仅夹杂着部分《易纬》的内容，也混入当时黄老道术的部分学说，呈现出多种思想相互杂糅的时代特征。

---

① 参见孟乃昌《周易参同契考辨》，上海古籍出版社1993年版。
② 参见刘国栋《新译周易参同契》，台北：三民书局1999年版。
③ 参见徐复观《两汉思想史卷二》，台北：台湾学生书局1976年版。
④ 参见高怀明《两汉易学史》，台北：中国学术著作奖助委员会1983年版。

东方哲学与文化·第一辑

《周易参同契》在知识的涵盖面上相当广泛，涉及了先秦两汉积累下来的天文历法、易学、医学、化学、药物学、冶金学、人体生命科学等相关的知识与概念，却又以奥雅难通的韵文形式来表述，过多象征性的语言导致其文化内蕴可以进行多种的比附与诠释，增加了不少阅读与理解上的难度。学者大多将此书视为一部丹经，唐代以前，此书被视为专门叙述炉火炼丹的外丹术，能炼成金丹，服之成仙。五代以来，此书被认为兼述外丹与内丹，或者被认为是以外丹的术语来专述身体内丹的修炼，属于专主内丹的要籍，甚至被直接尊奉为内丹经之主。① 相对于外丹炼金术的内丹修炼功法，其起源较晚，大约在唐宋时代才逐渐地发展与完成。② 或许《周易参同契》可以被视为阐述内丹修炼理论与思想的鼻祖，延续了道教内修法术，但是内修术与内丹术不能完全等同。《周易参同契》有关身心修炼的论述，综合了先秦两汉养生与修道术，将人体视为对应天地的小宇宙，是承续了汉代天人相副感应的神学传统，肯定在物质与精神的双重修炼工夫下，可以契合生命存有的永恒价值。如此内修的养生术是早于后代的内丹道法，二者虽然有相互传承的密切关系，在内涵上却存在显著差异。

二 一月的阴阳升降

从先秦到汉代经历了巨大的历史变动，不仅从纷争的诸侯时代进入到中央集权的统一的国家政权体制，也从多元分歧的诸子百家逐渐地相互融和，发展出杂取各家思想进行整合而成的杂家，如从《吕氏春秋》到《淮南子》。汉武帝以后虽然独尊儒术，实际上早已整合与会通各家思想，并进行综合与创新，如当时代表人物董仲舒的《春秋繁露》，虽然标举的是"春秋公羊学"，却吸收了墨家、道家、法家、名家、阴阳家等思想，大量使用阴阳五行与天文历法

---

① 参见陈国符《说周易参同契与内丹外丹》，《道藏源流考》，台北：古亭书屋1975年版。
② 参见张广保《唐宋内丹道教》，上海文化出版社2001年版。

的观念来加以解说。① 西汉中期以后解经纬书的陆续出现与流传，加速了经学与儒学的神学化与宗教化的趋势，促使天人感应思想更广为流行，人们深信天地的演化规律与人事的吉凶祸福有着密切的对应关系。② 到了东汉，如此的思想风潮更是变本加厉，以阴阳五行为核心的天人感应神学几乎成为主流，如东汉章帝在白虎观进行大会经师与钦定经义，编纂成《白虎通义》一书，杂引纬书以论经学，进一步将经义庸俗化与宗教化，建构出统治者永为世则的支配思想。③

两汉经学虽然以儒学自称，经学的阴阳化与谶纬化的趋势却愈加显著，各种思想的混合驳杂更是盘根错节，各家思想已难维持单一与纯粹的原始体系，不断地杂交与混合，形成了庞大综合型的文化风貌。《周易参同契》即是在东汉的时代氛围下的著作，融合多元的学说并加以重新整合，企图会通出自成一体的思想体系。如五代后蜀彭晓注《周易参同契分章通真义》第85章云：

>　　大易情性，各如其度。黄老用究，较而可御。炉火之事，真有所据：三道由一，俱出径路。④

"大易""黄老"与"炉火"等原本分属于三种不同的知识领域，"大易"指的是从先秦到汉代的易学，大致归类于经学或儒家传统。"黄老"是指汉代黄帝学说与老子学说合流的道家传统。⑤ 先秦时期儒家与道家分别发展出各自有其自成系统的学说体系；汉代，在杂家的多元混同下，彼此间的分际逐渐模糊与淡化，可以各取所需、相互调和，会通成系统性的整体，如"大易"与"黄

---

① 参见周桂钿《秦汉哲学》，武汉出版社2006年版。
② 参见祝瑞开《两汉思想史》，上海古籍出版社1989年版。
③ 参见侯外庐主编《两汉思想》，《中国思想通史》第2卷，人民出版社1957年版。
④ （五代）彭晓：《周易参同契分章通真义》，《正统道藏》，台北：新文丰出版公司1988年版，第34册，第294页上。本文引相关内容皆依此一文本的分章。
⑤ 参见余明光《黄帝四经与黄老思想》，黑龙江人民出版社1989年版。

老"在生命的身心性情上有着相贯通的道理与法度，都能相应于道的本质与作用。"炉火"则是指战国以来阴阳家与神仙方术逐渐发展而成的炼丹术，源起于远古时代的冶金技术，后被宗教人士转化为炼制仙药的手段与方法；到了汉代，此种炼丹术已有相当的规模。在思想上首先附和黄老学说，将炼丹术与自然之道相结合，彰显清静无为的养生作用；其次附和汉代易学的天人感应学说，将炼丹术与天象时变相结合，从八卦五行的运转以明灾异吉凶之理。[1]

"炉火"的炼丹术可以说是东汉时期科学、哲学与宗教等相关知识与技术的大融合，用以证明金丹的修炼是"真有所据"，符合当时流行的知识风潮，其整合的理论基础在于"三道由一"。认为"大易""黄老""炉火"等源于道的作用，虽然分开为三事，实际上是合为一理，只是各有其语言表述系统，其理混然相通，可以相互为用，显示了"炉火"之事可以经由"大易"与"黄老"等思想理路进行新的诠释与论述。宋代朱熹撰写《周易参同契考异》时，即认为"炉火"与易理有着相互会通的关系，《道藏》本收录有黄端节附录云：

> 参，杂也；同，通也；契，合也，谓与《周易》理通而义合也。

又云：

> 朱子曰：《参同契》本不为明《易》，姑借此纳甲之法，以寓其行持进退之候。异时每欲学之，而不得其传，无下手处，不敢轻议。然其所言纳甲之法，则今所传京房占法。见于火珠林者，是其遗说。所云甲、乙、丙、丁、庚、辛者，乃以月之昏旦出没言之，非以分六卦之方也。此虽非为明《易》而

---

[1] 参见蒙绍荣、张兴强《历史上的炼丹术》，上海科技教育出版社1995年版。

设，然《易》中无所不有，苟其言自成一家，可推而通，则亦无害于《易》。①

朱熹认为《周易参同契》虽然不是用来解释《周易》的，却能与《周易》有着理通而义合的现象。此处所谓的《周易》，实际上是指汉代的易学，主要是建立在"纳甲法"与"十二消息法"等理论之上，源自孟喜、京房等人的"卦气说"，是从《周易》发展而成的象数易学，着重于易道阴阳变动的运行法则，提高人在宇宙时空运行规律中的对应地位。象数易学的占验方法虽然不是用来诠释《周易》的经文义理，仍然可与易道周流变化的原理相对应。此种自成一家的思想体系，实质上还是本源于《周易》，能与《周易》相互推衍与扩充，无碍于《周易》的传播与流行。

《周易》可以被视为炼丹术的最高指导原理，它和炼丹术都是用来对应天地运行的既有规律与法则，彼此间可以推而相通。此时《周易》已成为一套象征性的词语，用以表述天地万物生成与造化的历程与相关理论。即《周易》这部经典体现出宇宙变化的奥秘与生生不已的创造能量，炼丹术中的"炉火"也是此一创造能量的展现，延续前人的智慧传承，体悟掌握时机的先知之道，如《周易参同契分章通真义》第35章云：

若夫至圣，不过伏羲，始画八卦，效法天地。文王帝之宗，结体演爻辞。夫子庶圣雄，十翼以辅之。三君天所挺，迭兴更御时。优劣有步骤，功德不相殊。制作有所踵，推度审分铢。有形易忖量，无兆难虑谋。作事令可法，为世定诗书。素无前识资，因师各悟之。皓若寨帷帐，瞋目登高台。②

《周易参同契》的炼丹术，不是后人无中生有的养生技术，而是因

---

① （东汉）魏伯阳：《周易参同契》，《正统道藏》，台北：新文丰出版公司1988年版，第34册，第238页上。
② （五代）彭晓：《周易参同契分章通真义》，《正统道藏》，第34册，第273页中。

袭前人的相关成就逐渐累积与扩充而成的。其依循的《周易》，即经由历代众多的圣人应运而出与接踵而成。主要有三个时期：第一个时期是伏羲的始画八卦；第二个时期是周文王推衍八卦成六十四卦，并撰写每卦的卦辞与爻辞；第三个时期是孔子以十翼来辅助易理的推演，此十翼为《彖传上》《彖传下》《象传上》《象传下》《文言》《系辞上》《系辞下》《说卦》《序卦》《杂卦》等。这三个时期是一脉相承的，随着时代的更替进行继承与创新，虽然内容有繁简的差异，但其对后人的影响是相同的。《周易》的成型可以说是三圣递相承续与完成的功业，因所处的时代不同各有所长，德行与成就不相上下，彼此互不相殊。三圣都是针对有形的自然事物进行揣度与审察，达到"以通神明之德"与"以类万物之情"的作用，彰显无形无兆的天地之道，进而成为后人安身立命的理法与依据。

《周易参同契》的炼丹术虽然晚出，却可以被视为师法三圣的接踵之学，也是针对天地日月的运行法则，从外在的形兆中进行内在的推测。炼丹术不只是一种冶金术，更是天人相谋合的修道术，是建立在应天度数的对应之道上，完全符合《周易》的卦象与爻象，是秉承三圣师旨的领悟与创新。炼丹术的根本原理是参据天地之间日月的阴阳运行与变化之道，金丹的妙用在于大自然的精气与人身的精气感应相通，以阴阳的神妙规律来通达生命的精神境界，如《周易参同契分章通真义》第10章云：

> 易者象也，悬象著明，莫大乎日月。穷神以知化，阳往则阴来。辐辏而轮转，出入更卷舒。易有三百八十四爻，据爻摘符，符谓六十四卦。晦至朔旦，震来受符。当斯之际，天地媾其精，日月相掸持。雄阳播玄施，雌阴化黄包。混沌相交接，权舆树根基。经营养鄞鄂，凝神以成躯。众夫蹈以出，蚑动莫不由。[1]

---

[1] （五代）彭晓：《周易参同契分章通真义》，《正统道藏》，第34册，第263页上。

《周易参同契》的天人感应之道

炼丹术采用《周易》的卦象与爻象来说明日月阴阳的运化之理，主要在于探讨日月交会下阴阳互补的现象。为什么探究天地运行法则以日月为核心呢？主要是根据《周易·系辞上》第 1 章：

> 在天成象，在地成形，变化见矣。是故刚柔相摩，八卦相荡，鼓之以雷霆，润之以风雨，日月运行，一寒一暑。①

又《周易·系辞上》第 6 章曰：

> 广大配天地，变通配四时，阴阳之义配日月。②

又《周易·系辞上》第 11 章曰：

> 是故法象莫大乎天地，变通莫大乎四时，县象著明莫大乎日月。③

以上三则将天地、四时与日月并列，说明宇宙运行的变化情状，最显著的是日月的阴阳往来消息。天空的日月更替主要有三个规律，一是一日的昼夜循环，二是一月的运行循环，三是一年的四季循环。以上三种日月的运行，有如车辆的运转，在一定的规律中没有休止，产生出各种不可思议的神妙变化。《周易》的六十四卦与三百八十四爻，即是用来阐明天地如此奥妙的阴阳运行之道，在日月的出入运转中，能使天地元气与人身精神相互联结与感通。

以上三种日月的循环会产生阴阳相摩与相荡的能量，如此的能量能导致天地万物生生不已，也能使人体的生命场产生牵引与对应的关系。《周易参同契》最重视的是每个月的交替之际，即上个月

---

① （清）阮元：《十三经注疏·周易正义》，台北：台湾艺文印书馆 1982 年版，第 143 页中。
② （清）阮元：《十三经注疏·周易正义》，第 150 页上。
③ （清）阮元：《十三经注疏·周易正义》，第 157 页中。

的三十日与下个月的一日之间，此时天地阴阳精气的相互交媾，日与月有着合璧抱持之势，如震卦的爻象阳气始生于下，形成一阳初动之象，象征大地开始接受日的阳光能量，对万物的生长发挥极大的作用，此时若能炼丹修真，也能引进天地日月的能量来滋润人体的自我成长。此所谓"凝神以成躯"，指出生命成长的根本在于能契合天地日月的阴阳交感之道，体会精神孕育万物的神妙之力。一月的循环象征了日与月相互往来的运行之道，《周易参同契》受到汉代"卦气说"的影响，以六十四卦来对应一月的阴阳变化，其方式主要分成"牝牡四卦"与"六十卦"，如《周易参同契分章通真义》第2章云：

牝牡四卦，以为橐籥。覆冒阴阳之道，犹工御者，准绳墨，执衔辔，正规矩，随轨辙。处中以制外，数在律历纪。月节有五六，经纬奉日使。兼并为六十，刚柔有表里。①

所谓"牝牡四卦"，"牝"为阴物的总称，"牡"为阳物的总称，"四卦"是指乾卦、坤卦、坎卦与离卦等。乾坤两卦是对应的关系，代表天的纯阳之气与地的纯阴之气。坎离两卦也是对应的关系，代表日的阳中有阴之气与月的阴中有阳之气。为何将此四卦特别独立出来论说呢？其理由见于《周易参同契分章通真义》第1章云：

乾坤者，易之门户，众卦之父母。坎离匡郭，运毂正轴。

乾坤两卦象征天地的阴阳之气，是衍化出六十四卦的根本能量，坎离两卦象征日月周行不止的运转之气，能将乾坤的阴阳能量加以扩散与发挥。即乾坤为阴阳气化之体，坎离为阴阳气化之用，二者互为表里，主宰了天地间各种阴阳造化的原理与法则，可以说居于六

---

① （五代）彭晓：《周易参同契分章通真义》，《正统道藏》，第34册，第260页中。

《周易参同契》的天人感应之道

十四卦最为核心的地位。如《周易参同契分章通真义》第 7 章有更完整的诠释云：

> 天地设位，而易行乎其中矣。天地者，乾坤之象也。设位者，列阴阳配合之位也。易谓坎离。坎离者，乾坤二用。二用无爻位，周流行六虚。往来既不定，上下亦无常。幽潜沦匿，变化于中。包囊万物，为道纪纲。①

《周易》的学说主要在于探究天地设位的阴阳气化现象，关注天地之间生生不已的造化规律，此种规律经由日月的交替运行来展现。以乾坤两卦为体，以坎离两卦为用，或许已足以涵盖宇宙各种变化无常的气化现象。即所谓"处中以制外"，以此四卦为中心来涵摄其他的六十卦，彼此间有着内外统合的关系，主宰了一月中阴阳运行的规律。或谓日月运行转化于其中，能配合天地的阴阳消息遍流于四方上下等六虚，在一切无常的变化往来中，包含了所有天地万物的造化之道。就一月的阴阳气数而言，此四卦为虚，统摄包罗万象的阴阳变化，是宇宙阴阳升降与消息盈虚的总纲。六十卦为实，对应一月三十日，每天依晨昏各一卦，合并起来刚好一月对应六十卦。

此"牝牡四卦"可能受到孟喜"四正卦"学说的影响，但是二者在内容上有明显的差异，孟喜的"四正卦"为坎卦、离卦、震卦与兑卦，分别代表春夏秋冬四时，以此四卦的二十四爻对应二十四节气，另有六日七分法，以六十卦对应三百六十五又四分之一天。孟喜是以"四正卦"与六十卦来对应一年的气候变化，《周易参同契》则是以六十卦配一月三十日，每日有两卦，再以两卦的十二爻配一日的十二时。如此的说法与汉代流行的"卦气说"，在内容上出入甚大。六十卦如何与一月的三十日相对应呢？《周易参同契分章通真义》第 3 章云：

---

① （五代）彭晓：《周易参同契分章通真义》，《正统道藏》，第 34 册，第 262 页上。

· 51 ·

>　　朔旦屯直事，至暮蒙当受。昼夜各一卦。用之依次序。

又《周易参同契分章通真义》第4章云：

>　　既未至晦爽，终则复更始。日辰为期度，动静有早晚。①

这两章应该连在一起，用来说明六十卦是如何对应一月三十日的，根据《周易·序卦》的排列方式，即《周易》上下经的次序，将乾坤坎离四卦排除在外，每月初一早晨用屯卦，黄昏用蒙卦，依排列的次序，昼夜各用一卦，如初二早晨用需卦，黄昏用讼卦，依此类推，到了每月的三十日，早晨用既济卦，黄昏用未济卦，以六十卦配三十日，周而复始，即一月的朔旦又是新的周期循环。月的朔晦运行的周期正对应六十卦的次序，显示了月的历纪是要配合阴阳消长的数，以六十卦来标示月中阴阳流转与变化之象。一日中十二时辰，以两卦十二爻对应之，每月共有三百六十爻，显示了卦爻是用来象征每月的气化流行。

《周易参同契》是以"牝牡四卦"为经，以六十卦为纬，即乾坤坎离四卦可以用来探究众卦之阴阳，众卦之气化消长都是由此四卦来发动。此四卦来自先天一气，是天地运行的绳墨与规矩，展现造化流行的妙用，呈现阴阳混沌而又未分的状态，直接契入虚无的境界。其余的六十卦是阴阳具体的气化作用，如车轮转动贯穿在一月之中，每天早晚各配一卦，恰好六十昼夜对应六十卦，将六十卦布于一月三十日之中，来说明阴阳刚柔的表里运作，如《周易参同契分章通真义》第41章云：

>　　乾刚坤柔，配合相包。阳禀阴受，雄雌相须。须以造化，精气乃舒。坎离冠首，光耀垂敷。玄冥难测，不可画图。圣人

---

① （五代）彭晓：《周易参同契分章通真义》，《正统道藏》，第34册，第261页上。

《周易参同契》的天人感应之道

揆度，参序元基。四者混沌，径入虚无。六十卦周，张布为舆。龙马就驾，明君御时。和则随从，路平不邪。邪道险阻，倾危国家。①

乾卦与坤卦象征天地的刚柔互济与阴阳交会，二者互相作用而成宇宙，衍化出生生不已的创造作用。坎卦与离卦象征日月运行于天地之间，其光耀普照四方与贯通上下，以其玄妙之气开启万物生成的契机，在乾坤之后居于众卦的首位。此四卦象征了天地日月在初生时阴阳浑然与虚无杳冥的状态，可以说是此四者混为一体，合乎清静自然的道化之境。此四卦为体，是潜在而长存，六十卦则为用，配合一月三十日有如车辆运转在龙马的牵引下依序进行，每月周而复始。六十卦的依序运转是有一定的规律的，不失其时运，方能致中和而能天地位与万物育。一月时序的阴阳相互的交替原理就在六十卦之中，顺乎时序有如行走于平坦道路，能合于自然的和谐安定，若不顺乎时序则有如行走于艰险道路，随时会有倾覆的危机。

日月的运行原理就在于一月的初一到三十之间，依循着每日早晚阴阳的气机变化，对应六十卦的消息盈虚与进退往来的规律现象。不仅日与月有一定对应的法度与准则，也关涉日月与星辰的运行规律，整个天空星象的旋转与变动，也有着彼此对应的尺度与纲领。这种日月星的消息进退，要追溯到晦朔之间的阴阳交会时，即上个月的三十日到下个月的一日，是天地造化最重要的时刻。如《周易参同契分章通真义》第46章云：

晦朔之间，合符行中。焜屯鸣蒙，牝牡相从。滋液润泽，拖化流通。天地神明，不可度量。利用安身，隐形而藏。始于东北，箕斗之乡。旋可右转，呕轮吐萌。潜潭见象，发散情光。②

---

① （五代）彭晓：《周易参同契分章通真义》，《正统道藏》，第34册，第276页上。
② （五代）彭晓：《周易参同契分章通真义》，《正统道藏》，第34册，第278页上。

所谓"晦朔之间",指三十日与一日间的亥子交时,当日月合璧之时,象征混沌未分与阴阳未判的创造能量。此一时刻地球正处于日月的正中间,虽然非常短暂,却展现出日月合明的生化作用,能以阴阳交会之气来滋润大地万物,此时也能与天地神明合真同道,其能量之强是无法推度与测量的,有助于人体形质参究天地之道来安身立命。在对应冬至的那个月中,在月晦失明的东北方向,正好是二十八星宿的箕宿与斗宿。二十八星宿又分成东西南北各七宿,箕宿位于东方青龙七宿的最后一位,斗宿位于北方玄武七宿的第一位,当新月升于东北方时,位于箕宿与斗宿之间,开始旋转右行,呈现新月右旋与五星左旋的运行之象,此时阴阳之气虽然隐形而藏,却有光芒将要默默发散。

日月运行在二十八星宿之间,彼此间的对应关系更为复杂,天地的运转必须要完全相应于阴阳燮理的调和,一月三十日的阴阳升降是有一定的规律的,六十卦正好用来说明一月晦朔弦望的消长变化之理,符应天空星象运行的阴阳交替。一日十二辰,五日六十辰,以五日为一候,一月三十日有六候,以震、兑、乾、巽、艮、坤六卦来对应六候的三阴三阳,用以说明一月盈亏进退的运行规律,其中有无形的能量随着星象的对应关系而变化。面对三十日的阴阳流转的升降规律,可以用卦爻之象来进行比附性的注释,如《周易参同契分章通真义》第47章云:

> 昴毕之上,震(☳)出为征。阳气造端,初九潜龙。阳以三立,阴以八通。故三日震动,八日☱兑行。九二见龙,和平有明。三五德就,乾(☰)体乃成。九三夕惕,亏折神符。盛衰渐革,终还其初。巽(☴)继其统,固济操持。九四或跃,前退道危。艮(☶)主止进,不得踰时。二十三日,典守弦期。九五飞龙,天位加喜。六五坤(☷)承,结括终始。韫养众子,世为类母。上九亢龙,战德于野。用九翩翩,为道规

矩。阳数已讫,讫则复起。推情合性,转而相与。①

此段引文内含极为复杂的卦象理论,仅以简单的星象对应关系来进行说明。一个月中主要有六个日子:一为初三日,对应震卦,此时月始见光,一阳初动,出现于西方,西方白虎七宿中的昴宿、毕宿,出现于西南方,对应乾卦的初爻,为潜龙勿用之象,意在不要操之过急;二为初八日,对应兑卦,月至上弦,其形体明暗相半与阴阳均平,对应乾卦的二爻,为见龙在田之象,意在中正无私;三为十五日,对应乾卦,月至于望,其形圆满无缺,阴气具尽而为纯阳,对应乾卦的三爻,为终日乾乾之象,意在时刻警惕慎行;四为十六日,对应巽卦,月象开始有缺,阳气渐消,阴气渐长,形势开始亏损转折,对应乾卦四爻,为或跃在渊之象,意在进德修业坚持不辍;五为二十三日,对应艮卦,月至下弦,其形体一半亏损,光华逐渐消失,对应乾卦五爻,为飞龙在天之象,意在进退不失其时;六为三十日,对应坤卦,月的光明全丧于东北方,阳气完全消尽,阴气大为流行,对应乾卦六爻,为亢龙有悔之象,意在知止而止。

三 一年的阴阳升降

天象二十八星宿对应的是一年四季、八节、十二月、二十四气等时空的变化,实际上月出现于星空的位置是不一致的,是依序推移的。上述的初一与初三的星宿,是冬至当月的景象。若从一年星象的时空推移来说,汉代易学发展出十二月卦的学说,即选十二卦来配十二月份,用以说明一年阴阳消长的对应情况。② 这是另一种以年为经与以月为纬的对应方法,主要是建立在二十八宿的东西南北方位运转规律上,此种规律主要以北斗星为核心,以北斗斗柄所指的方位来断定四季,依《鹖冠子·环流》的记载,斗柄东指,天

---

① (五代)彭晓:《周易参同契分章通真义》,《正统道藏》,第34册,第278页中。
② 参见徐芹庭《汉易阐微》,中国书店2010年版。

下皆春，斗柄南指，天下皆夏，斗柄西指，天下皆秋，斗柄北指，天下皆冬。北斗由七星组合，类似舀酒的斗星，七星中的天枢、天璇、天玑、天权为斗身，称为"魁"，玉衡、开阳、瑶光为斗柄，称为"柄"。北斗星座好像是围绕着北极星转动，可以依其斗柄所指的方位，来判定季节的流转，故视北斗为天象的枢纽来斡运四时。

北斗星与四季十二月有着阴阳升降的对应关系，如《周易参同契分章通真义》第48章云：

循据璇玑，升降上下。周流六爻，难可察睹。故无常位，为易宗祖。①

"璇玑"或称"璇玑"，《尚书·舜典》："正月上日受终于文祖，在璇玑玉衡，以齐七政，肆类于上帝，禋于六宗，望于山川，遍于群神。"② 其中的"璇玑玉衡"是指北斗星，"七政"是指日月五星，是指北斗星的运行规律也主导了日月五星在一年中的运行规律。"正月上日"是指正月朔日，斗柄东指，即是春天的到来，以此日来祭祀上帝与山川百神。北斗星可以说是四季运转的枢纽，主宰了万物生长的契机，正、二、三月时斗柄处于寅卯辰之位，以生化万物。四、五、六月斗柄处于巳午未之位，以长养万物。七、八、九月斗柄处于申酉戌之位，以成熟万物。十、十一、十二月斗柄处于亥子丑之位，以收藏万物。如果斗柄不能正常运行，将导致四时不节与阴阳失调，则万物不成。③ 北斗星的四方十二位对应了一年四季十二月，空间与时间的关系紧密结合，这是来自汉代易学十二卦的学说，以十二卦对应十二月，又以乾坤两卦十二爻来说明十二月阴阳升降的现象，但是乾卦的"用九"与坤卦的"用六"不在于两卦的六爻之内，没有一定的常位，其阴阳之气却又能周流

---

① （五代）彭晓：《周易参同契分章通真义》，《正统道藏》，第34册，第278页中。
② （清）阮元：《十三经注疏·尚书正义》，第35页中。
③ 参见萧登福《南北斗经今注今译》，台湾：行天宫文教基金会1999年版。

《周易参同契》的天人感应之道

于六爻之中。众星依循着北斗星的法度随之运转，阴阳的互生与互变，阳极生阴，阴极生阳，周而复始，是一种形而上的超越能量，是无法单纯从外在的形式来观察的，此为《周易》之所以能阐明天地阴阳消息的根本原理。

北斗星随着十二支的方位，每月移一方位，经过十二月后，回到原来方位，此一周的循环，即为一年。北斗星的斗柄所指有如君王发号施令，诸众星如百官众民无不顺从，依斗柄顺行，运行有节，天下安康，若斗柄错乱，众星失度，则天下灾殃，故北斗在星空中的主宰地位，称为"御政"。① 如《周易参同契分章通真义》第 17 章云：

> 御政之首，管括微密，开舒布宝。要道魁柄，统化纲纽。爻象内动，吉凶外起。五纬错顺，应时感动。四七乖戾，侈离俯仰。②

所谓"御政"，是指北斗星具有统领与驾驭天地运行的动静规律，其地位有如君王治理国家，必须顺乎自然以应天时。"魁"指斗身的四星，是北斗的主星，居于首领的地位。"柄"指斗柄的三星，象征司令的发号。"魁柄"合称用来指称北斗星，居于统领天道变化的枢纽地位。"五纬"是指木火土金水五大行星，"四七"是指二十八星宿，东西南北各七宿，以北斗星为中心，二十八星宿随之相右旋转，称为"经"，五大行星随之相左旋转，称为"纬"，"经"与"纬"都要在一定的轨道上，不可失位或迁移，否则将导致阴阳失调与灾殃降临的生存危机。

北斗星有如君王，众星有如百官，听从号令各司其职，最重要的是北斗旁的文昌星宿，有如人间辅佐君王的大臣，统领众星有条不紊地自然运行，如《周易参同契分章通真义》第 18 章云：

---

① 参见任法融《周易参同契释义》，香港：蓬瀛仙馆 2000 年版，第 114 页。
② （五代）彭晓：《周易参同契分章通真义》，《正统道藏》，第 34 册，第 265 页中。

文昌统录，请责台辅。百官有司，各典所部。①

文昌星宿共有六星，其名为上将、次将、贵相、司命、司中、司禄等，主宰天下，能理阴阳顺四时。另有三台星宿与四辅星宿，如大臣般辅佐文昌星宿，使众星如百官听命，各司其职。随斗柄上下运转与周天运行。北斗星可以说是众星运行的枢纽所在，以其十二辰的方位移动，能使节气和顺、万物茂盛，如《周易参同契分章通真义》第 20 章云：

辰极受正，优游任下。明堂布政，国元害道。内以养己，安静虚无。原本隐明，内照形躯。闭塞其兑，筑固灵株。三光陆沈，温养子珠。视之不见，近而易求。②

"北辰"指北极星，是北斗星绕行的对象，这种绕行是秉承正位而动，顺任自然地优游自在与运动自如。如此的自然之道也可以体现在国君的"御政"上，以不违背天地的规律来促进邦国咸宁，其方法在于身安气和而不害道，本心达到空极虚无之境。此为天人合一之道，人道的行事原理相通于天道的运行规律，必须心不思邪、身不妄动，如北斗星不可有丝毫的错乱，导致众星乱行与节令失时。"三光"即是指日、月与星的光芒，是天地间永存的三道能量，其中以北斗星作为众星的枢纽，虽然其光芒不如日月般显著，往往不可得见，却有回光返照之明，以其运行的既有规律来经纬天地万象。

不仅日月的阴阳升降恒常不变，众星的运行也有条不紊，不能迷失其原有的轨迹，北斗星作为方位与季节的指标，更不能迷航。一月的循环如此，一年的循环也是如此，四季十二月是个更

---

① （五代）彭晓：《周易参同契分章通真义》，《正统道藏》，第 266 页上。
② （五代）彭晓：《周易参同契分章通真义》，《正统道藏》，第 34 册，第 266 页中。

《周易参同契》的天人感应之道

大的阴阳交替的变化场域，有着一定阴阳相对的进退之道，可以从六十四卦中选取十二卦来对应十二月，形成十二卦，或称十二消息卦，用以说明四季的基本变化原理。如《周易参同契分章通真义》第 61 章云：

> 玄幽远渺，隔阂相连。应度育种，阴阳之元。寥廓恍惚，莫知其端。先迷失轨，后为主君。无平不陂，道之自然。变易更盛，消息相因。终"坤"始"复"，如循连环。帝王承御，千载常存。①

宇宙极为玄幽远渺与无穷无尽，可以说是寂寥空廓与杳冥恍惚，毫无可以推究的头绪，在如此广大无边的星空中很容易迷失方向。当北斗星作为时空的重要指标时，天地间日月星等升降往来与进退伸屈，都有了一定的运行法度。将北斗星斗柄运移指向的十二辰位，结合了十二月六阴六阳进退消长现象，对应了始"复"终"坤"的十二消息卦，用以说明一年十二月的阴阳升降之道，这是一种周而复始的自然之理，也是帝王治理天下的"御政"之方，以此规律能千年万载永传承。

十二卦由六阳卦与六阴卦组合而成，从初阳的复卦开始，对应的是一年的十一月份，相应于十二支中的子位，即月建为子，或称"建子"，为冬至的节日，呈现出阴气已极，阳气复生之象，如《周易参同契分章通真义》第 49 章云：

> 朔旦为复（䷗），阳气始通。出入无疾，立表微刚。黄钟建子，兆乃兹彰。播施柔暖，黎烝得常。②

复卦之象为五阴一阳，一阳生于下位，即阴极必反，有阳初生，有

---

① （五代）彭晓：《周易参同契分章通真义》，《正统道藏》，第 34 册，第 282 页中。
② 以下十二月卦，参见（五代）彭晓《周易参同契分章通真义》第 49 章至第 60 章，《正统道藏》，第 34 册。

循环往复之意，返回到新的交替之时。复卦的卦辞曰："亨。出入无疾，朋来，无咎。反复其道，七日来复，利有攸往。"一个新的循环的开始，称为"七日来复"，所谓"七日"是个象征词，以一爻为一日，到了第七爻则是新的卦象的开始。一年十二月，到了第十三月也是一种"七日来复"。当往而复来之时，阳气开始返回正道，象征万物逐渐增长之象，万物应善加培养，以待成长，最好能出入无疾，若能获得良善能量的护持，有助于阳气的通畅，得以远离灾祸，逐渐亨通。

临卦对应的是一年的十二月份，相应于十二支的丑位，即月建为丑，或称"建丑"。由一阳爻提高为二阳爻，象征阳刚之气逐渐增长，有着临事天下之势，如《周易参同契分章通真义》第50章云：

　　临（䷒）炉施条，开路正光。光耀渐进，日以益长。丑之大吕，结正低昂。

临卦之象为四阴二阳，阴渐消而阳渐长，冬至之后，白日以益长，阳气更浸布，光耀当渐进，万物有着欣欣向荣之势。临卦的卦辞曰："元亨利贞。至于八月，有凶。"前半段与乾卦卦辞相同，肯定顺应大自然法则来遵行中和之道。但是其中潜藏着灾祸，若对应不当时，八个月后，当阳消阴长，可能会有凶害的产生。在此月份中最好的对应方式在于循守正道，以忧患意识来临政处事，集中心志来面对各种挑战。从一阳增强为二阳，光耀之气逐渐由下往上通达，虽然阴气仍然沉重，气候寒冷，但是生发之气已成，将能刚浸而长，由衰转盛。

泰卦对应的是一年的正月，相应于十二支的寅位，即月建为寅，或称"建寅"。由二阳爻提高为三阳爻，即三阴爻对三阳爻，阴气与阳气各半，阳气上升与阴气下降，形成交和的态势，如《周易参同契分章通真义》第51章云：

> 仰以成泰（☰☷），刚柔并隆。阴阳交接。小往大来。辐辏于寅，运而趋时。

泰卦之象为三阴三阳，阴气与阳气上下对应，能相交与相通，万物随之滋长通达，形成乾健在内而坤顺在外的卦象，对应内健外顺之道。泰卦的卦辞曰："小往大来，吉亨。"上卦为往，下卦为来，为阴往阳来，坤地在上，阴气往下行，乾天在下，阳气往上行，二气感应相通。为何称"小往大来"呢？因为阳爻增长之势庞大，称为"大来"，阴爻渐消之势缩小，称为"小往"。阴小阳大象征阳气有可作为，应趁势而起，把握天地交而万物通，以及上下交而其志同的良好时机，达成君子道长与小人道消的作用。

大壮卦对应的是一年的二月份，相应于十二支的卯位，即月建为卯，或称"建卯"。阳爻从下卦提升到上卦，阳气壮大盛于阴气，此时令应为仲春，春分昼夜平分，如《周易参同契分章通真义》第52章云：

> 渐历大壮（☰☳），侠列卯门。榆荚堕落，还归本根。刑德相负，昼夜始分。

大壮卦之象为二阴四阳，阳气盛而阴气消，阳气有盛大的气势，故曰"大壮"。大壮卦的卦辞曰："利贞。"阳气强盛，大有可为之势，但要坚守正道，不宜急于躁进妄动。此时日出于卯，北斗的斗柄指向卯方，昼夜平分，对应春分时节，此时阴气与阳气相互依附，平衡对抗，阳气主生发，有利于万物的生长，称为"德"，阴气主肃杀，有害于万物的生长，称为"刑"，此月份对万物来说，生中有杀，"德"中带"刑"，故曰："刑德相负"。在阴阳与刑德相互依存的情况下，必须依循中道而行，务必得中而不失正，方能避开潜在的危机。

夬卦对应的是一年的三月份，相应于十二支的辰位，即月建为辰，或称"建辰"。阳气上升逐渐逼退阴气，自春分渐至清明，自此阴气将尽，阳气将纯。如《周易参同契分章通真义》第 53 章云：

  夬（☱）阴以退，阳升而前。洗濯羽翮，振索宿尘。

夬卦之象为一阴五阳，五阳在下，一阴在上，形成五阳与一阴的对决之势。夬卦的卦辞曰："扬于王庭，孚号有厉，告自邑，不利即戎，利有攸往。"此卦为五阳断除一阴之象，引喻为国君对小人的讨伐，强调奉承天命来对决小人，达到安百姓的目的。五阳象征君子的道升成长，一阴象征小人的道消将尽，这是大有可为的时机，应该洗尽污秽、奋发图强。此为季春三月，阳气旺盛更有利于万物的成长，但是仍会遭受阴气的阻碍，更要遵循正道，展现强有力的决断力，避免凶祸降临，方能有成。

  乾卦对应的是一年的四月份，相应于十二支的巳位，即月建为巳，或称"建巳"。阴气已终，纯为阳气，盛满光明，普照天下，进入夏天，万物欣欣向荣，成长更为快速。如《周易参同契分章通真义》第 54 章云：

  乾（☰）健盛明，广被四邻。阳终于巳，中而相干。

乾卦之象为六阳爻，无阴爻，阴气已全消，阳气以其刚健盛明之德，光照天下，滋润四邻。乾卦的卦辞曰："元亨利贞。"象辞曰："天行健，君子以自强不息。"此卦为纯阳之象，阳气高升至顶，能使云气飞行、雨水降临，孕育万物的生生不已，显示天地的运行，刚健不息，君子要效法这种精神，适合守正坚毅，不适合行险，最好是健行不止与奋进不休。当阳气正旺时，也存在着物极必反的潜在危机，阴气已暗中滋生，此时更要坚守中正之道，不断地警惕自己，随时应付各种潜在的挑战，得以免除祸患。

  姤卦对应的是一年的五月份，相应于十二支的午位，即月建为午，或称"建午"。在阳气之下，阴气开始滋生，虽然阴气的能量

不大,却已暗藏凶机,要有见微知著的防范准备,如《周易参同契分章通真义》第55章云:

> 姤(☰☴)始纪序,履霜最先。井底寒泉,午为蕤宾。宾服于阴,阴为主人。

姤卦之象五阳一阴,一阴在五阳之下,阴气虽然初长,却带有逐渐兴盛之象,不能掉以轻心。姤卦的卦辞曰:"女壮,勿用取女。"阳为刚为男,阴为柔为女,女性若过于强盛,会危及男性原本刚强的地位,这样的女性是不适合长期与其相处的。五月虽然阴气微弱,但是阴长阳消的态势已经成型,阴气可能会转宾为主,迫使阳气宾服于阴气,当阳气屈从于阴气,阴气就成为新的主人。此时五阳要有制服一阴的责任,以阳刚之气来牵制阴柔之气,避免阴气在暗中扩散,更要强化中和正直的德性。

遁卦对应的是一年的六月份,相应于十二支的未位,即建月为未,或称"建未"。阴气转盛的趋势已无法逆转,虽然仍属夏天,却能感觉到秋天已经逼近,阴气欲浸而长,如《周易参同契分章通真义》第56章云:

> 遁(☰☶)去世位,收敛其精。怀德俟时,柄迟昧冥。

遁卦之象四阳二阴,阴气渐盛,阳气渐衰,夏至之后,阳气退位,阴气成为新的主宰者。遁卦的卦辞曰:"亨,小利贞。"彖辞曰:"遁,亨,遁而亨也。刚当位而应,与时行也。小利贞,浸而长也。遁之时义大矣哉。"遁有退避之意,当阴气浸长时,阳气要识时务而隐退。二阴在四阳之下,象征小人道长,君子道消,此时唯有避隐才能亨通。阳气要收敛其精华之光,怀抱阳德来等待时机,在昧暗幽冥中潜藏。此时隐退是顺应时势、掌握时宜的行为,在阳气还居于优势的情况下急流勇退,才能避其害而得其利。

否卦对应的是一年的七月份,相应于十二支的申位,即建月为申，或称"建申"。阴阳相等，往上的三阴在下，往下的三阳在上，导致阴阳两气无法相交，万物失去了滋养的生机，如《周易参同契分章通真义》第57章云：

> 否（䷋）塞不通，萌者不生。阴伸阳屈，没阳姓名。

否卦之象三阴三阳，在阴气的伸展中，阳气却被淹没了，虽然双方气势相当，却是阴阳不通、天地不交。否卦的卦辞曰："之匪人，不利君子贞，大往小来。"彖辞曰："则是天地不交，而万物不通也。上下不交，而天下无邦也。内阴而外阳，内柔而外刚，内小人而外君子。小人道长，君子道消也。"所谓"大往小来"是指上卦阳大为往而消，下卦阴小为来而长，产生了阴剥阳之兆。上卦为外，下卦为内，阴居于内，阳被摒除在外，导致所得者少，所失者大。当阴阳不用事，天地不交通，则万物也停止生长。

观卦对应的是一年的八月份，相应于十二支的酉位，即建月为酉，或称"建酉"。仲秋月的时令，秋分时昼夜各半，阴阳均平，在秋天刑杀之气中也有物类复苏的景象，如《周易参同契分章通真义》第58章云：

> 观（䷓）其权量，察仲秋情。任畜微稚，老枯复荣。荠麦芽蘖，因冒以生。

观卦之象四阴二阳，阴爻从下卦延伸到上卦，阴气已超过了阳气，甚至淹没了阳气，但是有些植物在衰败中也有新生之机。观卦的卦辞曰："盥而不荐，有孚颙若。""盥"是指祭典中降神的仪式，"荐"是指神降以后的献牲仪式，在观礼时前者较为虔敬肃穆。此卦着重于神道设教，以天地运转的法则，使下民能在观瞻中受到感化，重点在于四季的更替都有一定的规律，人的进退都要依道而行。此月虽然阴气压过阳气，但是阳气的生机已在微微地蓄积，能在未来枯木复荣。

《周易参同契》的天人感应之道

剥卦对应的是一年的九月份，相应于十二支的戌位，即建月为戌，或称"建戌"。阴气即将灭阳之象，阳气的生发之机已经衰竭，导致万物的枯败残落，如《周易参同契分章通真义》第59章云：

> 剥（☷）烂肢体，消灭其形。化气既竭。亡失至神。

剥卦之象五阴一阳，只剩一阳危在旦夕，随时都有被消灭的可能，如草木将会完全剥烂，以致形毁而神离。剥卦的卦辞曰："不利有攸往。"当阴气长而阳消落时，不利于行动，要顺应时势，停止自己原有的行动，以等待外在可能的新变化。就月亮来说，原本就存在着满盈空缺的循环变化，万物的滋长与灭亡也是自然的正常现象，要能安顺之，方合乎天行之道。天地生化之气在此月必然严重衰竭，甚至收敛以至于无，一切的有限形体都可能消失殆尽，但是要保存潜在的能量，等待新生。

坤卦对应的是一年的十月份，相应于十二支的亥位，即建月为亥，或称"建亥"。阳气已完全灭绝，阴气广为流行，此时万物大多已经枯死，但是阴极反阳，含藏着新的生机，如《周易参同契分章通真义》第60章云：

> 道穷则反，归乎坤（☷）元。恒顺地理，承天布宣。

坤卦之象六爻皆阴，对应节气的立冬，阳气已退，纯为阴气，呈现与乾元并立的坤元之道，含藏着归根复命的生机。坤卦彖辞曰："至哉坤元，万物资生，乃顺承天。坤厚载物，德合无疆，含弘光大，品物咸亨。"此六爻皆阴之卦，象征与天对立的地，象征与刚对应的柔，展现地理柔顺恒久之道，能在天寒地冻之中发挥"资始"的能力，进行新的进退升降与往来伸屈的循环。阴阳互为消长周而复始，是一种道穷则反的现象，阳极而阴生，阴极则阳生，天地的日月往来有着固定的行度，从一月的循环至一年的循环。

东方哲学与文化·第一辑

十二地支配一年十二月，也可以配一日的十二辰，这是根据汉代郑玄的"爻辰说"，将乾坤十二爻与十二地支相配，可以代表一日十二辰，也可以代表一年十二月。以十二地支的阳支：子、寅、辰、午、申、戌等，配乾卦初爻至上六爻，以十二地支的阴支：未、酉、亥、丑、卯、巳等，配坤卦初爻至上六爻。①《周易参同契》也吸收了"爻辰说"，以十二地支配四季，如《周易参同契分章通真义》第 5 章云：

春夏据内体，从子到辰巳。秋冬当外用，自午讫戌亥。②

卦有六爻，下三爻为内卦，又称为内体，法一年的春夏，又象征一日的子后午前。上三爻为外卦，又称为外用，法一年的秋冬，又象征一日的午后子前。以子、丑、寅为春，以卯、辰、巳为夏，主阳动，配内卦，以午、未、申为秋，以酉、戌、亥为冬，主阴静，配外卦。春夏两季阳气由下往上发用，万物随之由内向外生长。秋冬两季阴气由下往上发用，万物随之由外向内收藏。就一日来说，春夏等同于从子时顺行到辰巳六个时辰，秋冬等同于从午时顺行到戌亥六个时辰。由此可见，一日的阴阳消长与一年的阴阳消长，其原理是相通的，是一种有序的运行规律。

汉代易学除了与十二地支结合的"十二月卦说"与"爻辰说"外，还有以十天干与八卦结合的"纳甲说"，《周易参同契》不仅继承了"十二月卦说"，也采用了"纳甲说"。"纳甲说"创自于汉代京房，以八卦分纳十天支，取第一位甲作代表，将十天干分为阴阳两组，甲、丙、戊、庚、壬等为阳干，乙、丁、己、辛、癸等为阴干。以阳卦纳阳干，以阴卦纳阴干，乾坤两卦分内外卦各纳二干，其配合的情况为：乾内卦纳甲，乾外卦纳壬，震卦纳庚，坎卦纳戊，艮卦纳丙，坤内卦纳乙，外卦纳癸，巽卦纳辛，离卦纳己，

---

① 参见刘玉建《两汉象数易学研究》，广西教育出版社 1996 年版。
② （五代）彭晓：《周易参同契分章通真义》，《正统道藏》，第 34 册，第 261 页中。

兑卦纳丁。①《周易参同契》继承了"纳甲说",又将此说与月象相结合,如《周易参同契分章通真义》第13章云:

　　复(☷☳)卦建始萌,长子继父体,因母立兆基。消息应钟律,升降据斗枢。三日出为爽,震(☷☳)庚受西方。八日兑(☱)受丁,上弦平如绳。十五乾(☰)体就,盛满甲东方。蟾蜍与兔魄,日月气双明,蟾蜍视卦节,兔者吐生光,七八道已讫,屈折低下降。②

又《周易参同契分章通真义》第14章云:

　　十六转受统,巽(☴)辛见平明。艮(☶)直于丙南,下弦二十三。坤(☷)乙三十日,东北丧其朋。节尽相禅与,继体复生龙。③

又《周易参同契分章通真义》第15章云:

　　壬癸配甲乙,乾坤括始终。七八数十五,九六亦相应。四者合三十,阳气索灭藏。八卦布列曜,运移不失中。④

以复卦的十一月为例,来说明一月之中的"纳甲说",将一月三十日分为六节,即三日、八日、十五日、十六日、二十三日、三十日等。初三日,月在西方,为震卦,天干配庚,月亮始露微光,为初升的月象。初八日,月在南方,为兑卦,天干配丁,月亮像弓挂

---

① 参见高怀明《两汉易学史》,台北:中国学术著作奖助委员会1983年版。
② (五代)彭晓:《周易参同契分章通真义》第49章至第60章,《正统道藏》,第34册,第264页上—265页上。
③ (五代)彭晓:《周易参同契分章通真义》第49章至第60章,《正统道藏》,第34册,第264页上—265页上。
④ (五代)彭晓:《周易参同契分章通真义》第49章至第60章,《正统道藏》,第34册,第264页上—265页上。

弦，为上弦的月象。十五日，月在东方，为乾卦，天干配甲，月亮大而光明，为满月的月象。十六日，月在西方，为巽卦，天干配辛，月亮虽大，已有亏损，为始亏的月象。二十三日，月在南方，为艮卦，天干配丙，月亮下半边亏缺，为下弦的月象。三十日，月在东方，为坤卦，天干配乙，月亮消失完全无光，为无月的月象。《周易参同契》以月象合卦，只有六卦，欠坎离两卦，原因为坎离为乾坤之用，带动日月的相感生光，以及阴阳的消长见形，六卦因对应具体的象而存在，坎离则是普在而无象的存在。乾卦纳甲壬，坤卦纳乙癸，乾当望月，坤属晦时，正好象征阴阳消长的始终。坎卦纳戊，离卦纳己，象征位于中宫的枢纽地位，八方布列的星曜围绕着中宫的天心进行周期性的旋转运动。

前列引文出现了"七八"与"六九"等数字，是对应少阳、少阴、老阳、老阴等，七为少阳之数，八为少阴之数，九为老阳之数，六为老阴之数。少阳与少阴相合，其数为十五，老阳与老阴相合，其数也是十五，将四者数字相加，合为三十，正好对应一月的日数，当晦朔之日，即三十日，阳气灭尽的同时月象也不见，到了十五日，阴气消尽的同时月象盈满。一日早晚阴阳互相循环，一月六节阴阳互相循环，一年十二月阴阳也互相循环。天地间日月星的运转存在着阴阳消长的互补规律，一日、一月与一年是阴阳传承的三种循环，在消息进退中周而复始。八卦与六十四卦用以对应天象的运行规律与法则，相应于天心旋转的运动枢纽，这是先人们长期观察天象形成的，搭配天干与地支等象征性的符号与数字，探究阴阳两气交合的现象与生化万物的原理，如《周易参同契分章通真义》第 16 章云：

  元精眇难睹，推度效符证。居则观其象，准拟其形容。立表以为范，占候定吉凶。发号顺时令，勿失爻动时。上察河图文，下序地形流。中稽于人心，参合考三才。动则循卦节，静则因象辞。乾坤用施行,天地然后治。可得不慎乎?①

天地阴阳之气的流动,原本是很难观察与揣摸的,考察北斗星与日月的运行节度,方能勉强通过天干、地支等术数推算、验证其存在之理。以卦象的伸屈进退来描述月象的弦望盈缩,二者可相互参照与模拟,形容其中互为对应的象,如《周易·系辞上》曰:"圣人有以见天下之赜,而拟诸其形容,象其物宜,是故谓之象。"② 以具体的卦爻来比拟和说明天下深赜的抽象之理,以象征的方式展现抽象之理的内涵。所谓"表"是指古代观察天象用以测量日影的柱子,或称为日晷,以其影子的长短作为标准,测量节气的变化,卦爻的功能与日晷相类似,可以用来观察天象的变化以测定人事的吉凶。人间帝王发号施令必须与天地的节气时令相符合,人道与天道的感应相通,依据卦爻阴阳动静的原则行事。三才是指天、地、人,天的阴阳动静可以依循河图的原理,地的阴阳动静可以依据洛书,人的阴阳动静则是以人心来作为稽考。人心的发动遵循卦爻对应的节气循环原理,参照卦爻辞所说明的道理,就能依循自然法则来治理天下。

四　五行的三五与一

阴阳与五行原本是两套不同的宇宙观念,来源与发展各自相异,《周易》专言阴阳四时的消长,而无五行的思想。将二者合流可能始于战国的邹衍,经《吕氏春秋》到董仲舒的《春秋繁露》,将阴阳四时与五行紧密结合,用以说明天人对应的关系。③ 到了汉代象数易学兴起,更加扩大了五行与四时八卦的配合方式。《周易参同契》在如此的时代风尚中,也相当重视阴阳四时与五行的对应之理,如《周易参同契分章通真义》第6章云:

---

① (五代) 彭晓:《周易参同契分章通真义》,《正统道藏》,第34册,第265页上。
② (清) 阮元:《十三经注疏·周易正义》,第150页中。
③ 参见徐复观《中国人性论史》,台北:台湾商务印书馆1989年版。

> 赏罚应春秋，昏明顺寒暑。爻辞有仁义，随时发喜怒。如是应四时，五行得其理。①

春行阳气主生万物如天之行赏，秋行阴气主杀万物如天之行罚。寒冬日照较短其气为昏，暑夏日照较长其气为明。四季的时令依循阴阳消长之理，也对应着卦爻辞中的阴阳之义，如阳爻刚强称为仁，阴爻柔弱称为义，顺应季节，夏天阳生如喜气，冬天阴生如怒气，对应着人事吉凶祸福的关系。当四时相应着阴阳的变化规律时，也能相应于五行合序的生化作用。四时与五行不是各自独立的宇宙现象，二者也可以相互结合与对应，如《周易参同契分章通真义》第45章云：

> 动静有常，奉其绳墨。四时顺宜，与气相得。刚柔断矣，不相涉入。五行守界，不妄盈缩。易行周流，屈伸反复。②

在天地间，日月的运行有着一定的阴阳规律，导致消长进退中的动静与刚柔也有着一定的常态与规范。一年四时的寒来暑往顺应气候的周流反复，比如夏至时的阳极生阴与动极反静，冬至时的阴极生阳与静极生动，如此刚与柔有着明确的界限，不能随意涉入或互换。五行的生克原型与阴阳的消长规律相类似，不可任意地收缩与延伸，要符合《周易》顺行周流的进退规律，随应自然的往来反复。

如何以五行来配四时呢？依据北斗星的运行方位，东南西北四位可以对应春夏秋冬四季，那么五行中央的土如何对应四时呢？秦汉时期主要有两种说法。第一种说法称为"土王季夏"，即木配春，火配夏，土配季夏，金配秋，水配冬，符合五行相生的次序。

---

① （五代）彭晓：《周易参同契分章通真义》，《正统道藏》，第34册，第261页中。
② （五代）彭晓：《周易参同契分章通真义》，《正统道藏》，第34册，第277页中。

《周易参同契》的天人感应之道

第二种说法称为"土王四季",最早见于《白虎通义》,将土分王于四季,自四季中各取十八日,使五行各对应七十二日。①《周易参同契》采用的是第二种说法,如《周易参同契分章通真义》第9章云:

> 言不苟造,论不虚生。引验见效,校度神明。推类结字,原理为证。坎戊月精,离己日光。日月为易,刚柔相当。土王四季,罗络始终。青赤白黑,各居一方。皆禀中宫,戊己之功。②

四时偏重于时间的阴阳流转,五行则偏重于空间的方位循环,都是由自然运行的现象归纳而成的原理,不是凭空妄谈的虚假理论,而是经由长期参验与按类推断而成的,可以相互验证。《周易参同契》引用"纳甲"的理论,以八卦分纳十天干,以坎卦纳戊,离卦纳己,坎卦与离卦对应的是戊己两天干,根据五行与十天干的相配关系,与戊己相配的是中央土。以中央土对应四季,形成了中宫地位,主宰了四季运行的规律,一年气候的流转都离不开中央土的功能与作用,故称为"土王四季"。坎卦既为水的象征,又为月的象征,离卦既为火的象征,又为日的象征,坎离两卦相合,即月精与日光交会,产生阴阳与刚柔的互补作用。位于中宫土位的戊己,主宰了四时,也主宰了四方,四方为东南西北,代之以木火金水,或代之以青赤白黑,四行与四时相配的关系如下:木旺在春绝在秋,火旺在夏绝在冬,金旺在秋绝在春,水旺在冬绝在夏,唯有土旺在每季十八天,遍在每季之中,能调和其他四行,比如水火分南北而相克,木金列东西而相制,土居于中宫之位能调和水火与融合金木,将各据一方的能量统合起来,达成居中以治外的功用。

《周易参同契》重视阴阳的消长,也重视五行的生克,阴阳与

---

① 参见孙广德《先秦两汉阴阳五行说的政治思想》,台北:台湾商务印书馆1993年版。
② (五代)彭晓:《周易参同契分章通真义》,《正统道藏》,第34册,第262页中。

五行虽然是两套不同的术数系统，但是二者之间还是可以相互对应的，比如五行中的水火与日月的阴阳可以进行同质性的类比与推演，如《周易参同契分章通真义》第 39 章云：

> 推演五行数，较约而不繁。举水以激火，奄然灭光明。日月相激薄，常在晦朔间。水盛坎侵阳，火衰离昼昏。阴阳相饮食，交感道自然。①

五行生克及其相应的推算原理，其理法也相当简明扼要，一点也不复杂，比如水克火这样的概念是比较容易理解的。从自然现象来说，水可以冲击或浇灭火势，可以迅速灭掉火的光明。水可以用来指称月，对应八卦的坎卦，火可以用来指称日，对应八卦的离卦。此处所谓的水克火，是指日月的相互掩没，出现了日食与月食的现象，这种现象经常会在晦朔更替时发生。所谓日食，是指月球运行到地球与太阳的中间，阳光被月球遮住，导致白天失去光明有如晚上，一般会发生在农历初一。所谓月食，是指地球运行在太阳与月球之间，阳光被地球遮住，无法照射到月球上，导致月亮出现了黑阴，大约出现在农历十五或其后一二日。② 这种日月食的产生，依循五行水克火的原理，象征坎卦的水过于强大，侵害了象征离卦的火，导致离卦的火不敌坎卦的水，造成白昼产生昏暗的特殊状况，这也是阴阳水火间互为感应交会的自然现象。

《周易参同契》之所以讲究五行的生克原理，主要还是着重于炉火的炼丹术上，认为草木的药材最多有助于长寿，若要长生不朽，则须服食炉火锻炼而出的金丹。金丹不是一般的草木之药或丹砂之药，必须经过长期的炼丹过程，使铅汞依循阴阳与五行的运行原理，配合月份、季节与时辰的卦象来调节阴阳消长，也要配合天

---

① （五代）彭晓：《周易参同契分章通真义》，《正统道藏》，第 34 册，第 275 页上。
② 参见陈全林《周易参同契注译》，中国社会科学出版社 2004 年版。

《周易参同契》的天人感应之道

干、地支、五行的方位来锻炼丹炉的火候。金丹的炼成不是随意的工夫，必须合乎阴阳与五行的运转之道，在相应于天地大道的前提下，方能服食金丹，达到与造化同存的长生境界，如《周易参同契分章通真义》第32章云：

> 巨胜尚延年，还丹可入口。金性不败朽，故为万物宝。术士服食之，寿命得长久。土游于四季，守界定规矩。金砂入五内，雾散若风雨。薰蒸达四肢，颜色悦泽好。发白皆变黑，齿落生旧所。老翁复丁壮，耆妪成姹女。改形免世厄，号之曰真人。①

炼丹术的目的在于将铅汞变化成金砂之丹，以不败朽的金性促成人体的得寿长生，此金丹可以说是万物中最为宝贝之物，依循四时五行的宇宙之气凝聚而成。所谓"土游于四季"是指"土王四季"，土是五行四时的交会之所，能主导春夏秋冬的阴阳进退，也能调和与节制木火金水的相生相克，金丹在锻炼与合成的过程中遵循中宫土的守界规矩，方能守之有成，转化为旷世神丹。金丹的效用在于服食后产生各种神奇的功效，促进天人之间的道化整合，不仅能合乎时序来滋阴补阳，更能重视五行中土旺于四季的主宰地位，带动五行与四时的能量交会。这种带有宇宙能量的金丹入口之后，能使凡人达到与天地同体、与日月同明的真人境界。此生命境界也能满足凡人渴望的世俗利益，比如金丹的能量能内透五脏六腑，外通百骸九窍，如云雾遍流周身，似雨露温润四肢。说得更具体些，能使原本老化的身体产生明显的改善效果，比如容颜与皮肤有了新的光泽，苍白的头发又变成黑发，脱落的牙齿重新长出，导致老翁返回壮年，老妇返回美女，金丹不仅能使人在形体上返老还童，还能使人摆脱尘世与疾病的牵缠与苦难。

金丹不是人间凡物，是合乎天地阴阳五行的生成之道，是类比

---

① （五代）彭晓：《周易参同契分章通真义》，《正统道藏》，第34册，第272a页。

于道，甚至是与道同类之物。以铅汞作为提炼金丹的原料，是依据同类相因相从的原理，认为铅汞与金沙是同一物质的自相转化，都是同出于道的造化作用，符合阴阳五行的生成原理，如《周易参同契分章通真义》第33章云：

> 胡粉投火中，色坏还为铅。冰雪得温汤，解释成太玄。金以砂为主，禀和于水银。变化由其真，终始自相因。欲作服食仙，宜以同类者。植禾当以黍，覆鸡用其子。以类辅自然，物成易陶冶。鱼目岂为珠，蓬蒿不成槚。类同者相从，事乖不成宝。是以燕雀不生凤，狐兔不乳马；水流不炎上，火动不润下。①

《周易参同契》认为金丹与道同类，欲得道成仙可从服食金丹入手，二者有着同类相因相从的关系，这是从自然的生成现象中体悟出的观念。这样的思想可能源于《周易》，如乾卦的《文言》九五，引孔子曰：

> 同声相应，同气相求。水流湿，火就燥，云从龙，风从虎，圣人作而万物睹。本乎天者亲上，本乎地者亲下，则各从其类也。②

所谓同类相因相从即是同声相应与同气相求的自然现象，认为同类才能始终相因而成变化，如声音相近者会相应答，气味相近者会相聚集，水必定往潮湿处流动，火必定往干燥处燃烧。因禀气不同，其类也不相属，比如动物禀受天气故头朝上，植物禀受地气故根朝下，因大气运作的关系，同类会自然相随相聚。《周易参同契》从同类相因相从导出异类相斥的譬喻，指出鱼的眼目不能成珍珠，草

---

① （五代）彭晓：《周易参同契分章通真义》，《正统道藏》，第34册，第272b页。
② （清）阮元：《十三经注疏·周易正义》，第15页上。

类的蓬蒿不能成大树，燕雀生不出凤凰，狐兔不能乳养骡马，水性不能往上流，火性不会往下烧。以金丹的服食而成仙是因为二者同类，合乎天地阴阳五行的变化之道，铅汞经由水火的锻炼转为金丹，也来自二者同类相因相从的原理，在性质相同的情况下能依自然的规律生成变化，最后得以炼丹有成。如果不经由同类的造化锻炼过程，无法造就成仙的金丹。

金丹不是外在之物，是内服的神丹，集合阴阳五行的宇宙能量，促进天人间的感通与合一。金丹是铅与汞经由水火的锻炼而成的，与日月的阴阳作用有关，在日月光华的反复照射中，彰显五行中象征不朽的金性，如《周易参同契分章通真义》第30章云：

> 金入于猛火，色不夺精光。自开辟以来，日月不亏明，金不失其重，日月形如常。金本从月生，朔旦受日符。金返归其母，月晦日相包。隐藏其匡郭，沉沦于洞虚。金复其故性，威光鼎乃嬉。[①]

金丹的"金"字，不是指黄金的"金"，指的是五行的"金"，取用黄金不朽的属性。"金"是与日月常明的宇宙能量，黄金是一种具有此宇宙能量的物质，比如黄金在烈火中燃烧，其色更加精粹光明，不会减轻重量，反而越炼越坚，有如日月一般，从天地开辟以来，其光从未耗损与减弱，一如往常光亮如新。五行中的金，对应月出西方的光明，在每月的三十晦日被月的黑体遮蔽，到了初一的早晨得到日光照射大放光明。从五行相生的关系来说，土能生金，故土为金之母，当月晦之日，金返回土中，日月光都隐没在空洞虚无之境，在无边无际的混沌中暂时收敛其光华，直到日光再度复现时，金又恢复其原初的不朽本性，使金丹在炉鼎中大放光芒。

炼丹术不仅运用了土生金的相类原理，也重视金生水的相类原

---

① （五代）彭晓：《周易参同契分章通真义》，《正统道藏》，第34册，第271页上。

理，如《周易参同契分章通真义》第 23 章云：

> 知白守黑，神明自来。白者金精，黑者水基。水者道枢，其数名一。阴阳之始，玄含黄芽。五金之主，北方河车。故铅外黑，内怀金华。被褐怀玉，外为狂夫。

又如《周易参同契分章通真义》第 24 章云：

> 金为水母，母隐子胎，水者金子，子藏母胞。真人至妙，若有若无。髣髴大渊，乍沈乍浮。退而分布，各守境隅。①

"知白守黑"一词，可能取自于《老子》第 28 章的"知其白，守其黑，为天下式"的相关句子，但是在内容上增添了五行的观念，金的象征颜色为白，水的象征颜色为黑，就五行的相生关系来说，水生于金，金是水之母，水是金之子，金与水有如母与子的关系，子胎与母胞互为隐藏，金能生水，水中藏金。水在五行中居于枢纽的首位，其生成之数为一，如谓天一生水，水从天一而生，一为水之数，对应的是阴极而阳生的现象，水中的金精经由烹炼而逐渐萌芽，达到至妙的境界，好像在深渊中若有若无地或沉或浮，隐藏着无限的造化生机，虽然浮沉不定，但是进退各守其分，具有创生的能量。炼丹术的铅，未炼时外表是黑色的，其内却隐藏着金华之象，如人身怀玉，却外衣褐伴作狂，若铅经由水的烹炼能复其白金之性。

五行间有相生的原理，也有相胜的作用。五行相生为：水生木，木生火，火生土，土生金，金生水等。五行相胜为木胜土，土胜水，水胜火，火胜金，金胜木。炼丹术是以五行学说作为最高的指导原理，将炉鼎铅汞的烹炼，类同于五行的生克作用，如《周易参同契分章通真义》第 68 章云：

---

① （五代）彭晓：《周易参同契分章通真义》，《正统道藏》，第 34 册，第 268 页中。

《周易参同契》的天人感应之道

> 太阳流珠，常欲去人。卒得金华，转而相因。化为白液，凝而至坚。金华先唱，有顷之间，解化为水，马齿阑干。阳乃往和，情性自然。迫促时阴，拘畜禁门。慈母育养，孝子报恩。严父施令，教敕子孙。五行错王，相据以生。火性销金，金伐木荣。三五与一，天地至精。可以口诀，难以书传。①

前半段描述汞与铅在烹炼时的结合过程，流珠是指水银的汞，其性飘浮有如滚珠不断流转，难以捕捉。铅含有金华，其性稳静下沉，可以用来制服容易飞扬的汞，二者的能量很快吸引凝结，互相依存承袭，转化成白色液体的化合物，进而越凝越坚，聚而不散。此一过程的时间不长，很快此化合物会融解成如水的液体，从中产生了美玉般的金丹，渐渐地由小而大，整个炼丹过程合于阴阳五行的自然作用，在情性相投中互相融合与会通。后半段专言炼丹时五行生克现象，如所谓"慈母育养，孝子报恩"，慈母象征金，孝子象征水，指炼丹时以文火将铅汞融合成流体，有如金生水的五行现象，金丹的受育成长有如孝子的报恩。所谓"严父施令，教敕子孙"，因土生金，金生水，土为金父，水为土孙，严父象征土，子孙象征水，土生金而胜于水，使金丹归于土中逐渐地教化成长。②

"五行错王"是指五行交错轮流用事为王，使万物依五行生克原理而生发，五行如阴阳一般也是天道的体现，万物配合五行的运化来相互依存，比如"火性销金"是指火胜金，"金伐木荣"是指金胜木，指出五行之间有相生也有相互制约的关系。五行之数的"三五与一"是炼丹术重要的口诀，由于语意未明，很难贴切地解读，张伯端在《悟真篇》上卷七言诗第十四首进行解释如下：

> 三五一都三个字，古今明者实然稀。东三南二同成五，北

---

① （五代）彭晓：《周易参同契分章通真义》，《正统道藏》，第34册，第286页上。
② 参见孟乃昌、孟庆轩《万古丹经王周易参同契三十四家注释集萃》，华夏出版社1993年版。

一西方四共之，戊己自居生数五，三家相见结婴儿。婴儿是一含真气，十月胎圆入圣基。①

就五行的象征数字来说，一象征水，二象征火，三象征木，四象征金，五象征土。但是三五与一不是单纯的专指象征之数，另有特殊的含义，后人各自有不同的解读，大约可以归纳出三种主要的说法，第一种说法认为"三"是指火、金与木，"五"是指土，指火金木皆禀于土气，会通为一。第二种说法认为"三"是水一与火二的交合之数，水不离金，火不离木，水与土合为月，火与土合为日，"三五"象征日月的阴阳交合，能形成天地至精的金丹。第三种说法即张伯端的诠释，认为"三五"是三个五，将《周易》的天地生数与五行结合，即天一水，地二火，天三木，地四金，天五土，其中天一水与地四金合为五，又天三木与地二火合为五，加上天五土，总共有三个五，将五行分成三组，"三五"指五行，其中又结合日月阴阳的运行规律，可以称为"天地之精"。

《周易参同契》采用"纳甲说"，将五行与十干结合，戊己对应土五。也采纳十二支的学说，将十二支配八卦五行，子对应坎卦与五行的北方水，生数为一，午对应离卦与五行的南方火，生数为二，子午的坎离与水火结合为三，这是前列的第二种说法，《周易参同契分章通真义》第31章采用第二种说法，如云：

子午数合三，戊己号称五。三五既和谐，八石正纲纪。呼吸相贪欲，伫思为夫妇。黄土金之父，流珠水之母。水以土为鬼，土镇水不起。朱雀为火精，执平调胜负。水盛火消灭，俱死归厚土。三性既合会，本性共宗祖。②

"三"是指水火的合数，"五"是指土的生数，炼丹术主要建立在

---

① （北宋）张伯端：《悟真篇》，《正统道藏》，第7册，第558页上。
② （五代）彭晓：《周易参同契分章通真义》，《正统道藏》，第34册，第271页中。

水、火与土三性的整体和谐上。三五相合为八，八为和谐之数，对应炼丹时必备的八种药石，即朱砂、雄黄、雌黄、空青、硫磺、云母、戎盐、硝石等，八石要炼成金丹必须仰赖水火土三性的交流与会合。有关五行在卦爻上的生克关系，京房在其《京氏易传》中有一套说法，后人定名为"六亲"，以"我"为本位，其对应的关系：生氏者为父母，克"我"者为官鬼，"我"生者为子孙，"我"克者为妻财，扶"我"者为兄弟。①《周易参同契》采用"六亲"的生克原则，来说明炼丹时水、火与土三者的对应关系。冬至阳生，地气上升称为呼，夏至阴生，天气下降称为吸，炼丹时的水火交流有如天地气化的呼吸，阴阳的相恋相结有如夫妻般的相亲相爱，不肯分离。水胜火的相交相合，有如夫与妻的关系。"黄土金之父"，中央土为金的父亲，即指土生金。"流珠水之母"，流珠指丹砂，代表金，金为水的母亲，即指金生水。"水以土为鬼"是指土是水的官鬼，即指土能克水，其现象为"土镇水不起"，土具有镇压水的能力。朱雀指二十八星宿南方星宿的总称，象征南方的火精，水火土三者有着相互平衡的关系，火能烹水沸腾，水盛则能克火，水又被土制服，最后水火俱归于厚土。水火土原本是不同的三性，经由锻炼后会合于一处，水火为金木之子，金木又为土所生养，五行的体性是以土为祖宗，当三性同为一性时金丹就完成了。

"三五"是象征之词，有多义诠释的可能，《周易参同契》采用第二种说法，也采用第三种说法，如《周易参同契分章通真义》第82章云：

阴阳得其配兮，淡泊而相守。青龙处房六兮，春华震东卯。白虎在昴七兮，秋芒兑西酉。朱雀在张二兮，正阳离南午。三者具来朝兮，家属为亲侣。本之但二物兮，末而为三五。三五并与一兮，都集归二所，治之如上科兮，日数亦

---

① 参见徐芹庭《易经占断学》，中国书店2011年版。

取甫。①

"青龙"是指二十八星宿的东方七宿，房宿是东方七宿正中的一宿，六是房宿的度数，在四时为春，在物为花，在卦为震，在方位为东，在辰为卯，在五行为木。"白虎"是指二十八星宿的西方七宿，昴宿是西方七宿正中的一宿，七是昴宿的度数，在四时为秋，在物为芒，在卦为兑，在方位为西，在辰为酉，在五行为金。"朱雀"是指二十八星宿的南方星宿，张宿是南方星宿的第五位，二是张宿的度数，在四时为夏，属于正阳，在卦为离，在方位为南，在辰为午，在五行为火。青龙东方木、白虎西方金与朱雀南方火等都来朝供玄武北方水，玄武为二十八星宿的北方星宿，北斗星位于其中，众星拱之。此四者相聚，有如本家亲戚朋友相守于一堂。炼丹的情境相类似，青龙木、白虎金、朱雀火等三家具归于鼎器的玄武水中。此四者就本质来说可以归纳成二物，即木火归为一家，其数五，金水归为一家，其数五，再加上中央土五，总共合起来称为"三五"。炼丹时三者同归一室合为一体，浑然一气的金丹成矣。

"三五"也可称"三物一家"，即金水为一物，木火为一物，土为一物，合起来共成一家，如《周易参同契分章通真义》第76章云：

> 丹砂木精，得金乃并。金水合处，木火为侣。四者混沌，列为龙虎。龙阳数奇，虎阴数偶。肝青为父，肺白为母。肾黑为子，心赤为女。脾黄为祖，子五行始。三物一家，都归戊己。②

此一引文对炼丹术与五行的关系有更详细的描述，就炼丹术来说，虽然金能克木，水能克火，但是金木相并则为鼎器，水火相交则成

---

① （五代）彭晓：《周易参同契分章通真义》，《正统道藏》，第34册，第292页中。
② （五代）彭晓：《周易参同契分章通真义》，《正统道藏》，第34册，第289页上。

金丹。所谓"金水合处"是指金生水，二者合为一家，所谓"木火为侣"是指木生火，二者合为一家，此四者即为木火金水，或称青龙、朱雀、白虎、玄武，本质上可以混沌为一体，就作用来说，则可对应阴阳而成龙虎，龙为木火的合并，对应阳，配天地生成之数的奇数，即天数。虎为金水的合并，对应阴，配天地生成之数的偶数，即地数。五行可以配人的五脏，木色青对应人体的肺脏，为火之父。金色白对应人体的肺脏，为水之母。水色黑对应人体的肾脏，为金之子。火色赤对应人体的心脏，为木之女。土色黄对应人体的脾脏，因土王四季，金木水火皆依赖土而能生长，称土为金木水火的宗祖。五行可以分成三物，即金水为一物，合成五数，木火为一物，合成五数，地自成一物五数，形成了"三五"之数，三物最后共成一家，使四象归于中央戊己土。

五　天人感应的内养术

提炼金丹的目的，主要还是要内服于身，以宇宙的能量来助人体长生成仙，此宇宙能量来自阴阳五行的造化之道，将金丹视为与道同类之物，能促进天人之间的互感相生，即天地是个大宇宙，人体是个小宇宙，金丹则是个媒介，将大宇宙的能量引进人体之中，提升小宇宙的生命境界。后代内丹的发展企图将作为媒介的金丹拿掉，直接以人体的小宇宙去感通与证悟天地的大宇宙，依旧可以采用炼丹术的相关理论，将外丹的术语大量地运用到内丹的修行工夫上，导致本来作为外丹学说与理论的《周易参同契》，也可以成为内丹修炼的开创鼻祖。① 在《周易参同契》成书的东汉时代，各种古老的内养技术与理论已广为流行，当时方仙道融入黄老学派的养性之术，能运用超凡脱俗的修养工夫达到道家清静恬淡的精神状态，金丹虽然是外在的物质，却能用来体现长生成仙的生命能量，关注的是与阴阳五行对应的气化作用，金丹成为宇宙能量的代称，

---

① 参见金正耀《道教与科学》，中国社会科学出版社1991年版。

肯定人体与宇宙有着一体相通的连贯性。

  日月的阴阳交合也对应了人体的男女之别，从阴阳的消长变化彰显男女相须之理，即人体的男女之别与整个宇宙的机能运化有着非常密切的关系。① 人类的男女与动物的雌雄同属于阴阳的造化，彼此有了同类相因相从的需求，如《周易参同契分章通真义》第74章云：

    坎男为月，离女为日。日以施德，月以舒光。月受日化，体不亏伤。阳失其契，阴侵其明。晦朔薄蚀，掩冒相倾。阳消其形，阴凌灾生。男女相须，含吐以滋。雌雄错杂，以类相求。②

坎卦的卦象为阴中含阳，象征月的阴性，却也夹杂着男的阳性。同样，离卦的卦象为阳中含阴，象征日的阳性，却也夹杂着女的阴性，显示了天地之间的阴阳两性不是彼此对立，应是相互依存，有如日月之间光芒的相互照应。日能发光，月不能发光，月能反射日光而生辉，日不能因月受其光而使其体有所亏损。日月的阴阳要相互成全，不可互相迫害，日之阳与月之阴彼此相交而契合，当日的光失去了照耀月的作用，导致晦朔之间月无光的现象，有时月会遮蔽日之光，产生月食的现象，此为日月的互相遮掩的侵害，产生晦暗的灾祸。日月的阴阳不可互相侵犯，男女的关系也如此，阴阳要互相包含，如日含阴气与月吐阳光，人类的男女与动物的雌雄都必然要阴阳相合与同类相求，彼此相为依存与互为根基，在相互交感中含吐滋养。

  男女的关系除了配合阴阳的调和外，也要遵行五行生克的交融作用，才能彼此谐调相安，如《周易参同契分章通真义》第75章云：

---

① 参见詹石窗《道教与中国养生智慧》，东方出版社2007年版。
② （五代）彭晓：《周易参同契分章通真义》，《正统道藏》，第34册，第288页中。

《周易参同契》的天人感应之道

> 金化为水，水性周章。火化为土，水不得行。故男动外施，女静内藏。溢度过节，为女所拘。魄以钤魂。不得淫奢。不寒不暑，进退合时。各得其和，具吐证符。①

金木水火土五行之间是互相扶助而又互相制约，彼此不可过或不及，也是一种互感相求的关系，比如金能生水，火能生土，土能克水，显示四者之间有着运转的和谐秩序，比如土能使周流的水不至于泛滥成灾。男女之间也有相互牵制的作用，男性刚强好动，情显于外，女性则柔顺安静，情藏于内，双方能刚柔兼济与动静相须，若男性外施的动能失去节制，必须仰赖女性内藏的稳静加以拘制。这是因为男性为阳为木为魂，女性为阴为金为魄，依五行的原理，女性的金魄能牵制男性的木魂，不得越份淫奢，还要配合水火的寒暑温度，使阴阳间的进退能符合时节的变化，彼此的身心与性命都能处在和谐交融的状态中，互相含吐与证验阴阳的和合。

《周易参同契》主要还是以阴阳五行的原理来说明宇宙自然造化的作用，金丹的形成来自此种宇宙生成的法则，人身与万物的成长也源于道与气的化生功能，导致道教的外丹与内丹在理论上一脉相通，肯定阴阳与五行遍于天地万物之中，万物与人都可以经由自身的体证，展现源自道与气的内在丰富的生命，如《周易参同契分章通真义》第73章云：

> 物无阴阳，违天背无。牝鸡自卵，其雏不全。夫何故乎？配合未运，三五不交，刚柔离分。施化之精，天地自然，犹火动而炎上，水流而润下。非有师道，使其然也。资始统政，不可复改。观夫雌雄，交媾之时，刚柔相结，而不可解。得其节符，非有工巧，以制御之。若男生而伏，女偃其躯。禀乎胞胎，受气元初。非徒生时，着而见之。及其死也，亦复效之。

---

① （五代）彭晓：《周易参同契分章通真义》，《正统道藏》，第34册，第288页中。

此非父母，教令其然，本在交媾，定置始先。①

万物若缺乏阴阳的交合与互生，必定违背天地自然原本的存有规律，比如母鸡不与公鸡交配而产卵，就无法孵出小鸡，主要是因为阴阳没有配合，五行没有交会。所谓"三五"，前一节已详细分析，是指金水、木火、土三组五行之气，彼此不能互动与相交，导致阳刚与阴柔必然互相分离。雄的施精与雌的化育，是天地自然之道的显现，犹如火焰的向上烧与水势的向下流，这是物性使然。从宇宙的生成原理来说，一开始就须体悟出"一阴一阳之谓道"的原理，从个人的治理身心到国家的治法统政，都要依循此种原理不能随意改变。男女两性的交合也同于雌雄两性的交媾原理，是阴阳的自然感应与会通，不必遵从父母的教导与指令，时机成熟，就能控制与驾驭。这是人性受气的元初时就已具有的本能，可以说是源自道的天性。

人的阴阳属性除了男女外还有魂魄。魂魄是生命创生的精神能量，也是人人本有的精神体，魂为人的元气，魄为人的元精。魂魄要互相依存，不可分离或对立，如《周易参同契分章通真义》第63章云：

阴阳为度，魂魄所居。阳神日魂，阴神月魄。魂之与魄，互为室宅。性主处内，立置鄞鄂。情主营外，筑垣城郭。城郭完全，人物乃安。爱斯之时，情合乾坤。干动而直，气布精流。坤静而翕，为道舍庐。刚施而退，柔化以滋。九还七返，八归六居。男白女赤，金火相拘。则水定火，五行之初。上善若水，清而无瑕。道之形象，真一难图。变而分布，各自独居。②

---

① （五代）彭晓：《周易参同契分章通真义》，《正统道藏》，第34册，第288页上。
② （五代）彭晓：《周易参同契分章通真义》，《正统道藏》，第34册，第283页上。

魂魄的观念由来已久，《左传·昭公七年》有阳魂阴魄的说法，二者是人生命存活时的精神主宰。①汉代这种魂魄的思想广为流传，与阴阳观念的结合更加密切，形成了阳神日魂与阴神月魄的说法。魂是人身中的阳神，类比于在天的日、八卦中的离卦、五行中的木火、东方的青龙、人身的肺脏等。魄是人身中的阴神、类比于在天的月、八卦中的坎卦、五行中的金水、西方的白虎、人身的肺脏等。魂魄依循着日月阴阳的运行原理存在于人身之中，二者互相依存、难以分离。魂为人身的元气，称性，或称德。魄为人身中的元精，称命，或称情。人身的魂魄与性情如日月般地互映相依，性魂主内，位于人身的神室之中，主导精气心性的运作。情魄主外，处于人身的城郭之外，护卫生命的完好与安全，性与情内外相结合，才能达到安身立命的境界。

　　人身的性情契合天地乾坤的阴阳运行原理，性情对应乾卦的动与直，人身的精神随着宇宙的元气扩散与流行。性情也对应坤卦的静与翕，人身的精神配合宇宙元精静态的回归与收敛，顺着乾坤阴阳交会的特性，有助于人身的动静和谐与刚柔互济。人的生命也来自道的造化作用，符应天地的阴阳相须与五行互施，"九还七返，八归六居"中的六、七、八、九等数，是指易传生成之数的成数，对应五行的水火木金等。②"还""返""归""居"四个词意义相近些，大约有归本返始之义，企求从成数返回到本原的生数，即北方水从成数六返回到生数一，南方火从成数七返回到生数二，东方木从成数八返回到生数三，西方金从成数九返回到生数四，宇宙的造化是由生数到成数，人体的修炼则要从成数返回到生数，从后天的情欲复归先天的性命。西方金生数为四，成数为九，对应颜色中的白色，也对应两性中的男性，南方火生数为二，成数为七，对应颜色中的赤色，也对应两性中的女性，所谓"金火相拘"象征男女两性的阴阳聚集，也可以象征魂魄两气的阴阳聚集，金生水，水则

---

① 参见蒲慕州《追寻一己之福——中国古代的信仰世界》，台北：允晨文化实业股份有限公司1995年版。
② 参见朱伯崑《易学哲学史》，北京大学出版社1986年版。

能制服火，称为"水定火"，特别彰显五行中的水在炼丹时的道化作用，水生数为一不仅是五行之首，老子的"上善若水"说明水贴近道的体性与形象，促进男女与魂魄从成数复归生数，体悟道的真一本性。

《周易参同契》是以汉代流行的阴阳五行的学说来诠释当时流行的炼丹术，关注的是炼丹过程中天地万物的生成原理与法则，此套诠释理论可以套在外丹的锻炼上，也可以引申或运用到内丹的修炼上。《周易参同契》较少直接言及人体内的修炼内容，较多的是符应阴阳五行的天人感应思想，认为人身的魂魄交合也是相应于阴阳五行的造化作用。可能当时已有一些类似内丹修炼的说法，但是内容不是很明确，大多还是着重在天人感应的思想上，如《周易参同契分章通真义》第83章云：

> 先白而后黄兮，赤黑达表里。名曰第一鼎兮，食如大黍米。自然之所为兮，非有邪伪道。若山泽气相蒸兮，兴云而为雨。泥竭遂成尘兮，火灭化为土。若蘖染为黄兮，似蓝成绿组。皮革煮成胶兮，麹糵化为酒。同类易施功兮，非种难为巧。惟斯之妙术兮，审谛不诳语。传于亿世后兮，昭然自可考。焕若星经汉兮，禹如水宗海。思之务令熟兮，反覆视上下。千周灿彬彬兮，万遍将可睹。神明或告人兮，心灵乍自悟。探端索其绪兮，必得其门户。天道元适莫兮，常传与贤者。①

不管是外丹还是内丹，其原理大多建立在阴阳五行的同类感应上，遵循自然运行规律的天人相类法则。白色是金之色，黄色是土之色，赤色是火之色，黑色是水之色，炉鼎的炼丹相类于五行之气的造化作用，炼丹时以一转应一鼎，九鼎应九转，但一转之中即具九

---

① （五代）彭晓：《周易参同契分章通真义》，《正统道藏》，第34册，第292页中。

转，九鼎之功全在第一鼎。① 炼丹是顺乎天地的自然造化，不是人为的矫揉造作或妄为，是依循着阴阳与五行的气化作用，是在同类的自然感通中产生对应的变化，如山泽的水被阳光蒸发为云，云气多则下降，又变成雨水。类似如此的变化过程，是因为同类的缘故，造成彼此相融交感的妙用。外丹与内丹都在同类的基础上顺应自然，有所作为，若非同类之物则将徒劳无功。从外丹到内丹的修炼技术与方法，经过长期的详细审查与亲身体验，经得起考验，能流传万世，其中的感应之理如星象般地焕然昭明，也如众水归流于大海般明显可见，此种道理经过深思熟虑与反复对照，日久功深，自然就能了然明白，心灵能立即省悟，探其本源求其端绪，能通往大道的门户。

《周易参同契》将外丹与内丹的修炼理论混为一体，关注的不是物质性的金丹，探究的是万物变化的生成法则，契合阴阳五行的气化作用，肯定天人的同类感通，甚至混合一体，重视的是人体生命和顺阴阳的升降之理，如《周易参同契分章通真义》第89章云：

> 务在顺理，宣耀精神。神化流通，四海和平。表以为历，万世可循。序以御政，行之不繁。引内养性，黄老自然。含德之厚，归根返元。近在我心，不离己身。抱一毋舍，可以长存。配以服食，雄雌设陈。挺除武都，八石弃捐。②

金丹已非有形的物质，象征的是形上的宇宙能量，顺应大道的生成变化，契合元气周流的精神境界，带动人体内在神妙的对应感通，使气血化合成新与畅通无阻。古人经由立表来测定天体的阴阳运行，确立了季节的时令变化与历法，成为千秋万世可以遵循的法则，也能运用在国家的治理上，使政令简明不繁，上下有序，天下得以大治。《周易参同契》将这些天地理法运用于生命的内修养

---

① 参见刘国梁《新译周易参同契》，台北：三民书局1999年版。
② （五代）彭晓：《周易参同契分章通真义》，《正统道藏》，第34册，第295页上。

性，契合当时流行的黄老之学，贵在道法自然的养生工夫，金丹只是一种媒介，主要在于心性的含德修养，能复归本根还其自性，成就不离己身的我心体验工夫，人身性命能顺其自然地归根复命与返本长生。

这种生命修养工夫可称为"抱一"，取自《老子》第10章："载营魄抱一，能无离乎。"又《老子》第22章："是以圣人抱一为天下式。""一"是指宇宙的本原，也是万德之原与成圣之基，"抱一"是指心神或精神专注于"一"的境界，常抱守自然真一的体性，而应于天下万事万物。① "抱一"或称"守一"，如《庄子·在宥》有"守其一"之说："我守其一以处其和。"后代道教发展出"守一"的修道方法，《周易参同契》也相当重视意念守持于"一"的修炼，如《周易参同契分章通真义》第21章云：

> 黄中渐通理，润泽达肌肤。初正则终修，干立末可持。一者以掩蔽，世人莫知之。②

又如《周易参同契分章通真义》第62章云：

> 将欲养性，延命却期。审思后末，当虑其先。人所禀躯，体本一无。元精云布，因气托初。③

"守一"的目的在于"得一"，如《老子》第39章曰："万物得一以生。"生命的养生之道在于精神意念与"一"相结合，将身中的阳魂与阴魄守而为"一"，使之成为一体。④ "黄中渐通理"一词的语意出自《周易·坤卦》文言的"黄中通理"，肯定人内在的中和之德，是居于人体的正位，美充于中，进而通畅于四肢肌肤等无不

---

① 参见任法融《道德经释义》，香港：蓬瀛仙馆2000年版。
② （五代）彭晓：《周易参同契分章通真义》，《正统道藏》，第34册，第267页中。
③ （五代）彭晓：《周易参同契分章通真义》，《正统道藏》，第34册，第283页上。
④ 参见洪丕谟《中国神仙养生大全》，中国文联出版公司1994年版。

得宜，道之"一"由内向外，逐渐依理适逢。最初的"得一"而行即是正道，细节末梢都在其中，顺从主干的路向得以功成圆满。"一"不能被遮蔽，道就在人的性命之中，不知则无法明达于道。养性延命即是体道的展现，审视人身有形的躯体，要先追究其未生之前的形上本原，人的身体生命可以说源于"一"与"无"，是道无中生有的创造作用使然，在元精与元气的互相依托中，天地阴阳二气在交感中化生成人，养性延命即是"一"的实践与完成。

因为有"一"，人身也是道的一种化身，以人身阴阳来对应天地的日月与水火，净化人的生命达到与道合同的境界。《周易参同契》极其重视人的身体，肯定有形的身躯与无形的能量紧密结合，身之有与心之无互为体用，都是道与"一"的彰显，说明人身的性与命同等重要，人身外在的耳目口对应内在的精气神，是生命本质的依据，也是一切养生修行的依归。[1] 如《周易参同契分章通真义》第66章云：

> 耳目口三宝，固塞勿发扬。真人潜深渊，浮游守规中。旋曲以视听，开阖皆合同。为己之枢辖，动静不竭穷。离气内营卫，坎乃不用聪，兑合不以谈，希言顺鸿濛。三者既关枪，缓体处空房。委志归虚无，无念以为常。证难以推移，心专不纵横。寝寐神相抱，觉悟候存亡。颜容浸以润，骨节益坚强。排却众阴邪，然后立正阳。修之不辍休，庶气云雨行。淫淫若春泽，液液象解冰。从头流达足，究竟复上升。往来洞无极，怫怫被容中。反者道之验，弱者德之柄。耘锄宿污秽，细微得调畅。浊者清之路，昏久则昭明。[2]

耳目口常被视为欲望的源头，是造成人性堕落的感官因素，但是从修道养生的立场来说，也可被视为成就生命的宝贝。耳目口是人重

---

[1] 参见杨玉辉《道教人学研究》，人民出版社2004年版。
[2] （五代）彭晓：《周易参同契分章通真义》，《正统道藏》，第34册，第284b页。

要感官，容易使人心神涣散，如多闻散精，多言耗气，多视费神，修身首先要对治感官，加以闭塞使其不通于外，使神气能内敛而专一。根据《易经·说卦传》的解释，指出坎卦象征耳，离卦象征目，兑卦象征口，坎卦象征水，离卦象征火，兑卦象征金，耳目口也成为五行之气运转的关键，不单纯是身体的感官，而是真气在身体运行的重要部位，真气在体内浮游升降与周旋委曲，都与耳目口的动静开阖有着对应的"合同"关系。人体的修炼方式可以根据坎卦、离卦与兑卦的原理，使目之光得以内视，耳之聪得以内听，口之合得以内言，即耳目口三者返观内照，不仅能舒缓身体，也能保持内心的虚静。

身体内修的工夫，在于使耳目口回归本心，经由心志的宁静体悟虚无的境界，一念不生与物我皆忘，不因任何险境而转移心志，一心内守消除放逸的妄念，连睡觉时也保持神气相抱的状态，觉醒时更要留心神气的存亡。此种内修的工夫最明显的验证，是人的容貌颜色逐渐润泽，骨头筋节日益坚强，将阴邪的浊气排出体外，体内正阳之气生发开来，随着不懈的修持，真气绵延不绝，从头顶流通到脚踵，复降复升，周而复始，无穷无尽，没有边际，此时真气遍满全身。《老子》第40章曰："反者道之动，弱者道之用。"《周易参同契》则称之为："反者道之验，弱者德之柄。"强调真气在体内的反复发动，符合自然的验证，有助于归根复命的体悟，还要以柔弱谦退的德性来实践，如农夫的耕耘务必尽除杂草，每个细微处都要条理通畅，将污浊化为清净，已不再昏沉暗昧，内外都明朗。

《周易参同契》的内养术与炼丹术是紧密结合在一起的，是否已由外丹转向内丹，语意不是很清楚，还有进行各种与内丹有关的创造性诠释的空间。实际上，内养术与内丹术之间还是有差异的，不宜过度扩张解释，如前已引《周易参同契分章通真义》第20章中的"内以养己，安静虚无。原本隐明，内照形躯。闭塞其兑，筑固灵株。三光陆沈，温养子珠"。基本上还是内养与炼丹的结合，侧重在养己的内修工夫，以黄老思想来肯定性命修持的重要性，从

《周易参同契》的天人感应之道

安其身与静其心的工夫中契入天地的空极虚无之境，将宇宙无穷无尽的能量收视返听于人身之中，关闭耳目口等外在孔窍来专一内守，产生回光返照的作用，内视自己的五脏六腑，内养自身的性命元神。这种内养的动力可能依靠的是外丹，而非内丹，或者说内丹的概念还不是很明确。如《周易参同契分章通真义》第26章云：

旁有垣阙，状似蓬壶。环匝关闭，四通踟蹰。守御密固，关绝奸邪。曲阁相通，以戒不虞。可以无思，难以愁劳。神气满室，莫之能留。守之者昌，失之者亡。动静休息，常与人具。①

又如《周易参同契分章通真义》第28章云：

明者省厥旨，旷然知所由。勤而行之，夙夜不休。服食三载，轻举远游。跨火不焦，入水不濡。能存能亡，长乐无忧。道成德就，潜伏俟时。太一乃召，移居中洲。功满上升，膺录受图。②

此二段引文主要还是偏向外丹的炼丹术，第一则描述炉鼎炼丹的过程，指炼丹时以土封固，以火温养，鼎四周上下启闭环护，有如墙垣护卫在外，其内严密坚固，以防止发生意外，可任天地元气自然运行。如此炼丹过程也可以套用在人身的内养过程中，重视心志的专一来护养人身的元神，强调"守之者昌，失之者亡"的现象，守而不失，是炼丹与内养的共同法则，其目的在于天人之间的精神俱守与形神相依。第二则描述服食金丹后的养生妙用，认为炼丹与服丹的真谛，就在于专心致志与勤修不倦，不能有丝毫的妄为与造次，方能成为道高德重的修炼之士，炼成神通广大的元神与元气，

---

① （五代）彭晓：《周易参同契分章通真义》，《正统道藏》，第34册，第269页上。
② （五代）彭晓：《周易参同契分章通真义》，《正统道藏》，第34册，第270页中。

达到形神俱妙的境界，比如跨火不焦与入水不濡，还能散则成气与聚则成形，可以说是真正的道成德就，此身非凡夫俗子，已是天界受封的神仙。

《周易参同契》成书的目的为何？简单地说，就是引领人们的成仙之路，最好的方法是炼丹术，遵循阴阳五行的造化原则，经由鼎器、药物与火候的锻炼，将天地与人感应相通，体悟出修真养生的妙诀。炼丹术将外丹与内养的工夫紧密结合，也为后代的内丹修炼奠定了理论基础，并提供了修炼方法。《周易参同契》将炉火之事，搭配了大易与黄老的思想体系，确立了得道成仙的终极目标，带有相当浓厚的宗教情怀，如《周易参同契分章通真义》第79章云：

> 惟昔圣贤，怀玄抱真。服炼九鼎，化迹隐沦。含精养神，通德三光。津液腠理，筋骨致坚。众邪辟除，正气常存。累积长久，变形而仙。忧悯后生，好道之伦。随傍风采，指画古文。著为图籍，开示后昆。露见枝条，隐藏本根。托号诸石，覆谬众文。学者得之，韫椟终身。子继父业，孙踵祖先。传世迷惑，竟无见闻。遂使宦者不仕，农夫失耘，商人弃货，志士家贫。吾甚伤之，定录此文。字约易思，事省不繁。披列其条，核实可观。分两有数，因而相循。故为乱辞，孔窍其门。智者审思，用意参焉。①

此书累积了先圣前贤长期怀抱真道的修炼经验，以成火候九转的金丹，促进人身的返本还原，与道合一，达到形神俱妙的境界。此时人身的精气神与宇宙的日月星相合其德，天地的玉津金液渗透在全身肌肤与筋骨之中，排除体内所有的浊气，有助正气内敛与道根长存，在长期积精累气的修炼工夫中，能超脱凡胎登上仙界。这些得

---

① （五代）彭晓：《周易参同契分章通真义》，《正统道藏》，第34册，第291页上。

道的仙人，同情与怜悯好道修炼的后辈，留下图录与典籍来指点迷津，将原本隐藏根本的大道显露出可见脉络。可惜的是在传播的过程中，有些精彩的瑰宝被隐藏起来，有些文字辞意被错误地解读，在世代的传承中更加迷乱，无法理解其中妙义，反而白耗力气与枉费心机。《周易参同契》的作者，对此迷乱有所悲伤，决定将这些修真典籍重新整理与修订，以简要的文字开启思考与会悟，事理减省扼要不烦琐，论述有序，层次分明，方法交代清楚，真实可学。炼丹时的药物斤两与火候分数，都沿袭了上古的法制，提供后人悟道的孔窍与门户，避免盲修瞎炼造成的迷惘。

六　结论

　　实际上《周易参同契》现有的文本仍夹大量晦涩与暧昧的隐语，加上长期的辗转流传，在结构编排与脉络上已异于原本，有一些后人的诠释文字混入正文之中，导致文体不一与章法紊乱，多种注解各圆其说，产生不少的猜测与怀疑，在众说纷纭中难有对应的理解。尽管有不少缺失，但此书的历史价值不容忽略，或等闲视之，此书是东汉时期各种流行思想的集大成者，是用来了解汉代学术内涵的重要著作，比如将当时的象数易学与黄老道学进行相当程度的结合与运用，融入汉代的天文学之中，配合炼丹术彰显阴阳五行的造化作用，引用天人感应的相关理论，确立人生命的主体存有价值，转向调气养性的修炼工夫。

　　《周易参同契》的主要思想仍以《周易》为核心，关注日月的阴阳运行节律，从一日的昼夜更替到一月的朔望流转，掌握其中阴阳的消长变化，再从二十八星宿的星象运行以北斗星对应的时空，分别出一年四季与十二月的阴阳消长，并对应十二消息卦。此处所谓的《周易》，实际上指的是汉代易学，吸纳了纳甲、纳支与十二卦等卦气学说，用来说明阴阳交媾的炼丹理论。此炼丹理论主要是利用卦爻象来探求天道阴阳的升降变化，如十二辟卦的天地造化之理与阴阳交感之道，以求达到水火既济与魂魄抱一的境界。除了阴阳外，也重五行之数，将五行配于天地的生数与成数，追求"三五"与"一"的和谐运作，并有助于金丹的进退合时与各得其和。

《周易参同契》基本上着重于炉火金丹术，重视鼎器、药物与火候的锻炼工夫，并推衍出龙虎相吸与水火相济之理。东汉时期，"内丹说"尚未成型，但已有"引内养性"的内养术，内养术不同于内丹术，此种内养术是将外丹与服食结合起来，关注的是服食之后，如何发用天地施化之精，参合阴阳五行的造化作用，其目的是将天与人紧密地结合在一起，肯定人体也是来自道与气的玄德生化，可以从有形的人体证悟虚而无形的造化世界。《周易参同契》重视的不是金丹，而是人的性命，认为人的心性即是道的"一"，经由"抱一"的精神锻炼，不仅能延长人的有形的生命，也能归根复性达到长生成仙的目的，延命只是附带的效果，长生才是终极的成就，使人的生命能承续天道而成仙。

论"惟道是从"

——《道德经》第 21 章诠释

詹石窗

摘　要："惟道是从"是老子道论的一个关键命题。要理解这个命题，必须从"孔德"概念的领悟入手。"孔德"的广容特性，正是大道的体现。因此可以说，"孔德"传达了大道的整体精神，而大道乃是"孔德"之所以发生妙用的根本所在。大道在天地间，也在人的内心里。只有进入虚灵状态，不受外在的具象事物所牵引，也不受内心欲望的拉扯，一尘不染，一物不存，空空荡荡，才能如此"微妙玄通"，这就叫作"以虚合虚"，自我内心"虚"了，才能于无中而生有，于无象之时而见道象。大道造化万物，不是亲力亲为，而是靠元精自动生成的，这个生成的过程，自古已然，迄今不变，所以大道虽然不自名、不为名，但其真信却永远传递着，这一点是可以从宇宙万物的生成变化中得到佐证和把握的。修道学真，无非就是归根复命。按照内丹学的说法，也就是调理先天的"铅汞"。内丹家把命比作铅，把性比作汞，"铅汞"一阴一阳，性命也是一阴一阳，性命双修就是调剂阴阳，到了阴阳和合的境地，也就顿悟"众甫"的奥妙了。

关键词：《道德经》；大道；还虚；铅汞

作者简介： 詹石窗，四川大学文科杰出教授（四川成都 610064）。

老子《道德经》作为道家最重要的经典著作，向来颇受关注，千百年来注家蜂起，留下众多的诠释学史料。学者们从不同角度予以解读，见仁见智，众说纷纭。怎样把握《道德经》的精神旨趣？由于学养不同、文化背景变化，其认知当然也会有差异，甚至大相径庭，但不论情况如何，对道论的领悟乃是读懂《道德经》的关键所在。

在《道德经》里，论道之处不少，本文选择第 21 章作为解读的纲要。老子说：

> 孔德之容，惟道是从。道之为物，惟恍惟惚。惚兮恍兮，其中有象。恍兮惚兮，其中有物。窈兮冥兮，其中有精，其精甚真，其中有信。自古及今，其名不去，以阅众甫。吾何以知众甫之然哉？以此。

这一章，元代邓锜直接用第一句"孔德之容"[1] 为名，宋常星以"从道"[2] 为名，河上公章句本以"虚心"[3] 为名。三个版本名称不同，体现了三位诠释者理解的侧重点也不一样。以"孔德之容"为名，重在"孔德"；以"从道"为名，重在明道、用道；以"虚心"为名，重在修心合道。

如何掌握这一章的要领呢？我们先来看宋常星的一段题解：

> 恭闻有是道，便有是理，有是理，便有是气，理气具而造化生，造化生而万物有。但造化所生，有动静之机，有阴阳之

---

[1] （元）邓锜：《道德真经三解》，《道藏》，文物出版社、上海书店、天津古籍出版社 1988 年版，第 12 册，第 197 页。
[2] （清）宋常星：《道德经讲义》，《老子集成》卷九，宗教文化出版社 2011 年版，第 163 页。
[3] （东汉）河上公：《道德真经注》，《道藏》，第 12 册，第 6 页。

论"惟道是从"

妙。二气之交感有时，万物之变化有序。动不妄动，时至则动；生不妄生，时至则生。当此之时，天地合其德，日月合其用，四时合其序，鬼神合其吉凶。造化之生，生之于此；万物之有，有之于此；太极之全体，全之于此也。是为生死之关键，本始之总持，复命之源头，造化之枢纽也。此中之密义，不属有无，不落方所，天地之大本，万汇之大元。圣人全此实理，所以圣也。神仙全此实理，所以仙也。经言阅众甫，正是此义。闻经之上士，果能知此造物之微机，果能得此造物之关键，天地之众甫，未尝不是我之众甫也。①

意思是讲，我恭敬地听说，有这样的道，便有这样的理；有这样的理，便有这样的气。具备了理和气，大道就开始造化万物，于是万物就产生了。然而，必须看到，天地万物的造化，不仅有动静的时机，而且有阴阳感通之微妙。阴阳二气的交感是有一定时机的，而万物变化也是有一定秩序的。万物虽然变化，但绝非没有规则，只有时机到来了，万物才发生变化；同样道理，天下万物也不是无缘无故产生的，只有时机到了一个关节点，该生的才会产生。可见时机是多么重要啊！时机的到来，有什么标志呢？可以用四句话来概括，这就是"天地合其德，日月合其用，四时合其序，鬼神合其吉凶"。这四句话是化用《周易·乾卦》之《文言》而成的，原文是这样的："夫大人者，与天地合其德，与日月合其明，与四时合其序，与鬼神合其吉凶。"宋常星引用时略去每句话开头的"与"字；另外，第二句改"明"为"用"。本来，在《周易》中，这四句话是用来形容"大人"的品性，指出"大人"的道德与天地一样覆载万物，与日月之光一样普照四方，与春夏秋冬的更替一样往来有序，与鬼神示人吉凶一样奥妙莫测。如果说，《周易》这四句话，每句开头用一个"与"字，体现了"大人"追求和合的主动性，宋常星引用时略去"与"字，则是强调时机和合的客观性，心

---

① （清）宋常星：《道德经讲义》，《老子集成》卷九，第163页。

不动、欲不生，于冥冥之中感知到四个方面都和合了，这才算迎来了真正的时机。

宋常星接着指出，天地万物之造化，太极的生生不息，都是因为时机和合。掌握了时机，就明白了生死的关键。由此超越，就能感通生命之本源，找到归根复命的路径。其中的奥妙意义，不是用有无这样的概念能概括得了的，也无法从具体的方位来寻求，因为时机的呈现是由大道所规定的，大道乃是天地的本根，万事万物的原点。圣人为什么成为圣人，就在于他能够把握大道显化时机的整体；神仙为什么能够有超越常人的寿命，也是因为他感通了大道造化时机，明白其中的至理真谛。《道德经》第21章里说"以阅众甫"，其深意正是如此。研修经典的上士，如果能够明白大道造化的玄机，领悟其微妙，打开大道造化的关键，就不难明白天地的美善就是自我的美善。

宋常星的这段解释，提纲挈领地告诉我们：修道的关键是看清大道的造化时机。这种解释是符合《道德经》第21章的思想旨趣的。如何感通大道造化的时机呢？以下分三个方面来解读。

一 "孔德妙用"

在道家的思想体系中，体与用是密不可分的。古人所谓"体用一原，显微无间"[1]，正说明事物有体有用，两者存在不可分割的关系。生存于广袤宇宙中间的人们若不知体，就失去了根本；但明体的目的乃是为了能够用。从修道的立场看，用就是实施或者说践履，脚踏实地，在道上行走，坚持不懈，这就是用。不过，值得注意的是，道家不仅看到了实有之用而且也看到了玄虚之用，玄虚的东西看起来虽然没有具体的用处，但恰恰就是这种玄虚会产生绝妙的大用，这就是以无用为大用。老子《道德经》第21章的落脚点虽然是要修行者明白时机而用机，但其论述却是从玄虚开始的。本

---

[1] （北宋）程颢、程颐：《二程集》，王孝鱼点校，中华书局1981年版，第430页。

论"惟道是从"

章开头,老子说:

> 孔德之容,惟道是从。

什么是"孔德"?我们先来看"孔"的意思。在现存甲骨文里,找不到"孔"字。在金文里,"孔"字,即"𣎵",由"子"和一条弧线构成,"子"在下,弧线在上,看起来像是在孩子的头上扎成发束。先民们认为,头发受之于父母,不可以随意剪除,所以有束发于头顶的风俗传统。头顶苍天,这是最大的事情,所以称作"天大"。束发在顶,与天同大,"孔"的字义由成年的束发风俗延伸出"大"的意义。另外,按照汉代文字学家许慎《说文解字》卷十二的描述,"孔"还有"通"与"美"的意思,他指出"孔"是用"乙"与"子"会意,"乙"表示随着季节变化而迁徙的一种鸟,这种鸟一旦产子,新的季节就到来,于是带着小鸟一同迁徙。于是,"乙鸟"就成为有子的象征,古人以产子为生活之美事,因此"孔"字又代表和通而嘉美。[①] 根据这样的字义,我们可以明白,"孔德"可以理解为大德、通德、美德。它有什么形状呢?《道德经》用一个"容"字来指称。所谓"容",有容貌、容纳的意思。这不是有形的容器,而是无边无际的大包容,一般肉眼是看不见这种大包容的,所以就是"太虚"。虚无至大,无所不容,这就是"孔德"的品性。

"孔德"为什么能够无所不容呢?因为它"惟道是从"。这里的"惟"是"独"的意思,"从"就是依顺而行。两句连起来,就是大德之所以广容无际,就在于它以大道为依凭,按照大道的法则行事。对此,宋常星有一段解释:

> 德不独立,必从之于道而立,因从道而立,故有孔德之称也。此孔德在天地,为天地之德;在圣人,为圣人之德。天地之

[①] 参见(东汉)许慎撰、(北宋)徐铉校定《说文解字》,中华书局2013年版。

东方哲学与文化·第一辑

> 德非道而不立，圣人之德亦非道而不立。天地能容万物，圣人能爱万民，爱民之德，即是容物之德。爱民容物，总是一德。①

意思是讲，"德"虽然也称作"大"，但它不是独立的存在，而是因为顺从了道的法则，所以它才高大，无上无下，无前无后，无左无右。"孔德"是可以通过具体事物的表征而得到理解的。从天地的角度看，"孔德"就表现为天地之德。在天为阳，在地为阴。阳者刚强、广施、主动、健行；阴者柔顺、厚载、承受、稳重。天地之间有日月，日之明，张扬而外显，光与热并出；月之光，收敛而柔美，给人诗意的感受。不论是哪种发光形式，都释放能量给予天地间的万物，这种给予是平等而无差别的，体现了广爱、大爱。从圣人的角度看，"孔德"则表现为圣人之德，这就是效法天地日月，动则健行，恩泽广布；静则担当，化育万物。说到底，效法天地日月之动静化育，就是"惟道是从"，因为天地如果违背了道的法则，就不能布施与担当，日月也不能发光发热；圣人不能顺道而行，其大德也就无从说起。圣人依道而行，就像天地一样广容而施爱心与民。广容万物、爱民无差，本质是一样的。

然而，在宋常星看来，仅知晓天地广容之德是不够的。因为这种视野是有限的，故而应该有进一步的精神升华。他指出：

> 人知天地之大，不知孔德之大。盖因孔德无形，天地有象，能以有象者观之，不能以无形者见之。若悟色空不二，有无本一，大地山河，如空中之团块一般，自然真空妙有之孔德，不外我方寸之间。虽毛端之小，可容昆仑之山，可纳四海之水，无形之形，小可容大，大不异小。此等密义，不但天地圣人有之，人人有之。但因人私欲锢弊，其德不孔，所以容之者鲜矣。②

---

① （清）宋常星：《道德经讲义》，《老子集成》卷九，第164页。
② （清）宋常星：《道德经讲义》，《老子集成》卷九，第164页。

意思是讲，一般人知晓天地很大，却无法明白"孔德"之大。因为"孔德"无形无状，而天地却有形有象。人们能够通过有形有象的事物来观察，却不能从无形无状的存在中看见什么。所以，应该从"色空"的哲理思维入手来加以把握。众所周知，"色空"本是佛教哲学的一个范畴。《般若波罗蜜多心经》有言："色不异空，空不异色。色即是空，空即是色。受、想、行、识，亦复如是。"[1] 佛教称一切有形物质为色，这些物质都是因缘而生，其本质就是空。故色即是空。根据这种观点，色发本身乃是空幻不实、无根无形的。佛教的"色空"理论旨在引导修行者破除执着心，明白"无常"的道理。宋常星引入佛教"色空"理论，是要阐述"太虚"的境界。"太虚"的境界在哪里？既在广袤的宇宙中，也在自己的"方寸"内。什么是"方寸"？就是每个人的内心。人降生人间之后，由于受到凡尘诸事的诱惑，内心私欲滋生并且逐步扩大，以致占领人的"方寸"。长此以往，"方寸"的空间越来越小，容纳的东西越来越有限，甚至到了不能容纳任何东西的地步。修行之人，首先必须排除内心私欲，看空一切。这正如操作计算机，要时常清理垃圾，释放空间，才能存储更多有用的资料。内心私欲的清理，就是释放自我的空间。与此同时，这也是自我纯洁的过程，没有垃圾的累积，才能最大限度地避免病毒感染，保持机体的健康与正常运转。在这种状态下，有无同一，"方寸"成为百寸、千寸、万寸，乃至无限。于是，大地山河，都可以被纳入方寸之中。这就叫作"真空妙有"。所谓"真空"，就是色与空同化，小与大均一。一个毛端虽然很小，却可以容纳整座昆仑山，也可以装入四海之水。因为这是"无形之形"，所以没有限量。这样的状态，不但天地圣人具备，即使是普通人也是能够达到的，但因为私欲作怪，蒙蔽了"方寸"，所以不能提升境界。老子讲"孔德之容"，强调广容、大容，这就

---

[1] （唐）玄奘译：《般若波罗蜜多心经》，《大正藏》，台北：新文丰出版公司1983年版，第8册，第848页下。

是妙用。"孔德"之所以有如此妙用，就在于"惟道是从"。所以，宋常星说：

> 切思道包天地，细入无伦，孔德之德，亦如其然。又渊乎莫测，无所不容。无欲无为，无物不纳，与道吻合而无间。是以知大道之全神者，孔德也。孔德之妙用者，大道也。如此体认，其旨得矣。①

他指出，调整心态，纯正守一，深切地思考一下，不难明白：道化天地，又包容天地，不论大小事物，都在大道之中，可谓无微不至。"孔德"就是大道包容性的最大体现。大道之所以渊深莫测、无所不容，是因为它没有欲望、不加私欲去作为。孔德的广容特性，正是大道的体现。因此可以说，孔德传达了大道的整体精神，而大道乃是"孔德"之所以发生妙用的根本所在。按照这样的思路去体认，就抓住了这一章的宗旨。

二 "大道性状"

既然，大道是决定"孔德"妙用之根本，那么如何把握大道呢？从《道德经》文本的描述来看，主要有两点：

(一) 恍惚变化

老子为了说明"惟道是从"的重大意义，从道的特性入手予以彰显。《道德经》说：

> 道之为物，惟恍惟惚。惚兮恍兮，其中有象；恍兮惚兮，其中有物。

---

① （清）宋常星：《道德经讲义》，《老子集成》第9卷，第163页。

论"惟道是从"

这六句话的关键词是"恍惚",老子运用反复、变奏手法来描摹他对"大道性状"的感通。所谓"反复"就是一个词或者一个词组、一个段落重复出现,例如"恍"与"惚"就出现了多次;在反复中又加上"兮"这个虚词,使得句子结构发生变化,犹如歌曲中的节奏变化,往来交错,让人有了"一唱三叹"的感受。

其中,第一句与第六句都出现"物"字,可见老子心目中的道本是物;不仅如此,物之中尚包容着物,所以称作"其中有物"。这是怎样的一种性状呢?我们来看一看宋常星的解释:

> 此六句反复形容道之为物,似有非有,似无非无。有而不有,乃是无中之妙有;无而不无,乃是无中之妙无。不属于有,不属于无,故惟恍惟惚。恍惚之妙,隐显于有无之中,似乎有象,以有象求之,则又罔象。似乎有物,以有物求之,则又无物,即是无方所,无定体。故曰道之为物,惟恍惟惚。[①]

这段解释包含三个层面的意义。第一,指出大道若有若无。"似有非有",好像有却没有;按照这个描述,大道是没有具体形象的。"似无非无",好像无却不是无;也就是说,初步的感受似乎是无,但却不是完全的"空无"。第二,指出大道不有、不无、妙有、妙无。在这里,"似有非有"与"有而不有",表面看起来好像差不多,其实内涵大不相同。如果说"非"是一种否定,那么"不"这个字是"否定",更表达了一种态度。"有"说的是客观存在,"不有"是说大道并不主动去显示自己的存在。正因为如此,当大道化生万物,通过众多形象呈现其伟大能量的时候,也就是神奇魅力迸发的时候,这就叫作"无中之妙有"。同样道理,"无而不无",大道让人感觉无,不通过任何外力,完全是一种天然状态,所以称作"妙无"。第三,指出"无方所"与"无定体"。所谓

---

① (清)宋常星:《道德经讲义》,《老子集成》卷九,第164页。

"无方所"是说大道并没有固定的存在地盘,它无处不在、无所不在。所谓"无定体"是说大道变幻莫测,没有固定的形态。为什么这样呢?老子此处是从感知与超感知的转换角度讲的。首先,有与无是一种感知状态,"不属于有"与"不属于无",则进入了超感知的状态。既然是超感知,那就不是通过耳、目、鼻、唇、舌来感受这种状态,而是进入直觉的功能状态。在这种直觉的功能状态下,大道变幻不定,所以称作"惟恍惟惚"。直觉到这种恍惚状态,这就叫作"妙"。一刹那间,有一种东西在直觉的状态下涌动,但很快又消失了,显而复隐,隐而复显,似乎有一种形象出现,但用心去求的时候,这种形象却又隐退了,这就叫作"罔象"。

"罔象"即象罔,本出于《庄子·天地》篇:

> 黄帝游乎赤水之北,登乎昆仑之丘而南望。还归,遗其玄珠。使知索之而不得,使离朱索之而不得,使喫诟索之而不得也。乃使象罔,象罔得之。黄帝曰:"异哉,象罔乃可以得之乎?"

意思是讲,黄帝游历,到了赤水的北部,登上了昆仑山的峰顶,向南方遥望。他回去的时候,突然丢掉了宝贝——玄珠。于是,先后派遣了知、离朱和喫诟去寻求,力图把玄珠找回来,但却没有达到目的;最后,黄帝又派遣象罔去寻求,终于找回来了。"玄珠"是什么?根据前人的解释可知,就是大道。黄帝遗"玄珠",表示他丢了心中的大道,不得已派人去寻找。在寓言故事中,被黄帝派遣去寻求"玄珠"的特异之人都有象征意义。知与智慧相通,代表理性、思考;而离朱相传是视力极好的人;至于喫诟,根据成玄英的解释,即精于言辩之人,象征是非得失、权谋厉害。关于"象罔",成玄英解释为"无心"。在寻找"玄珠"的过程中,前三个——知、离、朱、喫诟,都不能完成任务,说明依靠理性、智慧、感官、才识,以求得道,是无法实现的。要得道,就得排除知见、心无一物,方可与道相通、完全契合。

论"惟道是从"

本来,在《庄子》里,"象罔"乃是修道过程的一种象征。宋常星将"象罔"倒置,称作"罔象",旨在强调大道乃是超越感性与知性,唯有进入空无状态,方可感通与领悟。

不过,所谓"空无",并非真的没有。因为老子《道德经》明明说"其中有物",所以这是"无中存有"或者是"心无出有"。如何理解这种状态呢?宋常星进一步解释:

> 惚兮恍,其中有象,恍兮惚,其中有物,此物字,亦是不物而物,能物万物之义,不可认为实有之物也。如人心虚灵之妙,果是何物乎?虚灵之妙,能物天下一切物。故以有物言之,人能真得虚灵之妙,不令外物蒙蔽,不致内欲锢弊,以虚合虚,无中生有,无象而自然有象,无物而自然有物。此物非白非青,可以神会,难以言传也。①

如果说"惚"是一种朦胧状态,那么"恍"则是一种变动不定的状态。在朦胧变化的状态下有一种形象显现;在变化朦胧中有一种神物流淌于"方寸"间,逐步弥漫开来,不知道何谓天、何为地。为什么会这样呢?因为修道者不以物求,所以能够超越实体之物,这就叫作"不物而物",也就是心中无物而大物现。这个"大物"不能以具体的数字来计算,也无法用青白之类色彩来表征,但它却成为宇宙万物的主宰,这就叫作"物天下一切物",此句第一个"物",作为动词使用,表示大道所蕴含的巨大能量,造就了宇宙中所有物质的存在;此句第二个"物",是宇宙间的具体事物。大道在天地间,也在人的内心里。只有进入虚灵状态,不受外在的具象事物所牵引,也不受内心欲望的拉扯,一尘不染,一物不存,空空荡荡,才能如此"微妙玄通",这就叫作"以虚合虚",自我内心虚了,才能于无中而生有,于无象之时而见道象。按照宋常星的说法,老子《道德经》所谓"恍惚",乃是修道者的一种感通状

---

① (清)宋常星:《道德经讲义》,《老子集成》卷九,第164页。

东方哲学与文化·第一辑

态,唯有在"炼精化气、炼气化神、炼神还虚"的时空超越状态下才能实现,这是难以用语言表达的。

(二)有精有信

老子《道德经》在描述了大道的恍惚变化的特征之后,进一步指出:

> 杳兮冥兮,其中有精;其精甚真,其中有信。自古及今,其名不去,以阅众甫。

本段中,"杳"是一个会意字,上为木,下为日,表示太阳落在树木下,天色昏暗,看不清楚。"冥"也是会意字。许慎《说文解字》卷七称:"冥,幽也。从日,从六,冖声。日数十,十六日而月始亏幽也。凡冥之属皆从冥。"① 意思是讲,"冥"表示幽暗。字形以"日"字和"六"字会义,采用"冖"作为声旁,古时候计算日期,每十天为一轮。每个月的农历十六日之后,月亮开始亏损,变得幽暗了。"杳"与"冥"两个字合为一词,强调其幽晦看不见。可是,在这样的境况下,却可以自觉到"精"与"信"。如何理解这种状态呢?我们来看宋常星的一段解释:

> 道之为物,虽无一法一物,其无中之妙,则又杳兮冥兮。似远非远,远而若近;似近非近,近而若远,杳冥之中,有理有炁,即有元精,寓于虚灵莫测,不可见其有,而实全其有。故曰杳兮冥兮,其中有精。此精生天生地,生人生物,是为天地人物之根本也。天地不有此精,天地不能悠久;人物不有此精,人物不能生成。益之不能益,损之不得损,无毁无灭,甚真之妙处也。故曰其精甚真。②

---

① (东汉)许慎撰、(北宋)徐铉校定:《说文解字》,第137页。
② (清)宋常星:《道德经讲义》,《老子集成》卷九,第164页。

这一段话是围绕"其中有精"四个字展开的。它告诉我们，大道作为存在物，并非具体的物体存在，也不是细致的可操作法度。从具象的立场看，我们看不到任何东西——具象感知的一切存在。尽管幽暗朦胧，却可以生发出无穷无尽的玄妙。初看起来好像距离很远，但实际上却很近；当你想逼近它的时候，它却又遥遥远去，不知道存于何处。幽暗朦胧之中，让人领悟到"理气"的存在。大道造化万物，先天给予了万物特定的能量，又在万物成长过程中让万物有可能通过自身机制而获取环境的能量（气），由此生生不息。"理"与"气"，构成了一阴一阳的运化机制，这就叫作"元精"。它蕴藏于"虚灵"的状态之中。在一般的感知情况下，人们无法晓得其存在，但在特异的直觉功能状态下，却可以理会大道的全能，这就叫作"其中有精"。如果没有大道"元精"，天地不能持久，人物不能生成。因为它是先天存在的根本，所以称作"真"。所谓"真"，概括起来有两大特点：第一，无损益性，作为大道"元精"的能量，其总和是不变的；第二，无毁灭性，作为具体的存在，天地万物是有成有毁的，但作为大道生化万物的"元精"能量却是永恒的。一种具体的事物消失了，不代表"元精"的能量消失，而是转化迁移，飞禽走兽、胎生卵生，都在一定的过程中成毁变迁，而"元精"的总能量是不灭不变的，老子的"其精甚真"所揭示的正是这个义理。

既然大道"元精"永恒不灭，而万物却在成毁过程中迁移，人们可能会问：这个过程到底如何发生？难道是混乱不堪的吗？当然不是。老子说"其中有信"就是在回答这个问题。关于此，宋常星解释说：

> 又不但常存不灭而已，又且不违其时，不失其序，确然而有信。譬如四时行，循环而不见其改易，百物生，往复而不见其变化。故曰其中有信。人能悟得此信，无处不有，无时不

在,贯乎古今,通乎万物,君臣父子日用常行,无不是此信。①

意思是讲,"元精"不仅只是永恒存在,而且在造化万物过程中准确、准时,井然有序。所谓准确,是说天下万物的发生、发展、变化、毁灭,都是根据一定的计量单位展开的,所以我们看到了事物存在的千姿百态,空间的无限绵延。动物、植物的生长,都有"元精"给予的遗传密码,因而人有人的样子,狗有狗的面貌,猫有猫的姿态,彼此不会混同。所谓准时,意味着万物发生、成毁都依照一定的时间点进行。春夏秋冬,四季往来,"元精"造物、化物,都遵循时序的规则。不论是自然界,还是人类社会,都是如此。该来的就会来,该去的就会去。修道者与众不同的地方就在于明白了这种物势,所以能够安然、坦然、泰然地生活;因为顺应这种物势,所以能够得天地之玄机,不受外伤,不使自毁。这一切都是因为"信"的作用。可见"信"的力量是多么强大,不可阻挡啊!

对于这个"信",宋常星进一步补充说:

> 此信之妙,在天地名天地,在万物名万物,虽不自居其名,无名之名,自开辟以来,无改无易,虽圣人复世,亦不能去其名。故曰自古及今,其名不去。②

这样说来,"元精"化物之"信"是很玄妙的,但它从来不自我显示,非常低调。在天地间,它以天地的名义出现;在万物化生、发展的过程中,它又以万物的身份出现。"元精"之"信"虽然不在乎自己的名分,但无名之名恰恰就是永恒的名,自从天地开辟以来,一切都默默地运行着,老子所谓"自古及今,其名不去",说的就是这个道理。因此,没有修行而去计较名分反而是没有意

---

① (清)宋常星:《道德经讲义》,《老子集成》卷九,第164—165页。
② (清)宋常星:《道德经讲义》,《老子集成》卷九,第165页。

论"惟道是从"

义的。

大道通过"元精"来造化万物,"元精"不声不响,所以大道本无名,但却是真名。宋常星说:

> 此等真名,能阅天地万物之众甫,所以不去也。阅,是检视。众甫,是众善众美。大道本不检视于众甫,因无乎不在,若有检视之义。本无徧历之劳,无物不生,无物不成,若有徧历之义。天地万物之众善众美无不阅,不去之真名与不去之妙义,不从可识乎?①

什么是"众甫"?在甲骨文里,"甫"(𤰔)像田地里长出的新苗,生机勃勃,展示了美好的生命力。继而引申开来,以"甫"字形容美善,例如称男子为"甫"等。所谓"众甫"泛称众善众美。为什么说"阅"是检视呢?"阅"字,由"兑"与"门"字构成。"兑"与竖心旁的"悦"字相通,表示愉快。古时候的名门望族,将自己家族的光荣历史刻在门上,供人观看,故而"阅"本来表示取悦于人。站在第三者的立场看,"阅"就是通过观看而获得喜悦。后来,引申出"视察"的意义,称作"检阅"。老子"以阅众甫"的意思就是大道检阅众善众美。大道是不显示自己的存在的,本无检阅的问题;可是天地万物,生生不息,无处不体现大道的存在,这又像一个元帅莅临部队营所鼓舞士气,给将士们带来快乐。当然,大道造化万物,不是亲力亲为,而是靠"元精"自动生成,这个生成的过程,自古已然,迄今不变,所以大道虽然不自名、不为名,但其真信却永远传递着,这一点是可以从宇宙万物的生成变化中得到佐证和把握的。

怎样把握万物的美善呢?接下来我们讲第三方面。

---

① (清)宋常星:《道德经讲义》,《老子集成》卷九,第165页。

三 "知众甫之然"与"先天铅汞"

《道德经》第21章最后一句话是：

吾何以知众甫之然哉？以此。

这句话，用"以此"两个字结束，既有尘埃落定的意味，又引人无限的思索。为什么这样说呢？我们来看宋常星的解读：

众甫之密义，即是甚真之真精也，即是甚真之真信也。出机入机之间，始则出机，化而为物，终则入机，归之于道。假使以道观道，难知众甫之理；以物观物，达乎本而穷其元，则众甫之玄理，始可得而知其所以然也。故曰吾何以知众甫之然哉，以此。①

意思是讲，"众甫"的深刻意义，可以用"真精"与"真信"来表达。"真精"与"真信"的往来就体现在一个"机"字，这个"机"是时机，也是机会。出入有机，冥冥难测，所以时机就是"玄机"，秘而不宣，运化无穷。这个"机"也可以理解为万物生生不息的关键，即所谓天门、地户。正如一个大水库，闸门打开，水流奔泻而出，灌溉了良田，谷物生长，为人食用，饱餐之后努力工作，创造财富，又养育它物。如此周而复始，从哪里来又到哪里去，这叫作"入机归道"。这个过程不好理解，如果仅仅进行抽象的逻辑推理，是无法明澈众善众美之所以形成的奥妙的。必须从抽象回到具体的事物上来，具体情况具体分析，这就叫作"以物观物"。从具象的情景入手，观察事物的发生、发展、变化、归属，由此明白事物的本根、穷尽其源头，如此则众善众美何以形成的所

---

① （清）宋常星：《道德经讲义》，《老子集成》卷九，第165页。

以然也就能搞清楚了。从这个立场看，修道的过程也就是明理的过程，这个过程概括起来就是"观"。《周易·观卦·彖传》曰：

> 大观在上，顺而巽，中正以观天下。

在其作者看来，宏大壮美的气象总是呈现于崇高的地方，就像风的吹拂一样不可阻挡。当然，观察事物必须有一个立场，这个立场就是"中正"，所谓"日正为是"，其所揭示的就是"中正"原理。

如何达到"中正"呢？从"修行明道"的范围来说，就是要把"观道"与"观物"两者结合起来，既讲"观道"，也讲"观物"。对此，宋常星指出：

> 所以善观道者，必以物观之；善观物者，必以道观之。离道而无以观物，离物而无以观道。观物者，观物之入机也；观道者，观道之出机也。人果能观于杳冥恍惚，而悟众甫之所以然，有象有物，有精有信，孔德之容，皆可一以贯之矣。①

所谓"观道"，就是对大道的观念、了解、领悟；所谓"观物"，就是对具体事物的考察、分析、思考。按照宋常星的说法，善于"观道"的人，必然从具体事物的了解方面入手；善于"观物"的人，必然具备了"道眼"，能够对事物进行深入分析，由具体上升到抽象的境地。离开了对大道的抽象思考，就无法明白事物发生、发展、变化的法则、义理；而离开了对具体事物的了解，也无法明白大道的玄妙所在。如何达观呢？就"观物"的角度讲，就是原始反终，明白其归属机要；就"观道"的角度讲，就是掌握事物发生的关键时机，一进一出，了然于心，此所谓"观天之道，执天之行，尽矣"。人们如果能够于恍惚之间，审时度势，就一定能明白众善众美的根由，对于大道的法象、精信的作用，大德的性状，都

---

① （清）宋常星：《道德经讲义》，《老子集成》卷九，第165页。

能够贯通一体。于是，性命修行、事业功德都能达到理想的状态。

什么状态呢？元代邓锜在《道德真经三解》中发挥说：

> 人之学道，无德可容，唯道是从，孔德之容。先天为物，相逢恍惚；先天为象，相见惚恍。先天之精，得之窈冥，其精甚真，先天之信，得之冥窈，其信甚时。是以自古及今，铅汞之名不去，以观众人之甫。吾何以知其甫之为美？以此先天铅汞。①

邓锜指出，对于学道的人而言，只有大道才是唯一的依凭与指南，其他都可以说无足轻重。依道修炼，就是由后天返回先天的过程。道在先天，气机化运，有精有信，其象恍恍惚惚，这虽难以捉摸，却又真切不虚。自古以来，修道之人，正是在这种状态下，持之以恒地修习，由后天而返先天，于是启动了"先天铅汞"的气机，所以延年益寿，与道和通。

邓锜这段解释，最为重要的概念是"先天铅汞"。研究丹道的学者们明白，铅汞本是化学元素，铅又称"黑锡"，可用作耐硫酸腐蚀、防放射线、蓄电池等材料的制作；汞就是水银，它能够溶解许多金属，铅是能够被汞所溶解的一种物质元素。古代炼丹家常用铅汞结合，以炼金丹，这种金丹属于外丹。东汉以来，道教人士用铅汞比喻人体精气，称作"内药"。道教内丹家认为，人人本有修炼大丹的内药，这种内药是先天具备的，修道的要领就是一个复归的过程。《先天金丹大道玄奥口诀》说：

> 一从太极判乾坤，祖气根元已不存。
> 草木尚能探固本，修真全在学归根。②

---

① （元）邓锜：《道德真经三解》，《道藏》，第12册，第197页。
② （南宋）霍济之：《先天金丹大道玄奥口诀》，《道藏》，第4册，第968页。

意思是讲，由无极而化生太极，再由太极化生乾坤天地，先天一炁就被耗散了。然而，这并非穷途末路，没有任何回归的路径。其实，草木都有根本，修道学真，无非就是归根复命。按照内丹学的说法，也就是调理先天的"铅汞"。内丹家把命比作铅，把性比作汞，"铅汞"一阴一阳，性命也是一阴一阳，性命双修就是调剂阴阳，到了阴阳和合的境地，也就顿悟"众甫"的奥妙了。这样说来，邓锜的"先天铅汞"既表示复归于婴儿，也象征阴阳和合，也就是《周易·乾卦》所谓"保合太和"。邓锜的解释虽然已经超出了《道德经》本有的范围，但却提供了道家思想的新资料，让我们可以看到宋元以来老学的发展态势与路向。

"真""道""人""身""德(得)""大""天""地"
——道家道教几个核心概念的身体渊源略探[*]

易 宏

摘　要： 观象造字，是先贤原创智慧的展现和思想的凝结，是汉语基本概念形成的第一记录。考察重要概念文字的取象来源，是探明这些概念与相关思想的形成和发展的重要途径，是发掘原创精神的有效方式。"人""身""真""道""德（得）""大""天""地"等字，是道家道教乃至整个中国文化的核心概念，对其关注和研究的平衡度、深度和关联度尚需强化。本文进一步阐明了笔者几年前提出的"真"很可能取象于以倒为常的腹中近产胎儿之状的假说，和"道"字"象人之初生首逆出于子宫产育之形"之论证，以此为基础，受"同音互训说"启示，从"德者，得也"切入，以"贝"象女阴为据，考定"得"之本义很可能是从女阴得子或得

---

[*] 本文考"真""道"两部分，由拙文《道脉"真"源略探》（《行道立德　济世利人·第三届国际道教论坛论文集》，宗教文化出版社2014年版）和《"道"脉"真"源略探》（北京大学第一届中美道教及中国宗教青年学者论坛提交论文，2015年8月）相关部分节要加新而成；"德（得）""身""大""天""地"等几部分，是遵强昱先生在北京大学第一届中美道教及中国宗教青年学者论坛上点评时的嘱咐，顺前文思路再考"德（得）"之后的阶段性工作。参见《第三届昆仑高峰论坛暨老子道学文化研究会2018年会会议论文集》，昆明，2018年11月。

婴，并推定"德"或"得"的得道之义当亦由此引申。顺带考察了"人""身""婴""大""天""地"等字的造字取象之（可能）身体来源。同时，探究了这几个字的意涵和它们之间的关联，对道家道教的形成和惜身、尚真、尊道、贵德、敬天、爱地等传统，以及中国文化总体上的讳真隐身倾向的渊源，给出了相关解释。反观初心，重温原创，试探中国传统身体观乃至宇宙观的形成，以期执古道以御今。

关键词："身"；"真"；"德（得）"；"道"；"天"；观象解经

作者简介：易宏，哲学博士，老子道学文化研究会常务理事（北京102423）。

"近取诸身，远取诸物"（《易经·系辞下》），是古圣画八卦、造文字的基本原则。观象造字是先贤智慧的展现和思想的凝结，是汉语基本概念形成的第一记录。① 反之，"望文（字）生义"或"望文（字）得义"，也是认读汉字的最基本方式。考察重要概念文字的取象来源与变迁，是探明这些概念与相关思想的形成和发展的有效途径。"人""身""真""道""德（得）""大""天""地"等字，是道家道教乃至整个中国文化的核心概念，对其关注和研究的平衡度、深度和关联度尚需强化。

一 "真"

"真、善、美"或"真、善、美、圣"②，是近现代人类社会大致已成共识的基本价值准则，这一切又都以同时具备存在论、知识论及价值论意义的"真"为基础。不过，"真"作为一个汉字，虽

---

① 汉语之外的其他语言可能也有类似现象，这里存而不论。
② 中国台湾辅仁大学校训正是："真、善、美、圣"（拉丁文：Veritas, Bonitas, Pulchritudo, Sanctitas；英文：Truth, Goodness, Beauty, Sanctity）。

然古已有之，且逐渐在日常生活中被频繁地使用①，但在中国文化中却好像一直没有形成将之作为一个独立概念探索的传统。典型如儒家十三经中不见"真"字踪影②，似乎显示着儒家不大讲"真"。中国人也好像多因求真意识淡薄，而缺乏对"真"这一概念（特别是本义）的探索。

当然，虽说中国文化可能在总体上缺少求真精神，但也并不意味着完全不讲"真"。目前确认可识别其涵义的，最早见"真"的文献是《老子》，其所见分别如下：

> 道之为物，惟恍惟惚……其中有精；其精甚真……（第21章）
>
> 明道若昧；进道若退；夷道若颣……质真若渝……（第41章）
>
> 修之于身，其德乃真……修之于天下，其德乃普。（第54章）

"真"字在其中的涵义虽然与知识论意义的"真"不尽相同，但依然不失为已知中国人讲真、求真之最早可考典籍，《文子》《列子》《庄子》等继之。可以说，中国人的不那么强烈的求真精神主要由老庄道家率先阐发、展开。佛教传入后又为其传播而造出了"真如""真理"，及至近现代，"真理"一词还被用作对译英文 truth 之类的西方词语。

关于"真"之本义，虽然《说文》中"仙人变形而登天也"的说法流传甚广，但也并未彻底服众，异说多出。启发笔者撰文再探"真"之本义的是"真"源"倒人说"。据《唐兰先生金文论

---

① 据多种统计来源，"真"字的使用频率大致排第200位至500位，系高频字之一，特别是在《汉字频度表3755》中居第185名，http://www.doc88.com/p-8788704991010.html。

② 参见王力《王力古汉语字典》"真"字条，中华书局2000年版。

"真""道""人""身""德(得)""大""天""地"

集·释真》，宋人已从金文（图1①②，未见于甲骨文）① 中辨认出"真"（"眞"），清人王筠提出"真"从"倒人说"②。日本汉学家贝塚茂树等认为：眞（图1③）为古字形，将之颠倒则成眞（图1④），即人站立状，真取象于人倒立之状，为颠倒之义，而真诚、真实、本真等"真"义系由"信"字借用。③

① ② ③ ④

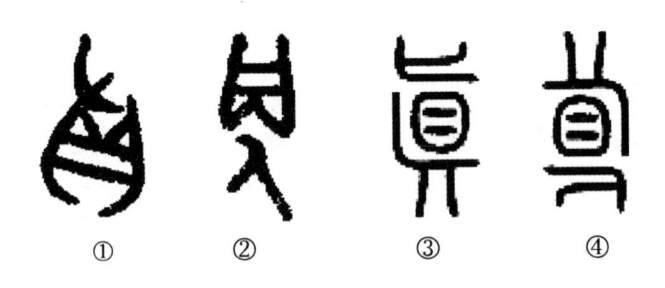

图1 金文、篆体"真"字

如此引申出真诚等"真"义，似显牵强。另一位日本汉学家白川静亦持"真"源"倒人说"，且更具体地将"倒人"解释为死于非命、亡于途中者，而"真"之所以有真诚、真正之义，是因为古人相信人生不过是短暂的假世，死后的世界才是永恒的、真的存在④，此种解释颇有道理，但似乎依然难以据之解释道家惜身贵生特别是道教修真以求长生的传统。如此等等，异说纷纷，莫衷一是，且大

---

① 参见《四部丛刊续编·啸堂集古录·周南宫中鼎》，商务印书馆1935年版。鼎为成王时器，其中"真"字前后文："执王居，在射圃真山中。"此句未受重视，或因难以据之判定"真"义？
② 参见唐兰《唐兰先生金文论集·释真》，紫禁城出版社1995年版。原载于《考古社刊》1936年第5期。要之，唐解"真"义为："真"字本作🙵，从贝匕声，后贝字讹变为目，又增"丌"之饰划，"匕"非变化之匕（化），实为珍字之古文，为倒人之形。但未见如贝塚茂树将"真"本义同"颠"关联。
③ 参见［日］贝塚茂树、藤野岩友、小野忍编《角川汉和辞典》"道"字条，东京：角川书店1959年版。笔者注意到"真"源"倒人说"始于查阅该词典。贝塚茂树系深受道家影响的诺贝尔物理奖获得者汤川秀树之兄。
④ 参见［日］白川静《常用字解》"真"字条，苏冰译，九州出版社2010年版。其中所示"真"古字为篆体字。

多很难同人们常说的"返璞归真"之"返""归""真"相关联。那么,"真"之本义究竟为何?

话说回来,虽说六经无"真",乃至整个儒家十三经不见"真"字,但也不至于全无"真"迹,如有稹、镇、阗、嗔、鬒、瑱、颠、槙、慎等①,在"真"的基础上加偏旁构成的字见于其中,"慎"字最为常见。尤其是"慎"见于《尚书·舜典》,"颠"见于《尚书》之《盘庚》《微子》《君奭》诸篇,加之"真"见于周初南宫中鼎,据此可推定"真"字起源甚早,古已有之,绝非老庄向壁虚构。但是,对于"真"字本身,似乎儒者避之,其他各家疏之,唯独老庄道家亲之、尚之,耐人寻味。这种差异证明百家的确有着各自独特的传承。再者,专属儒家的"六经"里面原本就没有"真"字?还是儒者在整理的时候删改了"真"字?似乎也值得关注。

上述既有"真"取象"倒人说"虽然难以令人全信,但也给笔者以启发。如果说成年人或死者的倒立并非常态,笼统的"倒人说"也难以让人联想到"真"的真诚、真实、本源等含义。但是,作为人之初的(临产)胎儿,确实以倒(立)为常态,真实不虚,是人之本源或本初状态,是生,是真实的,是自然的,胎儿也都可以说是真诚的。《老子》作为现存最早论"真"的典籍,重婴儿、尚玄牝,似乎也正暗示着"真"字很可能取象于胎儿及其道家传承。其后之《文子》《列子》《庄子》及《鹖冠子》等皆言"真",乃至称得道者为"真人"。东汉末年形成教团组织的道教诸派皆尚"真",修道亦称修真,并以"真人"为高道大德之称号,后来还有丹道修炼名著《悟真篇》,以及"真大道""全真道"等名"真"新道派。更直接的莫过于道教内丹说将内丹比作胎儿,甚至称作"圣胎",以及用"胎息"作为修道方术,或用能否"胎息"分辨修道成熟度,等等。这些可能都显示着道家道教的确一脉相承,源远流长。"真",寓于其中。广泛使用的"童真"一词,大

---

① 以"真"作为字素构成字,究竟源于何时,初义为何,尚待考察。

概也是这种意象之反映。于是，经过长期的思考与辨析，笔者也大胆提出一个"真"源假说："真"，乃取象于腹中近产胎儿之状。①当然，在约十个月的孕期里，正常胎位胎儿也只在后期三四个月才保持头朝下倒着的样子，或许这也正是早期"真"字如图1①②倒顺皆可的缘由。为此，直接说"真"乃取象于腹中胎儿之状，也许更为妥当。

另一方面，或曰道并非专属道家道教之私名，故不能以其名号是否冠道，是否言道，来判定某学派是否属于老庄道家，某教派是否属于道教，或某教派乃至整个道教同老庄道家是否有传承关系，等等，不无道理。不过，或可换一个视角，换一个关键词。综合前文及儒家十三经无"真"，可以认为，汉字"真"的本土早期传承主要在道家道教，在相当长的时期内堪称道家之私名，并为后世道教所继承。由此还可进一步推定，道家道教一脉相承，是否始于黄帝另当别论，但大致可以上推至"真"字出现之前，亦即，很可能远在《老子》之前已存在修"真"（道）传承。《周易参同契》《太平经》《清静经》《黄庭内景经》《黄庭外景经》《抱朴子内篇》《养性延命录》《真诰》《真灵位业图》等早期道书，虽然多被认为出自不同教团，且不一定尚老庄，但皆言"真"或"真人"。从而又可推定，汉末魏晋时期看似并不一定尊奉老庄的道派或教团之所以大多尚"真"，恐实为由来已久的修"真"团体分流后，重新集结而成为道教，他们认识到《老子》《庄子》《列子》《文子》实乃修"真"（道）之后才逐渐被尊奉。于是，看似纷杂的早期道派何以能统合为道教的缘由好像也不难理解了。

又，如图2所示，郭店楚简《老子》用"贞"通假"真"，是否也反映该抄本写者的学派倾向？"贞"的占卜义是否同"真"有关姑且待考，但坚贞、贞洁、贞节、忠贞、未嫁女等"贞"义，似

---

① 参见易宏《"I am""真""如""自然"——从哲学与宗教的几个中心词看东西方文化会通及生态意识》，"嵩山论坛——华夏文明与世界文明"2013年年会之"人文精神与生态意识"学术论坛论文，郑州，2013年，第245—254页。

乎同"真"密切相关。如此等等，似亦值得进行专题研究。再如后文详述，"真"字的形声义可能皆与"身"字同源。

图2　郭店楚简《老子》通假"真"的"贞"字

"真"（"眞"）取象"倒人说"究竟是指部首"匕"还是"真"字整体？似乎二者皆有，但实际上部首"匕"要比"真"字整体（不论金文还是篆字）更像倒人。可是，如果"倒人说"只是就着部首"匕"说的话，那么，和"匕"不相连的另一部分像什么呢？有鉴于"真"字正写倒写意思不变的事实，说另一部分像鼎恐怕是不通的。虽然几年前已知唐兰先生有"真从贝说"，但笔者却是在写后面的"得（德）"的时候，才产生了这一种想法：和"匕"不相连的像贝的另一部分，很可能取象于女阴或母体。如是观之，那么"真"字就可能是从整体上取象于人试图回归母体，亦即回归生命本源。如此解读，形意皆通。至于篆字及其之后的"丌"状部分，很可能不过是后世失真的画蛇添足。

西方的 truth，通常被认为是不变的，亦未见倒写义同说。但是，中国的"真"字，其早期写法，倒顺皆可。这一书写差异，或许也反映着东西方面对"真"的认知或态度的差异。

二　"道"

"道"，作为一个哲学范畴，通常被认为始于《老子》。作为一个汉字，已广见于至少部分成文更早的《尚书》《诗经》《易经》等典籍。可以说，"道"，早在《老子》之前已不见明显学派专属

"真""道""人""身""德(得)""大""天""地"

性。"道"或因其较早为各家各派所共尊，被论较多。关于其本义，许慎《说文》据篆字释曰："道，所行道也，从辵从首。一达谓之道。"段玉裁注曰："道者人所行"①，几成定说。但是，在对"真"的长期关注和探源过程中，"真"的"身体关联起源说"，及其同道家先驱和道家道教的紧密关系，又让笔者想起了即有的"道"字"身体关联起源说"，也可做一些相关考察。

"道"，作为一个汉字，未见于已知甲骨文，目前所见最早者如图3①所示出自西周早期《貉子卣》铭文，通常被认为由"行"和"首"两个字素组成。其后为图3②所示出自西周晚期《散氏盘》，由"行""首""止"三个字素组成。虽然前引《说文》释文及段注几成定说。可是，为何不用更简单的"人"而要用"首"象征行人？对此质疑者不少，比如，文达三先生说：常识告诉我们，女人和雌兽的生殖道即阴道是胎儿娩出时所必经的唯一通道，而胎儿的正常出生一定是一个以其头部为先导的、有一定方向的运行过程……不难看出"道"字初文所展示的不是人行走的道路，而是一幅颇生动逼真的胎儿娩出图。②何新先生则认为"道"字"象人之初生首逆出于子宫产育之形"③。梁宇辉先生也据《貉子卣》和《散氏盘》，以及郭店楚简中的"道"做类似推定，并认为从婴儿自产道诞生和人在路上行走之象可看出以下的含义：创生、本原、导引、动力、支持、保护、法则、归属，以及道人合一。④

---

① （汉）许慎撰，（清）段玉裁注：《说文解字注》"道"字条，上海古籍出版社1981年版，第75页。
② 参见文达三《老子新探》，岳麓书社1995年版。作者还指出：由此进一步推测，"道"字的原初意义有两项：一为"女人和雌兽的生殖道"，即阴道，此为名词。一为"导引"，此为动词。
③ 何新：《古本老子〈道德经〉新解》序，时事出版社2002年版，第1页。笔者最初由该书注意到"道"取象为婴儿诞生说，但未见其示例或论证。
④ 梁宇辉：《从古文字探讨〈老子〉之道与德的基本涵义》，爱思想，http://www.aisixiang.com/data/68687.html。

①　②　③　　④　⑤

图3　金文、篆体"道"与大小篆文"導"

这些说法，虽然皆不无道理，但恐怕也不足以就此确定。不过，暂且不考虑"道"源"胎儿娩出状说"，回过头来看看有关"道"字起源的既有说法是否或在多大程度上讲得通。将图3①所示金文"道"字同图4、图5所示行部和辶（辵）部古字相比对，不难看出，差别很大，若将这个"道"字同图4、图5所示诸字视作同构或同类，实在差强人意。有"行部起源说"而不顺其发展却改从辶（辵）部演变，目前仅见"道"字一例。既然几成定说的旧说不大讲得通，自然也就有新说存在的空间。将图3①②所示金文"道"和图3④所示金大篆"導"放大示于图6，如其中圈出部分所示，每个字被称作行部的上部外廓有着明显区别，特别是图3①同图3②③的有关部位差别判然，似乎确实应该说，图3①或图6①所示金文"道"，与其像人行于十字路口，毋宁说更似胎儿从母体产道自然降生之状。"道"含有"倒"之意象且与"倒"同音的事实，或亦为其证。

行　行　行　衍　衍　衍　衔　術/术　衔　衔　衝　街　衙　衛　衛　卫　衡　衡　衢

图4　可见小篆或更早字体的行部古字举例

進/进　邁/迈　逐　迨　達/达　遽/遽　遭　述　遠　远　返

图5　可见小篆、金文的辶（辵）部古字举例

"真""道""人""身""德(得)""大""天""地"

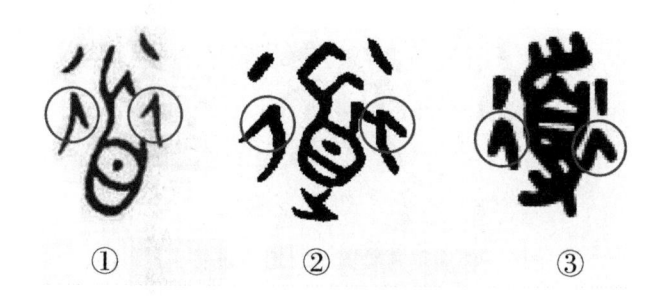

① ② ③

图6 金文"道"与金大篆"導"

注：图中圈线为引者所加

  图7为郭店楚简所见楚篆"道"字，其中①出自《语丛二》，②见于《老子》甲组等，③见于《老子》甲、乙组等。此三"道"比图3③篆体"道"可能略早，或许也曾并存但分别被用于楚秦两地。如果说图3①所示西周早期《貉子卣》的金文是"道"字原形的话，那么在郭店楚简抄写之时已开始被削去右上角的似"丁"字素脱离行部，并被在左下角加上似"止"（或"寸"或"手"）之字素，加盟辶（或辵）部，以近今之"道"。当然，图3①之所以未循行部诸字规律发展，也许正因为它本来就不属该部。虽然可能在郭店楚简《老子》抄写之前，图3③或图7③所示辶（或辵）部之"道"已被视作正"道"，且不论图3①之"道"是否属于行部，但《说文》《玉篇》《篇海》及《康熙字典》等古字典还是为行部之"道"留下了位置。[①] 不过，图7②之"衙"，却仅作异体字存于《康熙字典》"行"字条下。实际上，《说文》释"道""一达"和由"衙"等异体"道"字衍生出的"人行十字路口说"，显然是有矛盾的。人出生之后不存在完全意义的"一达"之途，唯有人从母体诞生之产道，才是真正自然意义的完全"一达"之道。

---

  ① 《康熙字典》所收"道"之异体字有遗、逎、𧗜、衜、衟、𢔯、𠷎等，其中𧗜、衜二字属行部。释𧗜曰《玉篇》古文"道"字。释衜曰《篇海》同𧗜。

123

东方哲学与文化·第一辑

① ② ③

图7　郭店楚墓竹简中的楚系篆书"道"

又，据说"道"本义为导，后加象征手的"寸"构成图3④所示金大篆"導"（也有将图3②之类金文也列于"导"字条下者①）。这个金文"導"字与其说是像在引导行人通过十字路口，不如说更像是有助产之手托住降生中的胎儿头部的生产与接生之情状，更强调了引导生产的一面。实际上，产道本身即有自然之导的功用和意义，至于后世加"寸"（手）之"导"，显然已经是有为之"导"了。图3④所示之大篆（或②所示之金文）上部左右外侧笔画形状大不同于①，已同行部古字结构相似，但却未见其类似行部诸字发展规律。况且，相对于产道与胎儿降生之自然，十字路口与人之通行多非自然，被引导行进更显示人为的意蕴。若将图3④所示之大篆（或②所示之金文）归于辶（辵）部考察，依图5所示辶（辵）部诸字规律类推，其对应篆字似当为图3③所示"道"，而非⑤之"導"。由此可见，"道""導"的金文衍化及其之后的发展路径并不清晰，这一现象的背后是否隐含着人们对"道"字的来源与本义的遗忘，甚至可能还暗示着强化中的父权或其他人为因素的干预。

再看《老子》文本，"道可道，非常道；名可名，非常名。无，名天地之始②；有，名万物之母"（第1章）。"谷神不死，是

---

① ［日］白川静：《常用字解》"导"字条，九州出版社2010年版，第341—342页。
② 河上公《道德真经注》（《道藏》，文物出版社、上海书店、天津古籍出版社1988年版，第12册，第1页）。"始者，道本也。"《说文》："始，女之初也。"《尔雅》："胎，始也。始乃女子孕初，胎儿之从无到有。"

· 124 ·

谓玄牝。玄牝之门,是谓天地根。"(第6章)"可以为天下母……字之曰'道'。"(第25章)此类章句固然是在阐释超越的形而上之"道",但换一个视角来看,似乎也有为可能取象于胎儿生产的"道"字训诂的意蕴。还有"知其雄,守其雌……复归于婴儿"(第28章)。"天下有始,以为天下母。既得其母,以知其子;既知其子,复守其母,没身不殆。"(第52章)"含德之厚,比于赤子。"(第55章)崇雌尚牝、尊母重婴之类文辞频见,好像都在道说着,以胎儿生产及其通道训"道",方可明解《老子》作为理论核心概念之"道"的来龙去脉。牟钟鉴等学者也肯定《老子》是"女性生殖崇拜和母系氏族文化的理论升华"[①]。如是观之,如果反过来说"道"字本身同女性生殖崇拜和母系氏族文化无丝毫直接关联,恐难令人信服。综合考虑,似可认为,推定"道"字取象于胎儿生产及其通道,更符合其由《老子》首先确立的形而上意涵及其在道家道教中的发展脉络。

如此释"道",则"同道"一词似有明显血统意涵,这或许也正是道教超越血统的深层原因?如何彰显超越血统的象帝之先之道?大概是教界和学界乃至整个中华文化领域都要进一步探索和实践的。

此说若成立,也显示老子道论的确立,同西哲苏格拉底受母亲的助产师职业启发而悟得所谓"产婆术"也有着惊人的相似。圣人同心,此亦证乎?

三 "人""身"

先看看"人"字。如图8所示,除金文组的最右侧一例很接近后世通行的单立人——"亻"之外,显然,"人"字取象于将直立或将跪下或作礼状之人的侧身姿态。可以说,"人"也是身。《说文》释曰:"天地之性最贵者也。此籀文。象臂胫之形。凡人之属

[①] 牟钟鉴:《老子新说》,金城出版社2009年版,第259—336页。

皆从人。"其中"此籀文",即图 8 最右侧小篆"人"字。许慎所见"人"字之形,已去甲骨文、金文甚远,其释形不足为凭,其释义无关形。

图 8　甲骨文(左组)、金文(中组)和《说文》
　　　　小篆(右组)中的"人"字

关于汉字"身",《说文》据小篆(图 9 右组)释曰"躬也,象人之身,从人"。本文所关注的也主要是人身及其引申。人身,无人不有,但它在不同时代和不同群体中的受关注方式和程度是不一样的。中国文化总体上较多关注人身,道家道教对之更是特别关注。① 有关论述多据研究对象的文献或学派立论,距离"身"之本源较远。当然,古之《说文》似乎也不例外,何况今人?不过,至迟《康熙字典》编者已注意到"身"特指女子怀孕,其中所引《诗·大雅·大明》"大任有身"之"身",即指周文王母亲任氏正怀文王。

图 9　甲骨文(左组)、金文(中组)和《说文》
　　　　小篆(右组)中的"身"字

---

① 参见张艳艳《先秦儒道身体观及其美学意义》,博士学位论文,复旦大学,2005年;李剑虹《自然与自由:庄子身体观研究——以〈内七篇〉为中心》,博士学位论文,安徽大学,2011年;郭敬宇《即身而道在——道教身体观研究》,博士学位论文,中央民族大学,2014年。

"真""道""人""身""德(得)""大""天""地"

如图9所示，从"身"的古文字形来看，除金文组的最右侧一例之外，"身"字显然取象于怀孕女身，或可说怀孕女身才是"身"之本源和本义，可能包含母亲崇拜或生殖崇拜的意涵。金文组最右侧这一例虽无明显怀孕意象，但也有着显著的女身特征，或取象于女巫。① 或可概言之，"身"字本义为女人身②，并特指怀孕女身。当然，可能取象于女巫的古"身"字未被传承下来，或许正是理性化发展之自然结果。

甲骨文和金文"身"字的女身意象，皆取象于腹部隆起之（女）人身，多数还用点或造型明示了胎儿在母腹中的存在状态。"身"字的这一取象，经小篆体演变为今用通行字体，至今仍有"身孕"之说。因此，"身"字造型取象于怀孕女身并以之为其本义，应可确定无疑。

再考虑到"真""身"古音近同，"真"也有"身"义③，"身"字取象于怀孕女身并以之为其本义的确证，似乎也可辅证"真"字取象于腹中胎儿或人试图复归母体的推论。"真身"一词虽然是佛教传入后所造，但其依然浸透着道家渊源。

"身"字在《老子》中23见，在篇幅大一倍多的《论语》中18见。《老子》中还有多例与"身"密切关联的词语，如赤子、婴儿、母、牝等。这一差别，可能蕴含着道儒两家对"身"这一人的自然载体的认识与重视程度的明显差异。

用一个取象于怀孕女身的"身"字通指所有人乃至所有事物之本体或主体，或许是由于古人因见人皆来源于（怀孕）女身而认为（怀孕）女身更具本源性，大概也是中华文化贵生并重子孙繁衍之

---

① 这一可能取象于女巫的"身"字和以之为左边部首的"軆"，分别见于同时出土的战国中山王鼎和壶铭文，似显此形"身"字至少在某个区域曾有过较广泛和长久的应用。
② "老身"一词虽有笼统的老人自称说，但实际多用于老年妇女自称，大概也可为证。
③ 《庄子·山木》："见利而忘其真。"《淮南子·本经训》："神明藏于无形，精神反于至真。"高诱注："真，身也。"韩愈《送文畅师北游》："牵拘屈吾真，戒辖思远发。"朱熹考异："真，或作身。"（宋）朱熹：《昌黎先生集考异》卷一，上海古籍出版社2001年版，第20页。

字源的反映。或许还暗示着"身"字起源的道家先驱渊源。至于中国文化总体上的讳真隐身倾向，很可能是同父系宗法制的形成与强化相伴随的。

四 "德"与"得"①

"德"，在道家道教，乃至整个中国文化中都很重要。将被认作"德"字的甲骨文和金文等古字选示于图10。关于"德"的研究已有很多，面对郑开先生《德礼之间——前诸子时期的思想史》等，笔者很难就"德"字本身另立新说，同时，也基本认同郑先生的从古文字学内部寻求在 德 与德之间建立联系是徒劳的说法②。笔者之所以仍然试图对"德"进行论说，是由于2015年夏在北京大学第一届中美道教及中国宗教青年学者论坛上，强昱先生在对笔者论文《"道"脉"真"源略探》的点评中，肯定该文思路的同时，嘱咐笔者顺该思路继续对"德"进行探讨。

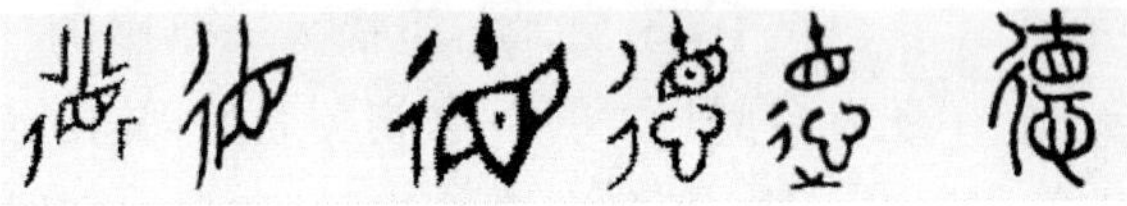

图10 被认作"德"字的甲骨文（左组）、金文（中组）和
《说文》小篆（右组）

笔者重点关注"得""德"之间、"真""德"之间，以及"德""道"之间的关系。

---

① 这里主要以古已有之以"得"训"德"说为缘起，在重新考察"得"字本义的基础上，对道家道教的"德"义及"德""道"关系，开始一些新的探究。至于前人对"德"的考辨，参见郑开《德礼之间——前诸子时期的思想史》，生活·读书·新知三联书店2009年版。

② 参见郑开《德礼之间——前诸子时期的思想史》，生活·读书·新知三联书店2009年版。

"真""道""人""身""德(得)""大""天""地"

"同音互训说"一直启发着笔者继续在探索中观察和思考,并产生疑问,是否可循《管子·心术上》"德者,得也"之说,以"得"为说?

实际上,以"得"训"德"的典籍也不限于《管子》,还有《礼记·乐记》:"礼乐皆得,所谓之有德。德者,得也。"《庄子·天地》:"物得以生谓之德。"而且,郑著《德礼之间——前诸子时期的思想史》也认为:

> "德者,得也"的训诂传统起于战国时期,但也折射了某些早期端绪,只不过我们还需要从内外、德行诸方面予以分析,才能透视它的社会文化意味。①
>
> 我们切不能忘记,德与得原本是两个不同的字……道家从有得于"道"的方面来理解"德"……"德者,得也",隐含了"得之于内"和"得之于外"两个方面。②

那么,古人(特别是道家)以"得"训"德",仅仅只是因为"得""德"同音吗?道家何以从有得于"道"的方面来理解"德"?以"得"训"德"的例子也是有的,比如《孟子·告子上》:"所识穷乏者得我欤。"《盐铁论·击之》:"地广而不得者国危,兵强而凌敌者身亡。"

关于"得",《说文》据"得"之小篆释曰:"行有所得也。从彳,䙷声。古文省彳。"虽然许慎的解释并无不当,但在甲骨文等更多古文字面前,难免显得片面。

今人多据甲骨文和金文释"得",如《汉典》释为:

> 会意。甲骨文和金文字形,右边是"贝"(财货、货币)加"手",左边是"彳",表示行有所得。手里拿着财货,自

---

① 郑开:《德礼之间——前诸子时期的思想史》,第59页。
② 郑开:《德礼之间——前诸子时期的思想史》,第57—59页。

然是有所得。本义：得到，获得。①

比较图 11、12 所示"得""贝"二字古文，推定"得"字取象于手持（或握或取或触）贝状，当可确定无疑。

图 11　"得"字的甲骨文（左组）、金文（中组）和篆体（右组）

图 12　"贝"字的甲骨文（左组）、金文（中组）和篆体（右组）

"得"字有多种形式，行符"彳"时隐时现，贝符手符（又或寸）基本不变。亦即，"得"形所示，本义为得贝。所得之贝，通常被认为是财宝、货币。前人所释，多止于此。②

可是，贝，为何成为货币或宝贝？前人多以美观且便携释之。但是，携带方便真是以贝为币的主要原因吗？贝，仅仅只是货币或象征财富吗？

如图 13、14 所示，显然，贝币、布币、刀币，以及马蹄金等早期货币，携带都谈不上方便。如果说天然贝作为货币只是选择，主要考虑其珍稀性而非携带性的话，似可理解。可是，布币、刀币，以及马蹄金之类人工制作货币，虽然由其材质决定了珍稀性，但实际上既没展现便携性，也没显示易加工性。不能不令人困惑的是，便携性真的是早期货币的主要属性吗？祥瑞性、神圣性、敬畏

---

① 《汉典》"得"字条，https://www.zdic.net/hans/得。
② 参见彭信威《中国货币史》，群联出版社 1954 年版。

"真""道""人""身""德(得)""大""天""地"性之类也许更受重视?①

图13 出土贝币②

注：左组：妇好墓出土商代天然贝币。妇好墓出土海贝近七千枚，这些海贝不仅作为财富随葬。中组：出土天然海贝和骨贝、蚌贝、玉贝、石贝、陶贝、铜贝等人工贝币。右组：各地出土的人工贝币。

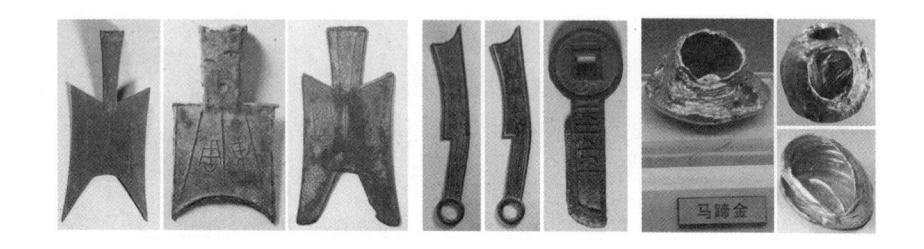

图14 出土古币：布币（左组）、刀币（中组）、马蹄金（右组）③

关于马蹄金，《汉书·武帝纪》载：

> （太始元年）三月，诏曰："有司议曰，往者朕郊见上帝，西登陇首，获白麟以馈宗庙，渥洼水出天马，泰山见黄金，宜改故名。今更黄金为麟趾褭蹄以协瑞焉。"因以班赐诸侯王。

---

① 布币、刀币之类货币也可能起源于实用农具、工具的实物交换。
② 左图采自殷墟博物馆；中图采自人民政协网《人类最早的金属铸布是什么？》；右图采自互动百科的"贝币"词条。
③ 其中布币、刀币和马蹄金左图。采自中国钱币博物馆网；马蹄金右图采自搜狗百科同名词条。

这是有关货币的祥瑞性的正史记载。

细看贝币、布币、刀币这三种早期货币，不难发现：布币，象耒，象耕，反映农耕崇拜与敬畏，是维持生命的需要；刀币，象刀，象战，反映对狩猎和征战的敬畏，是维持和保卫生命的需要；贝（币），象女阴（人生之源），象生，反映生殖崇拜与敬畏，是生命繁衍的需要。都指向生命，都是贵生文化的表现。

需要特别说明的是，如图 13 所示，用作贝币的贝壳，并非仅限于天然海贝，还有人工制作的石贝、骨贝、蚌贝、铜贝、陶贝等，更说明贝被用作货币，主要取其形象，而非材质。女阴或生殖崇拜和以贝（或蚌，参见图 15）喻女阴现象普遍存在于全世界。

图15　天然贝、蚌①

注：曾被用作贝币的海生天然紫齿贝和被广泛用来象征女阴的河蚌（其中较大者的壳也被用来制作贝币）。

法国学者伊·巴丹特尔在《男女论》中指出："从旧石器前期起，坟墓里就放置一些贝壳，主要是用作女性器官的象征。"② 如图 16 所示，在意大利画家桑德罗·波提切利于西元 1487 年创作的油画《维纳斯的诞生》中，维纳斯立于扇贝壳上，正是以贝象征女阴的艺术表现。再者，在笔者的湘西北老家，村民们大概并不一定知道贝币的存在，但在调侃男女之事的时候，依然常常以河蚌（当

---

① 左图采自百度百科"紫贝齿"词条；右图采自百度百科"河蚌"词条。
② ［法］伊·巴丹特尔：《男女论》，陈伏保、王论跃、阳尚洪译，湖南文艺出版社 1988 年版，第 32 页。

地称蚌壳）喻（或象）女阴，说明了以贝或蚌象征女阴的普遍性。人们之所以普遍用贝（或蚌）象征女阴，可能有形似和质似两方面的原因。还有，贝壳占卜的普遍存在，可能也同其象征的女阴的神秘性和神圣性有关。

有鉴于贝、女阴、货币的紧密联系，贝、币、匕、妣、妣、牝、牝、婢、屄、女、秘、毯、毽、费、买卖、宝贝、贝贝乃至 baby、pet、pay、buy、fee，等等，很可能也存在或音或形或义的关联。

图 16　意大利画家桑德罗·波提切得画于西元 1487 年的（扇贝壳上的）《维纳斯的诞生》（局部），现藏于意大利佛罗伦萨乌菲齐美术馆

综上所述，得之本义或可释为：得象女阴之贝，或从女阴而得（接生），或得由女阴而象征宝贝，或得如女之宝。

如果说"得"有从女阴而得之义，那么能从女阴而得且被公认的宝贝，莫过于接生得婴。婴儿，正是《老子》所重。"婴儿"一词，《老子》有 3 见，分别为：

专气致柔，能如婴儿乎？（第 10 章）

> 沌沌兮，如婴儿之未孩。（第20章）
> 常德不离，复归于婴儿。（第28章）

另有

> 百姓皆注其耳目，圣人皆孩之。（第49章）
> 含德之厚，比于赤子。（第55章）

其中"孩"和"赤子"可视作"婴儿"之同义或近义词。"婴儿"，在现存典籍中，很可能首见于《老子》。说现在通行的"婴"字从贝从女完全没有问题。

贝象征女阴，象征生命源泉或源头，也泛指珍稀可爱之物或人，尤其指女人或孩童，以如此之贝义，解释"婴儿"，或更合逻辑。

"真""道""得"三个字："真"——取象于腹中胎儿（这里暂不考虑取象于人试图回归母体之可能）；"道"——取象于胎儿降生为婴儿的过程；"得"——取象于从女阴而得婴儿状（至今有"得子"说）。如此之"得"，是人的其他一切之根基。

"真""道""得"三个字分别取象于胎儿在孕育、降生中的三个重要状态。

再看《老子》文本中的"德"：

> 修之于身，其德乃真。（第54章）
> 含德之厚，比于赤子。（第55章）
> 孔德之容，惟道是从。道之为物，惟恍惟惚。惚兮恍兮，其中有象……窈兮冥兮，其中有精；其精甚真，其中有信。（第21章）
> 常德不离，复归于婴儿。（第28章）
> 上德若谷。（第38章）
> 不善者，吾亦善之；德善……不信者，吾亦信之；德信。

"真""道""人""身""德(得)""大""天""地"

(第39章)

　　道生之，德畜之，物形之，势成之。是以万物莫不尊道而贵德。……故道生之，德畜之；长之育之；成之熟之；养之覆之。生而不有，为而不恃，长而不宰。是谓玄德。(第51章)

显然，《老子》（乃至道家道教）之"德"义，多有从本文所考"真""道""得"之义而得。得子、得道，得、得了（le），等等，"得"字的用法与含义或许都与其本意和道家道教的发展有着紧密联系。

至于《国语·晋语四》的"同姓同德，异姓异德"之说，或许也隐含了从女阴而"得"或"德"的发展关系。类似的，或许也可说：同道同德，异道异德。

五 "大""天""地"

"大""天""地"这三个字，一直都是常用汉字，虽然在现代语境中除了"大"在某些地方还被用作父亲或伯父的称谓之外，都已很难看出它们的含义和人之间的直接关联了。但是，如图17、18、19所示，实际上这三个字的造字取象的对象，不是别的，就是人本身，且《说文》释义和它们的取象之意也是基本相符合的。

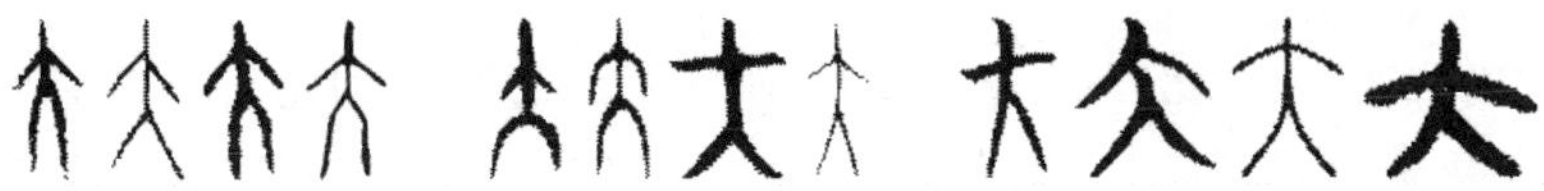

图17　"大"字的甲骨文（左组）、金文（中组）和篆体（右组）

图18　"天"字的甲骨文（左组）、金文（中组）和篆体（右组）

· 135 ·

东方哲学与文化·第一辑

图19 "地"字的甲骨文（左）、楚秦简帛文（中组）
和《说文》小篆（右）

　　《说文》："天大，地大，人亦大。故大象人形。"东汉许慎著《说文解字》所引《老子》古本这句话中的"人亦大"，傅奕本同此。但郭店楚简本、马王堆帛书本、河上公本、王弼本等《老子》皆作"王亦大"。今观"大"字取象于站立状男人，亦即，"大"亦人。今有学者据"大"字古文，并结合《老子》文本随后的"人法地"等，推定"人亦大"才是老子原意。① 至于"王亦大"，大概只是对王者的方便说法。《老子》可能曾有多版并行。王公贵族所存抄本多，易传承，故传世版本多为"王亦大"版。"爹""天"乃至英文的"dady"等字词的起源与发音，或许也与"大"有关。

　　《说文》："颠也。至高无上，从一大。他前切。"如果说"天"字的发音与"大"字有关，带有较多推测性的话，那么说此二字在造字取象方面密切相关，当确定无疑。即，"大""天"二字皆取象于站立状男人，"大"不强调局部，而"天"则强调头部或顶部，以会其意。

　　《说文》："元气初分，轻清阳为天，重浊阴为地。万物所陈也。从土也声。"对"地"字右部之"也"，《说文》释曰："女阴也。象形。"据此，可以推定，大地母亲之说，应当不晚于"地"字的出现。或合言之，"天父地母说"，当早于"天""地"二字的诞生。"哭天喊地""哭爹喊娘"二词，在汉语中基本是同义词，其文化土壤，大概是在相关汉字诞生之前就已经形成。

---

① 陈鼓应先生亦据许慎《说文》等考订"人亦大"更合老子原意、更通文脉。参见陈鼓应《老子译注及评介》，中华书局2009年版。但未见直接引古文字为证。

在"天地""哭天喊地"等"天""地"并举的说法中,人们习惯于"天"在前,"地"在后,大概是由于这些说法形成之时,男性已占主导地位。《老子》第25章"人法地,地法天",则更清晰地表明了"天"对"地"的优越性。至于同样在《老子》第25章中的"强字之曰'道',强为之名曰'大'",也表明了"道"对宇宙万物具有亦父亦母、父母合一先在性的一种观点。

总之,字形显示,在汉语中,"天""地""人"这些概念在形成的时候就是合一的或相通的,"人身大天地"、"天人合一观"由来已久,其中心就是"人"("身"),故有体道之说。体悟、体会、体验之类说法,大概也有类似渊源。综观之,还可以得出如下基本认识:自(身),是观察和理解一切事物的中心,主客合一;心,也在身;和人身不直接相关的许多重要字(概念),也多取象于人自身。来自不同文化的"Know Thyself""观自在""近取诸身""道法自然""I AM WHAT I AM""I am what I am",等等,都源于自观或自省。

中国文化,特别是道家道教所重"真""道""德(得)"等"近取诸身"的概念,最具个性、最自然——每个"身"都不一样,最少人为因素;也最具普适(世)性——每个人都有"身";最具根源性——人身的存在是人类文化的根源。道家道教文化也因重视这一最基本的前提与相关概念,而最具根源性或原初性,并决定了它指引人们摆脱困境走向未来的前瞻性。

六　困惑与今后的工作

写"真""道"二字时,因证据不足而困惑;写"德(得)"时,因证据链似乎过于完美而惶恐。但是,可以认为,古今中外同此"身",身体证据是最完美可靠的证据。

回到出发点,是迷失方向者重新找到前进方向的有效策略。那么,人的出发点在哪里呢?人,自从成人以来就一直在追寻着这个问题的答案,虽然尚未得到公认的解答,但人们总会在必要的时候,以某种方式回到某个出发点,以找到出路,摆脱纠结和困扰。从欧洲文艺复兴回到古希腊,"不忘初心""返本开新",等等,诸如此类,大概都是说回归某种意义的出发点之后再重新出发。

观象造字,是先贤智慧的展现和思想的凝结,是汉语基本概念形成的第一记录,也是人类文明的出发点。"近取诸身,远取诸物"(《周易·系辞下》),汉字就是为可望文生义而造,而且是成体系而造,不是杂乱无章的,是中国人的初始宇宙观的记载。一个汉字的取象构型,往往就是相应概念的原初定义。望文生义是传统,不能简单地全盘否定。特别是早期典籍,距观象造字时代相去不远,那么,后人之解经,采用观象解经之法,似乎也是理解古代经典之必要途径。

陈寅恪先生曾提出过一种"今日训诂学之标准":"凡解释一字即是作一部文化史。"[①] 显然,彻底清晰地解释一个字绝非易事。但也决不能因此局限于从文字到文字,而要关注文字所象或所指之天地人本身,唤醒记忆深处的原创意识,真正实现返本以开新。因此,探明这些或穷尽先秦乃至秦汉所见字的字形字义之来龙去脉,特别是加强对有关概念之辨析,并进一步深入和展开,还有大量的工作要做。本文的工作主要在较少被人关注的概念形成之前和形成之时,为了让这一部分工作更加扎实可靠,今后还需要以关键字词为中心,关注它们的体系结构,全面考察"三玄""四书""五经"等先秦典籍,同时还需要更多地向概念形成之后拓展,以期溯源顺流。

---

① 《沈谦士学术论文集》,中华书局1986年版,第202页。

汉文景教经典的道教化

刘康乐

摘　要：景教是唐代传入中国的基督教叙利亚教会聂斯托利派，明末在西安出土的景教碑、近年出土的洛阳景教碑和20世纪初在敦煌发现的一批汉文景教文献，为世人揭开了这一古老的东方基督教会的神秘面纱。唐代景教徒对天主教聂斯托利派教义的翻译，大量使用儒家、道家和佛教的词汇"格义"，其中对道教概念、语言模式和经文格式的袭用尤为明显，充满了浓厚的道教色彩，但其对基督教经典的阐释是基本符合正统教会的教义的。景教与道教的纠葛，展现了丰富多彩的中西方宗教文化的交流历史。

关键词：景教；聂斯托利派；正统性；道教化

作者简介：刘康乐，长安大学马克思主义学院副教授（陕西西安710064）。

　　唐代景教即中古天主教聂斯托利派（Nestorianism）在中国的一支教派。聂斯托利派的开创者是叙利亚人聂斯托利（Nestorius），曾为安提阿修道院的院长，后任君士坦丁堡教会的牧首（427—430

年)。聂斯托利受到指控的罪名是"基督二性二位说"①,因此受到了来自正统教会的攻击,并在431年以弗所召开的主教大会上,将聂斯托利革职流放,其教派也被判为异端。客死埃及之后,聂斯托利的追随者们为了逃避罗马教会的迫害而向东发展,在波斯境内与亚述教会结合,并于498年前后在波斯建立了独立的叙利亚教会,初以塞流西亚—克泰封为大主教总部,后移至巴格达城。聂斯托利派以波斯为中心,向东方展开广泛的传教活动。据《唐会要》记载,唐贞观十二年(638)七月,来自波斯的聂斯托利派传教士阿罗本来到长安,开始了在中国的传教事业②,初来之时称为波斯经教③,后定名为景教,取其"日月光明"之意,与摩尼教、祆教合称三夷教④,景教在唐代风行二百多年,在唐末武宗会昌废佛中受到冲击,逐渐走向衰落⑤。

---

① 聂斯托利主张基督同一的位格有神人两种存在,童贞女玛利亚只是生育了耶稣肉体,而未赋予其神性,因此反对将她神化并礼敬,以"基督之母"(希腊语:Χριστοτόκος)的称呼取代"上帝之母"(也作"生神者",希腊语:Θεοτόκος)。"基督二性二位说"是亚历山大学派在会议上对他的基督论所提出的罪名。对聂斯托利而言,他所要批评的是亚历山大学派过度地强调耶稣的神性,主张安提阿学派所强调的耶稣真实存在于历史之中,所以耶稣拥有完整的人性即有理性、感性与自由意识。所以聂斯托利所反对的是亚历山大学派对于基督两性融合为一新性的说法。但清楚的区分使得亚历山大学派抓住了聂斯托利认为基督有两个位格的说法。428年,聂斯托利出任君士坦丁堡牧首,引起了亚历山大宗主教奚利尔(Cyrillus of Alexandria)的猛烈抨击。公元431年,以弗所会议(Ecumenical Council of Ephesus)召开后,多个派别的冲突虽然被调解,但是聂氏被革除牧首的职务,其教派亦被定作异端,最终客死在埃及。

② 《唐会要》卷四十九:"贞观十二年(638)七月,诏曰:道无常名,圣无常体,随方设教,密济群生,大秦国大德阿罗本,远将经像,来献上京,详其教旨,玄妙无为,观其元宗,生成立要,词无繁说,理有忘筌,济物利人,宜行天下。所司即于义宁坊建寺一所,度僧廿一人。"(宋)王溥:《唐会要》,中华书局1955年版,第864页。

③ 《唐会要》卷四十九:"天宝四载(745年)九月,诏曰:波斯经教,出自大秦,传习而来,久行中国,爰初建寺,因以为名。欲将示人,必修其本,其两京波斯寺宜改为大秦寺,天下诸府郡置者,亦准此。"(宋)王溥:《唐会要》,中华书局1955年版,第864页。

④ 《全唐文》卷七百二十七:"舒元舆《唐鄂州永兴县重岩寺碑铭(并序)》:国朝沿近古而有加焉,亦容杂夷而来者,有摩尼焉,大秦焉,祆神焉。合天下三夷寺,不足当吾释寺一小邑之数也。"(清)董浩等:《全唐文》卷七百二十七,中华书局1983年版,第7498页。

⑤ 《旧唐书》卷一十八:"勒大秦、穆护、祆二千余人还俗,不杂中华之风。"

汉文景教经典的道教化

关于唐代景教的汉语文献，主要有明末在西安出土的《大秦景教流行中国碑颂》及20世纪初在敦煌藏经洞发现的一批景教遗书：《序听迷诗所（诃）经》《一神论》《宣元本经》《宣元至本经》《志玄安乐经》《大圣通真归法赞》《三威蒙度赞》《尊经》，构成了汉文景教研究的基本文献。《大秦景教流行中国碑颂》现藏于西安碑林，编号为P3847的敦煌遗书《三威蒙度赞》《尊经》为法国人伯希和（Pelliot）所获，现藏于法国国家图书馆，其余为李盛铎旧藏的敦煌景教文献，一直以来秘不示人，仅有抄录文字流传，后部分文献流入日本，现今已陆续发表，其中被称为"富冈文书"的《一神论》和"高楠文书"的《序听迷诗所经》已被学界认定为原经的精抄赝品，而"小岛文书"的《宣元至本经》和《大圣通真归法赞》则被学界认定为近人的伪作，并非景教文献。① 2006年洛阳出土的唐代景教经幢，所刻《大秦景教宣元至本经》残经，可与敦煌本《宣元本经》合校，也证实了敦煌本《宣元本经》作为唐代景教文献的真实性。本文对汉文景教文献的讨论，就是基于上述几种文献展开的。

汉文景教文献在发现初期，曾被误以为是道教的文献，清乾隆时期耶稣会士宋君荣（Gaubil）以为此碑作者是道教徒，美国人李提摩太（Timothy Richard）与日本人佐伯好郎均认为景教碑书写者吕秀岩，即金丹教祖纯阳祖师吕洞宾。其说虽不足信，然亦可见景教士在当时为扩张宗教势力，竟不惜以道教附会基督教义，运用了机会主义。② 伯希和在对敦煌景教文献的研究中，发现《三威蒙度赞》，以及西安景教碑均使用了许多佛教和道教的术语。③ 朱谦之在《中国景教》一书中也指出，景教文献大量"袭用道、佛二教

---

① 参见朱谦之《中国景教》，人民出版社1998年版。
② 参见聂志军《唐代景教文献词语研究》，湖南人民出版社2010年版。
③ 参见 Paul Pelliot, "Chretiens d'Asie Centrale et d'Extreme Orient", *T'oung Pao* 28, 1931, pp. 623-644; K. Enoki, "The Nestorian Christianism in China in Medieval Time according to Recent Historical and Archaeological Researches", in *Atti del Convegno Internazionale sul Tema: L'Oriente Cristiano nella storia della civiltà* (*Problemi Attuali di Scienza e di Cultura*, quaderno, n. 62), Roma: Accademia Nazionale dei Lincei, 1964.

经典的词语、模型与形式"①。

作为一种外来的宗教，景教从一开始就自觉地走上一条本土化的传播路线，唐代景教徒在翻译景教的叙利亚经文时②，不可避免地受到当时佛教和道教的影响，大量吸收和借鉴中国传统的儒释道的词汇，塑造景教与中国文化的共通性来取得中国社会的认同。据聂志军统计，景教文献中来源于佛教的词汇有善缘、恶道、果报、前身、功德、具戒、受持、世尊等③，来源于道教的词汇则有天尊、上德、三才、至言、真宗、真经、开劫、中民、真道、元吉、无方等④，道教的色彩尤为浓厚。实际上，除了大量使用道教词汇来阐释景教教义，景教经文的结构模式和语言风格也极为接近道教的经典，但其对基督教经典的阐释是基本符合正统教会的教义的。

一　终极实在的道

聂斯托利派虽被当时的正统教会判为异端，但其对《圣经》基本教义的理解并未偏离基督教的正统教义⑤，景教文献实际上呈现出聂斯托利派对基督教正统教义的遵循。《新约圣经·约翰福音》第1章第1节："太初有道，道与神同在，道就是神。这道与神同

---

① 朱谦之：《中国景教》，第140页。
② 唐代景教文献多出自当时一位名为景净的景教译经大德，他精通汉语，将三十部景教经典翻译为汉文。为了学习佛教的传播方式，他与佛教僧侣多有往来，甚至以胡僧的身份参与佛经的翻译，《大唐贞元续开元释教录》就记载了大秦寺波斯僧景净与北天竺迦毕试国法师般剌若三藏合译佛经《六波罗蜜经》。
③ 参见聂志军《唐代景教文献词语研究》，湖南人民出版社2010年版。
④ 参见聂志军《唐代景教文献词语研究》，湖南人民出版社2010年版。
⑤ 1895年，聂斯托利晚年的一部著作《赫拉克利底斯书》在叙利亚被发现。在该书中聂斯托利否认以弗所会议的指责，并为自己辩护。聂斯托利的解释与传统天主教会对他的观点不同，和正统的基督论相近，从而有学者开始怀疑"聂斯托利主义"是否真的是教会传统指控的"不属于三位一体范畴的教义"，以及以弗所会议的结论是否客观公正。1994年11月11日教宗若望保禄二世与东方教会签署了《共同声明》，天主教放弃在第三次大公会议——以弗所会议上对聂斯托利的裁定，转而接受其提出对于玛利亚的称呼"基督之母（Mother of God）"或"我们上帝救主基督之母（the Mother of Christ our God and Savior）"。

汉文景教经典的道教化

在,万物是藉着他造的。"显然,和合本的汉译《新约圣经》同样使用了中国传统哲学概念的道来表述基督教的圣言和真理,刘光耀认为,汉语圣经最"达"的译法似应为"言",译为道儒两家习用的道字其实遮蔽了基督教以超验的神圣语言为终极实在的信仰。①

实际上,唐代景教徒在翻译中使用道来表述基督教的终极实在仍不失为最佳的词汇选择。道是道家哲学的最核心的概念,既有终极实在、万物之源的含义,也有绝对理念、最高法则的意义。道的终极性和神秘性在《道德经》中也常以"无""一""玄""妙"等词汇来表达,道教诞生以后,道还具有了神格化的特征,三清尊神就成为道的化身,也就是《新约圣经·约翰福音》所言的"道就是神"。佛教传入中国之初,也曾用道来格义佛教的"法"(dharma),"佛法"称为"佛道",僧人也称为"道人"等。景教的译经巧妙地使用儒家、佛教、道教都广泛使用的道的概念传述基督教的终极实在,取得了与佛教和道教可以对话和交流的平等地位,景教传教活动也因此获得唐王朝的许可,贞观十二年(638)七月,太宗诏曰:"道无常名,圣无常体,随方设教,密济群生,大秦国大德阿罗本,远将经像,来献上京,详其教旨,玄妙无为,观其元宗,生成立要,词无繁说,理有忘筌,济物利人,宜行天下。"② 诏书对景教的描述充满了浓郁的道教色彩,也表明了唐王朝对景教的整体印象是道教化的。

为了立足和传播的实际需要,作为外来的景教徒实际上也乐于接受此种对景教的道教化的描述,正如佛教初传时期僧人对"老子化胡说"的默认具有相似的心态。唐代景教文典的翻译,也更渲染和凸显道教化的特征,对基督教的终极实在的表达,除了道之外,还有"真道""真常""真常之道""无元""妙有""玄理"等道教化的词汇。《大秦景教流行中国碑颂》开篇即言景教之道是"常然真寂""窅然灵虚"的先天存在,《大秦景教宣元至本经》谓此

---

① 参见刘光耀《逻各斯:天人之际的探究》,贵州人民出版社2006年版。
② (宋)王溥:《唐会要》卷四十九,中华书局1955年版,第864页。

真常之旨曰："无元，无言，无道，无缘，妙有，非有，湛寂常然。"这段话具有明显的道教《清静经》的痕迹。

景教所阐发的真寂、灵虚的"无元"和"妙有"，正是《旧约圣经·创世纪》第1章第1节所描述的天地创造之前的先天存在的元初状态："起初，神创造天地。地是空虚混沌，渊面黑暗；神的灵运行在水面上。"比较《道德经》第25章的内容对道的描述："有物混成，先天地生。寂兮寥兮，独立而不改，周行而不殆，可以为天地母。吾不知其名，强字之曰道。"景教徒在经典的翻译中，发现了基督教的终极存在——也是语言难以言说的超越性存在，所谓"真常之道。妙而难名"。这与《道德经》中"寂兮寥兮"的道具有高度的契合性，道字传神地表达了可以为中国人所理解的景教的世界观。意味深长的是，基督教和道教都十分关注肉身与道的关系，在基督教的教义中，终极之道可以以肉身的形式显现为耶稣基督——"道成肉身"，耶稣之死又以肉身回归天堂的形式完成了道的成就——"肉身成道"，同样在道教中，白日飞升乃至尸解都是肉身向道的转化模式。当然，所不同的是，基督教的"道成肉身"和"肉身成道"都是专指唯一的一神，而道教的"肉身成道"则是每一位修炼者的目标。

二 "三身一体"的"三一论"

"三位一体"是基督教最难以理解的核心教义，虽然新旧约圣经都没有明确地提到过"三位一体"的教义，但经《尼西亚信经》确立为基督教的基本信条，成为天主教、东正教和基督新教的正统教义。在基督教发展初期，关于"三位一体"的争论十分激烈，景教即聂斯托利派曾因为对基督本性（非位格）的不同理解而被指控，最终被正统教会定为异端。实际上我们看到汉文景教文献所阐述的"三一论"，不仅符合"三位一体"的教义，更是对正统教会教义的热情维护。

在《尊经》中，景教如此表述对"三位一体"的理解："妙

汉文景教经典的道教化

身皇父阿罗诃,应身皇子弥施诃,证身卢诃宁俱沙,已上三身同归一体。"这里使用具有佛教化色彩的词汇"妙身皇父阿罗诃""应身皇子弥施诃""证身卢诃宁俱沙"对应基督教"三位一体"的圣父耶和华、圣子弥赛亚和圣灵。此处之"身"所指应为"位格"即存在形态,"三身同归一体"即"三位一体",从中可以看出聂斯托利派教义是对正统基督教教义的维护而不是曲解。景教以"三身"表述三个"位格",显然是化用了佛教中"身"的概念。佛教中"三身一体"之说,即一佛有法身、报身、应身三种"身",分别指佛的自性之体、受用之体和变化之体三种存在状态。以此来看,景教的"三身一体"与佛教的"三身一体"似乎具有某种相似性——这大概也是景教借用"三身"概念的主要原因,但本质上仍有很大的差异,景教"三身一体"的"一体"指向"一神本质",佛教"三身一体"的"一体"则指向"具三身功德的一佛",而且"佛"作为个体生命的存在,并非是"一神"一样的终极存在。

景教经典对"三位一体"的圣父、圣子、圣灵还具有多样化的表述,在《尊经》中表述为"妙身""应身""证身",在《大秦景教流行中国碑颂》中为"三一妙身""三一分身""三一净风",在《三威蒙度赞》中则称之为"慈父、明子、净风",在《一神论》中,三位则为"父、子、净风(或光)",这些表述实际上已经非常贴近《圣经》所言圣父、圣子、圣灵,唯以"净风"一词来称"圣灵",是景教文献汉译者的独创,甚至以"三一净风无言之新教"来指称景教。"三一"一词源于南北朝所出的《太上老君虚无自然本起经》:"夫道者有三三一,为三一,为三皇,为三神,为三太一。"[①]"三一""无言""清净",都是比较道教化的语汇,反映了基督教与道教在某些宗教教义和宗教气质上的契合,但在景教文献的翻译和理解中,仍然是最为贴切的对基督教教义的表述。

---

① 《太上老君虚无自然本起经》,《道藏》,文物出版社、上海书店、天津古籍出版社1988年版,第34册,第622页。

三 造物主的"匠帝"和"天尊"

如果说景教的"三身"概念源于佛教的名相,充满了佛教的色彩,那么景教对基督教"一神论"和"创造论"的阐发则具有浓郁的道教色彩。在景教文献《一神论》中,圣父、圣子的名号有时还分别称为"天尊""世尊",以区别在天之神和肉身之神,道教三清俱称"天尊",而佛教以佛陀为"世尊",这种糅合佛教、道教概念为一体的"格义",反映了景教在翻译经典时,努力取得中国宗教传统的认同。

景教将作为造物主的上帝称之为"天尊"或者"匠帝",对上帝创造万物的描述,也使用了道教化的语言模式。所不同的是,道教的"天尊"是众多的神,而景教的"天尊"则是唯一神——三一妙身无元真主阿罗诃。唐代景教信徒严守《圣经》的十诫(十事),承认上帝为创造世界的至高唯一神,《序听迷诗所经》即告信徒当于"十事"中,"第一种先事天尊"[①]。《一神论·一天论》更曰:"惟事一神天尊,礼拜一神,一取一神进止。"[②] 此即是《圣经》十诫第一"除了我以外,你不可有别的神"(《旧约圣经·出埃及记》)。而景教所称的"天尊"即是基督教的造物主耶和华。

在译于唐贞观十五年(641)的早期景教文献《一神论》中,阐发了"万物皆为一神所造的"的创世教义,在稍晚一点翻译的《大秦景教宣元至本经》中,阿罗诃创造万物的教义凸显了更多的道教色彩。

> 吾闻太阿罗诃,开无开异,生无心浼,藏化自然浑元。发无发,无性,无动,灵虚空置,因缘机轴,自然著为象本,因缘配为感乘。剖判参罗,三生七位,浼诸名数,无力任持,各

[①]《序听迷诗所经》,载翁绍军《汉语景教文典诠释》,生活·读书·新知三联书店1996年版,第94页。

[②]《一神论·一天论》,载翁绍军《汉语景教文典诠释》,第94页。

汉文景教经典的道教化

使相成,教了返元真体。夫为匠无作,以为应旨,顺成不待而变,合无成有,破有成无,诸所造化,靡不依由,故号玄化匠帝无觉空皇。①

"自然""浑元""有无"等都是道教化的语言。翻开《大秦景教流行中国碑颂》,开篇就是道教语言模式的创世论:"总玄枢而造化,妙众圣以元尊者,其唯我三一妙身无元真主阿罗诃欤,判十字以定四方,鼓元风而生二气。暗空易而天地开,日月运而昼夜作,匠成万物,然立初人,别赐良和,令镇化海。浑元之性虚而不盈,素荡之心本无希嗜。"其中以道教的"元气说""阴阳说"来阐释《旧约圣经·创世纪》的创世教义,乍看这一段文字,一定以为是来自道经的文字,形成于六朝的《太上老君开天经》有着比较相似的创世描写:

> 太初始分别天地,清浊剖判,溟涬鸿蒙,置立形象,安竖南北,制正东西,开暗显明,光格四维上下,内外表里,长短粗细,雌雄白黑,大小尊卑,常如夜行。太初得此老君开天之经,清浊已分,清气上升为天,浊气下沉为地,三纲即分,从此始有天地,犹未有日月,天欲化物,无方可变,便乃置生日月在其中,下照暗冥。太初时虽有日月,未有人民,渐始初生,上取天精,下取地精,中间和合以成一神,名曰人也。②

景教的汉文翻译者景净通晓中国文化,必然也对道教的教义有比较深入的了解,从道教经典中发现了景教与道教在创世论上的某种相似性,因此采取的语言模式不是如"三一论"那样具有明显的佛教色彩,而具有更多的道教风格。景教以道教神专属的"天尊"一词称谓创造万物的造物主,也表明了景教徒对道教创世论的某种认

---

① 赵晓军、褚卫红:《洛阳新出大秦景教石经幢校勘》,载葛承雍《景教遗珍:洛阳新出唐代景教经幢研究》,文物出版社2009年版,第158页。
② 《太上老君开天经》,《道藏》,第34册,第618页。

同，景教与道教在某些教义方面的契合和认同，使得唐代的景教得以在尊崇道教的唐王室被接受并肯定。

深有意味的是，景教碑的书写者署名为"朝议郎前行台州司士参军吕秀岩"，美国学者李提摩太、日本学者佐伯好郎等都猜测这个吕秀岩很可能就是道教丹鼎派祖师吕洞宾，认为景教自唐末"会昌法难"后混入道教，《吕祖全书·救劫证道经咒》之杂有景教赞美诗，就是一个明证。[①] 苏莹辉说，"窃意景教自会昌减法后虽渐式微，但其潜匿于道教之内者，则其影响终不可灭"[②]。王卡在《明代景教的道教化：新发现一篇道教碑文的解读》一文中也指出，"明代山西平遥耶输神祠，或许提供了一个景教祠庙过度佛化、道化的例证……基督教聂斯托利派在中国两起两衰，最终被佛化、道化而湮灭。其原因复杂，未能把握好本色化与在地化平衡的尺度，或许是一个重要因素……在中国历史上，只有佛教成功解决了保持本色化与中国化的平衡。景教则是一个失败的案例"[③]。

唐代汉文景教文献的道教化特征，为我们展现了基督教在传入中国之初，力图融入中国文化的本土化的努力，虽然这种努力最终在各种复杂的局势下归于失败。景教与道教在某些宗教气质方面的契合，为早期景教的道教化翻译语言奠定了文化认同的基础，而景教包括摩尼教等外来宗教最后都融入了民间道教，又表现了中国道教文化的巨大包容性。

[①] 参见 Paul Yoshiro Saeki, *The Nestorian Documents and Relics in China*, Tokyo: Maruzen, 1951.
[②] 苏莹辉：《敦煌论集续编》，台北：台湾学生书局1983年版，第316页。
[③] 王卡：《明代景教的道教化：新发现一篇道教碑文的解读》，《世界宗教文化》2014年第3期。

近年傩文化研究及其趋势

刘　平　刘润雨

摘　要：在民间信仰领域，与萨满类似，近年"傩"研究者越来越倾向用"文化""现象"，以及"傩"这些词来加以描述，而非使用"萨满教""傩戏"等具有清晰形态界定的词，或者说不提倡定性，这反映出"傩"研究的面向愈加丰富，以及学者们对"傩"这一现象本身的思考渐多。这种研究现状的出现，一方面是由于相关研究者的学术背景有很大差异，另一方面也是由于"傩"本身的社会内涵十分复杂。本文根据近年傩文化的研究重点与研究方法，将既有研究进行大致分类，并指出傩文化研究的发展趋势。
关键词：傩文化；文献综述；田野调查；历史学范式
作者简介：刘平，复旦大学历史系教授（上海杨浦200433）。刘润雨，复旦大学历史系硕士研究生（上海杨浦200433）。

弁　言

关于"傩"之定义，学界现在比较统一的说法是，"傩"是上古先民创造的一种"驱逐疫鬼"的原始宗教活动①，其发展中混合了诸多原始巫术与佛教、道教祭礼活动，在许多少数民族地区还加入了当地少数民族信仰。目前中国傩文化的主要分布地有：安徽贵池、徽州；贵州德江、威宁、安顺；江西南丰、婺源、万载、萍乡；湖南中部（古梅山地区）、湘西；湖北鹤峰、恩施等。各地区对于"傩"的叫法并不统一，贵州、湖南等地习称"傩戏""傩堂戏""傩愿戏"，四川、山西的一些地方叫"端公戏"，广西壮族地区习称"师公戏"，少数民族还有很多民族语的叫法，比如侗语叫作"冬冬推"，藏语叫作"羌姆"等。② 可见，在各种称呼中，对于"傩"形态的界定出现最多的是"戏"，但在实际实施过程中，又有学者专门区分"傩戏"与"傩祭"，"傩戏"与"傩舞"，"傩戏"与"傩俗"等词。③ 其区分不无道理，但语义上的探讨太过繁复，难免容易引起混淆，所以，对于这些称呼，曲六乙主张"为研究方便起见，我们可以统一称之为傩戏"④，但笔者以为"傩文化"一词的概括性更强，并在行文中尽量采用这一称呼。本文将对近二十年关于傩文化的研究进行梳理，从中探索今后傩文化研究可以开拓发展的方向。

之所以称为"傩文化"，是因为学界目前对于其性质、形态的界定不甚明了，众说纷纭，但有一点是肯定的，就是"傩"还够不上被称作一种"教"。一些港台学者和西方学者在研究时往往将民间宗教与民间信仰混为一体⑤，而在大陆，这两个概念却是平行的⑥。郑志明认为，民间宗教指的是独立于制度化的"三教"（儒、释、道三教，其中儒是否可被称作儒教还具有争议）

---

① 参见康保成编《傩戏艺术源流》，广东高等教育出版社 2011 年版。
② 参见龚德全《当代傩文化研究之省思》，《中华文化论坛》2017 年第 8 期。
③ 参见刘怀堂《傩戏与戏傩——"傩戏学"视野下的"傩戏"界说问题》，《文化遗产》2011 年第 1 期。
④ 曲六乙：《傩戏、少数民族戏剧及其他》，中国戏剧出版社 1990 年版，第 7—8 页。
⑤ 参见刘平、冯彦杰《近年美国有关中国民间宗教的研究》，《世界宗教文化》2010 年第 5 期。
⑥ 参见吴真《民间信仰研究三十年》，《民俗研究》2008 年第 4 期。

之外的，被官方排斥拒绝的基层宗教势力，是介于"小传统"与"大传统"之间的①，并企图从"小传统"提升到"大传统"的宗教体系②。

对民间宗教加以区分后，剩下的比较模棱两可的部分可以归入民间信仰的范畴，郑志明在前引文中也下过一个比较完整的定义："民间信仰是指民众日常风俗习惯下的宗教传统，是集体生活传承而成的宗教规范与社会活动……民间信仰本质上传承远古时代的原始宗教形态，偏重在鬼神崇拜与巫仪活动……也吸收了不少儒释道等宗教内涵，扩大了其信仰的形态。"③ 由此可见，"傩"从各个角度来看都更偏向于是一种民间信仰而非民间宗教，但"傩"确实在原始的鬼神、祖先崇拜与巫仪活动之外，在其发展过程中不断吸入儒释道等因素，其中又以道教最为明显和突出。

学界也有有关道教与傩文化关系的研究，早在20世纪80年代就有人谈到西南少数民族与道教的关系④，诸如云南白族，滇黔桂彝族、苗族，广西壮族等西南少数民族的宗教信仰体系都曾受到道教的影响。20世纪90年代，邓光华发表《傩乐与道乐的比较研究》⑤、庹修明发表《贵州民间道教与傩坛》⑥，前者以比较音乐为视角，后者从傩师、傩坛神系、傩坛科仪阐释道教对贵州傩文化的影响。2000年，钱茀出版《傩俗史》⑦，其中专辟一节，从组织形态（傩坛与道坛）、法术等方面谈"傩"与道教的关系。2004年，

---

① "小传统"与"大传统"的概念出自美国人类学家罗伯特·雷德菲尔德（Robert Redfield）于1956年出版的《农民社会与文化》（*Peasant Society and Culture: An Anthropological Appoach to Civilization*）一书。

② 参见郑志明《关于"民间信仰"、"民间宗教"与"新兴宗教"之我见》，《文史哲》2006年第1期。

③ 参见郑志明《关于"民间信仰"、"民间宗教"与"新兴宗教"之我见》，《文史哲》2006年第1期。

④ 参见钱安靖《试论西南少数民族与道教的关系》，《贵州民族研究》1983年第4期。

⑤ 参见邓光华《傩乐与道乐的比较研究》，《中国音乐学》1997年第1期。

⑥ 参见庹修明《贵州民间道教与傩坛》，《贵州民族学院学报》（哲学社会科学版）1999年第4期。按，该文下篇发表于同一刊物2000年第1期。

⑦ 参见钱茀《傩俗史》，广西民族出版社、上海文艺出版社2000年版。

汪桂平发表《平安清醮与傩仪——谈道教与民俗文化之关系》[①] 一文，从仪式角度对比傩仪与醮仪的相似性，指出傩坛几乎照搬了道教斋醮的主要仪节。张泽洪也指出，西南傩文化中的玉皇大帝、太上老君、五岳大帝、四值功曹等神祇实出道教，傩文化与道教中禹步罡步相类似，两者师承都有一定的系谱相循。[②]

一言以蔽之，傩系统的开放性致使其与道教的关联性颇多，与儒、佛的联系也有，但这不是我们叙述的主题，本文更多聚焦于傩文化研究本身。

在既往的傩文化研究综述中，可能是由于研究数量巨大，方向多维，而且层次水平不一，学者们对自己所在的某一领域的研究成果更加熟稔，故而多聚焦于某一地区或者某一戏种的研究。比如龚德全的《多维视野下的傩戏傩文化——中国·遵义黔北傩文化国际学术研讨会综述》[③] 一文，主要归纳了此次会议中一些学者关于贵州地区傩文化的研究成果，涉及曲六乙、庹修明、刘怀堂等人的理论性研究，张泽洪、李江山、吴军等人对"傩"与道教关系的研究，以及康保成对阳戏、朱恒夫对目连戏的专门研究等。再比如谈家胜的《近20年来安徽贵池傩戏研究综述》[④] 一文，主要介绍了王兆乾、吕光群、王平、何根海等人对安徽贵池傩戏的资料搜集与研究。吴电雷、兰桂的《近三十年贵州地戏研究综述》[⑤] 一文，针对贵州安顺地戏进行了研究回顾。

除了以上会议、区域、专门戏种的研究综述外，刘兴禄的《20世纪以来中国傩文化研究述评》[⑥] 一文，比较全面地介绍了

[①] 参见汪桂平《平安清醮与傩仪——谈道教与民俗文化之关系》，《世界宗教研究》2004年第4期。

[②] 参见张泽洪《道教与傩文化关系论略》，《教育文化论坛》2010年第3期。

[③] 参见龚德全《多维视野下的傩戏傩文化——中国·遵义黔北傩文化国际学术研讨会综述》，《遵义师范学院学报》2009年第6期。

[④] 参见谈家胜《近20年来安徽贵池傩戏研究综述》，《池州学院学报》2007年第6期。

[⑤] 参见吴电雷、兰桂《近三十年贵州地戏研究综述》，《广西师范学院学报》（哲学社会科学版）2014年第2期。

[⑥] 参见刘兴禄《20世纪以来中国傩文化研究述评》，《吉首大学学报》（社会科学版）2013年第5期。

20世纪以来国内外学者对中国傩文化的研究，归纳出三大争议问题——傩起源的时间、地点、原因；指出"泛傩论"的危害；总结了20世纪80年代以来傩文化研究的七个主要面向：①历史源流，②定义，③分类和特征，④传播，⑤表现手法，⑥面具特征，⑦结构类型意义；认为未来可以进一步开发的领域是"傩"与民众日常生活的关系、傩的动态变迁过程、傩与乡村文化建设等方面。以上所指全面细致，但稍显烦琐，比如很多有关历史源流的研究多半都谈到"傩"的定义问题，面具特征与表现手法也有相通之处。就其展望而言，从近年的文章尤其是一些硕士学位、博士学位论文来看，"傩"与民众生活、乡村的关系确实是越来越突出的一种选题趋势，但在这一趋势的基础上又发展出了一些新的视角。本文在刘兴禄的文章的基础上与之对话，试图对近二十年傩文化研究及其趋势进行重新梳理，并探讨其中体现的历史学研究范式的变迁。

一 傩文化的早期学术史概况：1998年以前的归纳

（一）表演形态本体研究：人类学田野调查的初兴

在中华人民共和国成立后文艺界逐渐繁荣的背景下，从20世纪50年代起，舞蹈界对于傩舞、傩乐的关注开启了专门化的傩文化研究之先河，当时由于江西南丰傩舞名声日盛，并有舞队在全国各地演出，舞蹈界的一些学者写出了《桂北"跳神"》《江西省"傩舞"调查介绍》等文章。[①] 同时，全国戏曲剧目工作会议分别于1956年、1957年在北京召开，地方戏曲尤其是民族戏曲的普查与搜集工作开始进行，一些傩戏品种得到戏曲界的初步认可。

20世纪60年代出版的《湖南音乐普查报告》[②]，统计了湖南各

---

① 参见曲六乙、钱茀《东方傩文化概论》，山西教育出版社2006年版。
② 参见中国音乐研究所编《湖南音乐普查报告》，音乐出版社1960年版。

种民间音乐类型,有专门介绍"阳戏""傩愿戏"的部分。20世纪七八十年代,《漫话广西桂林傩舞》①、《贵州傩坛戏音乐》②、《傩舞简论》③等文章发表,都属同类型的研究。20世纪80年代还召开了四次有关傩戏的学术会议④,傩文化研究由此兴盛。这一时期研究傩文化较为全面且成体系的是曲六乙,他将"傩"归纳为六类:①民间傩,②宫廷傩,③军傩,④寺院傩。⑤这一分类后来时常被学界引用(庹修明增加了一类,即"官府傩"⑥)。

20世纪80年代傩文化研究的火热与人类学田野调查的兴起关系密切。英国人类学家弗雷泽(James G. Frazer)、马林诺夫斯基(B. K. Malinowski)、拉德克里夫·布朗(A. Radcliffe‐Brown)等人开创的社会人类学开始在中国受到关注。马林诺夫斯基强调社会成员的需要与社会文化的功能之间的相互匹配,其开创的"参与观察法",以及他在太平洋岛屿对当地土著的调查促进了田野调查之风的兴起。与马林诺夫斯基不太一样的是,布朗更强调社会结构的重要性,认为社会文化的功能是为了维持已有的社会结构,而不是社会成员的需求。⑦真正将社会人类学的视野、田野调查方法用于中国研究的,则是20世纪三四十年代马林诺夫斯基的学生费孝通和曾在哈佛大学学习人类学的林耀华等人对中国江苏、福建等地乡村社会的调查,费孝通的《乡土中国》⑧、《江村经济》⑨与林耀华的

---

① 参见岑云端《漫话广西桂林傩舞》,《民族艺术》1986年第1期。
② 参见邓光华《贵州傩坛戏音乐》,《中国音乐》1987年第2期。
③ 参见李子和《傩舞简论》,《贵州社会科学》1989年第8期。
④ 1981年湖南傩堂戏座谈会、1984年广西师公戏音乐研讨会、1987年全国首届傩戏研讨会(安徽贵池)、1986年戏曲研究国际学术研讨会(北京)。
⑤ 参见曲六乙《中国各民族傩戏的分类、特征及其"活化石"价值》,《戏剧艺术》1987年第4期。
⑥ 参见庹修明《中国傩文化述论》,《民族艺术》1997年第1期。
⑦ 参见唐魁玉编《虚拟社会人类学导论》,哈尔滨工业大学出版社2015年版。
⑧ 参见费孝通《乡土中国》,上海观察社1948年版。
⑨ 参见费孝通《江村经济》,上海人民出版社2006年版。按,该书为费孝通1938年在英国伦敦大学的博士学位论文,1939年在英国出版,1986年由江苏人民出版社出版中译本。

《金翼：中国家族制度的社会学研究》①是汉学人类学的开创之作。汉学人类学领域的开辟吸引了更多学者去做田野调查，对傩文化的在地关注也就应运而生。

从20世纪90年代开始，有关傩乐、傩舞、傩戏的研究愈加丰富，各类戏曲杂志如《戏曲论丛》《戏剧文学》都收录了不少有关傩戏的文章，如《原始戏剧发生的信息——贵池傩舞〈舞伞〉考析》②、《戏剧活化石——彝族傩戏"撮泰吉"》③、《毛南族傩戏调查》④、《贵州土家族傩仪音乐地域性与跨地域性研究》⑤等。一些学者亦开始关注其他类型的民间信仰与傩戏的关联，有将傩戏与目连戏做对比的，如《目连戏的衍变与傩文化的渗透》⑥；有对比傩文化与萨满文化的，如《萨满文化与傩文化的比较》⑦、《巫傩文化与萨满文化比较研究》⑧；还有将傩戏与国外剧种做对比的，如《中国傩戏面具与日本能乐面具之比较》⑨等。

（二）历史文献溯源：传统历史学研究范式的介入

由于傩戏获得了更多的关注，研究者们也开始将傩戏放入一个更长的历史视域来考察，在田野调查之外，历史学者开始回顾文献，尤其是从20世纪90年代起，有关傩戏起源、演进的研究日渐

---

① 参见林耀华《金翼：中国家族制度的社会学研究》，庄孔韶等译，生活·读书·新知三联书店1989年版。按，该书为林耀华在哈佛大学人类学系任助教期间写成，1944年在美国出版，1977年在中国台湾出版中译本。
② 参见王兆乾《原始戏剧发生的信息——贵池傩舞〈舞伞〉考析》，《黄梅戏艺术》1990年第3期。
③ 参见钧卜《戏剧活化石——彝族傩戏"撮泰吉"》，《戏剧文学》1990年第2期。
④ 参见蒙国荣《毛南族傩戏调查》，《民族艺术》1992年第1期。
⑤ 参见邓光华《贵州土家族傩仪音乐地域性与跨地域性研究》，《中国音乐学》1997年第3期。
⑥ 参见曲六乙《目连戏的衍变与傩文化的渗透》，《文艺研究》1992年第1期。
⑦ 参见庹修明《萨满文化与傩文化的比较》，《黑龙江民族丛刊》1990年第2期。
⑧ 参见曲六乙《巫傩文化与萨满文化比较研究》，《民族艺术》1997年第4期。
⑨ 参见顾朴光《中国傩戏面具与日本能乐面具之比较》，《民族艺术》1994年第2期。

盛行，先后有张紫晨的《中国傩文化的流布与变异》①、钱茀的《什么是傩》②、胡新生的《周代傩礼考述》③、庹修明的《中国傩文化述论》④等文章发表，以及柯琳的《傩文化刍论》⑤、康保成的《傩戏艺术源流》⑥等著作出版，康著还对傩戏里的戏神和傩神加以考述，但康著偏重文学戏曲史，与"傩"直接有关的部分阐释不足。此外，张应和⑦、王福才⑧等人开展地域性傩文化研究。在上述溯源文章中，学者大多将"傩"定位到十分久远的周代"难（傩）礼"，并通过《周礼》《汉旧仪》《五礼通考》《东京梦华录》等文献对傩礼加以钩沉，试图复原傩礼的演变轨迹，这是历史学家习惯做的工作，但是，无论怎么复原，傩文化都找不到类似东汉之于道教、隋唐之于佛教的那样一个具有里程碑意义的时期，来自证其繁荣，以至于清代秦蕙田曾指出唐以后的傩礼不见于正史⑨，但这也不足以说明唐以前的傩仪就有多么兴盛，这是傩文化作为一种民间信仰形态而非宗教形态在溯源时必然遇到的局限——官方资料既少，系统性的文人论著亦缺。

二 傩文化研究的进展：1998—2008 年

（一）仪式研究：人类学田野调查的进一步推进

在民间信仰、戏曲与民俗学领域，人类学的田野调查方法的大

---

① 参见张紫晨《中国傩文化的流布与变异》，《北京师范大学学报》（社会科学版）1991 年第 2 期。
② 参见钱茀《什么是傩》，《民族艺术》1992 年第 2 期。
③ 参见胡新生《周代傩礼考述》，《史学月刊》1996 年第 4 期。
④ 参见庹修明《中国傩文化述论》，《民族艺术》1997 年第 1 期。
⑤ 参见柯琳《傩文化刍论》，中央民族大学出版社 1994 年版。
⑥ 参见康保成《傩戏艺术源流》，广东高等教育出版社 1999 年版。
⑦ 参见张应和《湘西苗族还傩愿源流考》，《吉首大学学报》（社会科学版）1991 年第 4 期。
⑧ 参见王福才《河北傩戏〈捉黄鬼〉源于山西上党赛社考》，《山西师大学报》（社会科学版）1995 年第 3 期。
⑨ 参见黎国韬《宋辽金元明宫廷傩仪钩沉》，《南大戏剧论丛》2015 年第 2 期。

量运用与实践是从"仪式研究"(我们姑且先这样称呼)开始的,这一研究方向的兴起源于"中国地方戏与仪式之研究"工程的启动,该项目由中国台湾清华大学社会人类学研究所的王秋桂教授主持开启,于1991年获得蒋经国国际学术交流基金会资助立项,有国内外数十位学者参与,他们在中国多地进行田野调查并将成果汇编成"民俗曲艺丛书"。从1993年底开始,"民俗曲艺丛书"已经出版近一百种,共两千余万字,其中不乏傩文化研究的篇章。

1998年5月,中国香港中文大学、中国香港科技大学华南研究中心、法国远东学院等机构举办名为"Ethnography in China Today: A Critical Assessment of Methods and Results"的国际研讨会,聚焦当时进行中的两个研究项目,即上述王秋桂的项目和劳格文(John Lagerwey)主持的"客家传统社会"系列研究,会后由欧大年(Danniel Overymer)主编出版同名会议论文集。这次会议使得国内外学者对中国大陆的傩戏、目连戏、中国乡村传统醮仪等领域有了更清晰的认识,并提炼出两个观点:①对仪式、戏剧等民俗进行研究时,不仅要观察民俗本身的步骤、细节,更要关注它们是如何被民众所接受和实践的;②要关注这些民间文化实践与官方文化实践有何区别,民间文化实践的资料更难获取,它需要在社会最下层去获取,并且需要被放在民众的日常生活中去理解和讨论。[①] 荷兰著名道教研究专家施舟人在会上对"民俗曲艺丛书""客家传统社会丛书"的出版评价颇高,认为它们"革命性地改变了我们对中国文化和社会的了解"[②]。因为这次国际会议,不管是针对傩文化还是中国其他民俗的研究,后来都或多或少地借鉴了上述研究方法,故而本文即以1998年人类学田野研究在大陆的进一步推动为起点,对"近年傩文化研究"进行综述(由于这次会议是一次学术集锦,会上提到的研究项目与成果在此前已陆续发表,所以行文中也会出

---

① 参见 Liu Xin, "Ethnography in China Today: A Critical Assessment of Methods and Results (review)", *China Review International*, Vol. 10, No. 2, 2003.

② 曲六乙编:《中国少数民族戏剧通史》,中国民族摄影艺术出版社2014年版,第1009页。

现发表于 1998 年以前的文章）。

在"民俗曲艺丛书"里，与傩戏相关的文章很多，而且很大一部分都关注傩戏的仪式展演，仪式无疑是最突出的研究对象。比如李怀荪的《湘西傩戏调查报告》[①] 一文，呈现了其家乡湘西地区的三种傩戏形态（"咚咚推""杠菩萨"和"傩堂戏"），作者详细记录了其施演过程，对演唱的具体剧目、唱本亦有介绍。庹修明的《贵州省德江县稳平乡黄土村冲寿傩调查述要》[②] 一文，调查了当地土家族张羽生老人所做的历时三日夜的"冲寿傩"，当地知名傩师（土家族习称"土老师"）张金辽为其做法，文章对张金辽所在傩坛与师承的记录十分详细，为人们了解傩师的拜师出师情况提供了便利。不久，庹修明又发表了《傩坛传承的神秘性与戏剧性——贵州省岑巩县平庄乡仡佬族傩坛过职仪式调查述要》[③]，对仡佬族某傩坛弟子萧光华的"过职"仪式进行了叙述，"过职"是一种出师仪式，用作者的话来说就是"汇报演出"，所以其过程不仅包括了与其他傩事表演类似的法事和傩戏部分，还包括了一些非常难的特技与巫术，比如"踩红犁""过火海""上刀梯"等。顾朴光则研究了一种专门的傩技——"煞铧"。[④]

庹修明重新梳理自己以前的研究，出版了《叩响古代巫风傩俗之门：人类学民族学视野中的中国傩戏傩文化》[⑤]、《巫傩文化与仪式戏剧研究》[⑥] 两本书，将自己以前的研究重新定位到人类学民族学上来。曾参与该工程的王兆乾、吕光群也编撰了满是田野照片的《中国傩文化》[⑦] 一书。这些研究颇有创新，但也正如庹修明、陶

[①] 参见李怀荪《湘西傩戏调查报告》，《民俗曲艺》1991 年第 69 期。
[②] 参见庹修明《贵州省德江县稳平乡黄土村冲寿傩调查述要》，《民俗曲艺》1993 年第 85 期。
[③] 参见庹修明《傩坛传承的神秘性与戏剧性——贵州省岑巩县平庄乡仡佬族傩坛过职仪式调查述要》，《民俗曲艺》1994 年第 92 期。
[④] 参见顾朴光《傩堂祭仪中的驱赶巫术"煞铧"》，《民俗曲艺》1994 年第 89 期。
[⑤] 参见庹修明《叩响古代巫风傩俗之门：人类学民族学视野中的中国傩戏傩文化》，贵州民族出版社 2007 年版。
[⑥] 参见庹修明《巫傩文化与仪式戏剧研究》，贵州民族出版社 2009 年版。
[⑦] 参见王兆乾、吕光群《中国傩文化》，汕头大学出版社 2007 年版。

立瑶等学者所言，他们所做的田野调查工作和预期还相距甚远，比如方法上"过分偏于单一学科角度进行调查……从人类学、民族学、民俗学、社会学、宗教学、文艺学的观点来看，这种描述尚缺乏多学科的学术研究价值"①；再比如在内容上不仅应聚焦于"傩戏"这一点，还要注意更广阔的"傩俗"领域。②

可以说，"仪式研究"范式从1990年代末开始广受关注，之后的研究者也越来越愿意将"仪式"一词表达得更为突出，如《论南丰傩的宗教仪式及其文化内涵》③、《傩：从仪式到戏剧》④、《祭礼、空间与象征——贵州土家族傩祭仪式的意义阐释》⑤等。当时视野、方法论方面的局限只是为后来的研究提供了更为广阔的空间。

（二）国内外学者关于人类文明的比较研究：视野的再扩大

伴随"仪式研究"兴起的，除了国内学者对傩文化更高层次的关注外，还吸引了更多国外学者的到来，韩国、日本学者是国际上研究中国傩戏的主要成员，先后有崔龙洙、吴秀卿、金学主、广田律子、田仲一成等到湘黔等地做田野考察，由于他们的跨国背景，对人类文明进行横向比较是比较容易做到的事。

吴秀卿在20世纪90年代就曾对贵州省铜仁市松桃县傩戏进行考察，他曾多次采访傩法师"田五斤"，观看其演出"还傩愿"，记录下松桃傩愿戏仪式展演的诸多细节，后来发表了《贵州铜仁地区傩堂戏研究——以松桃傩堂戏为例》⑥一文。崔龙洙于2004年初开

---

① 庹修明：《贵州傩戏研究：回顾与展望》，《芙蓉古度》2000年第1辑。
② 参见陶立璠《中国傩文化的民俗学思考》，《民俗曲艺》1991年第69期。
③ 参见谢庐明、席长华《论南丰傩的宗教仪式及其文化内涵》，《广西民族学院学报》（哲学社会科学版）2003年第4期。
④ 参见汪晓云《傩：从仪式到戏剧》，《民族艺术》2004年第4期。
⑤ 参见陈玉平《祭礼、空间与象征——贵州土家族傩祭仪式的意义阐释》，《贵州民族学院学报》（哲学社会科学版）2007年第6期。
⑥ 参见吴秀卿《贵州铜仁地区傩堂戏研究——以松桃傩堂戏为例》，载麻国钧编《古傩新论：中国贵州道真首届国际傩文化学术研讨会论文集》（下），学苑出版社2016年版。

始在贵州道真县红岩村进行田野调查，后来发表了《中国贵州省道真仡佬族苗族自治县平安傩调查述要》①。广田律子于2005年出版了《"鬼"之来路：中国的假面与祭仪》一书，第一章对比了中国和日本的神鬼信仰，她引述小林太市郎的研究，认为中国傩文化中的"方相氏"与日本东密中的"栴檀乾闼婆"形象有相通之处，最开始都是为了"求子"，后来"求子"的含义淡化，才只剩下逐疫除病的含义。②不过广田更偏向对佛教系统的中日神鬼信仰进行对比。该书从第二章开始记录广田本人对中国多地区的傩文化调查，其中也附了不少田野资料。田仲一成的主要研究领域是中国古代戏剧，著有《中国巫戏演剧研究》③一书，关注到中国乡村傩戏。

与劳格文、丁荷生（Kenneth Dean）等西方汉学家对中国东南地区道教所做的研究相比，广田律子、田仲一成、吴秀卿等东亚汉学家对中国西南地区傩文化的研究也是富有启发性的，虽然在方法论上没有太多理论性内容，但他们提供的人类文明的国际比较为后来的学者提供了新的视野。

三 近年傩文化研究的继续推进：2008—2018年

（一）关于"傩"之定义的探讨："泛傩论"的扩大及其反思

在讨论傩戏历史的时候，曲六乙曾提出四种分类：宫廷傩、民间傩、军傩、寺院傩，庹修明在此基础上提出了针对贵州傩戏的"两个系列、三个层次说"④，即民间傩和军傩这两个系列，低级（彝族"撮泰吉"）、中级（傩堂戏）、高级（地戏）这三个层次。这些观点提出后被人们普遍接受，流传颇广，但近年来，随着研究

---

① 参见崔龙洙《中国贵州省道真仡佬族苗族自治县平安傩调查述要》，载中国民间文艺家协会编《萨满文化辩证——国际萨满学会第七次学术讨论会论文集》，大众文艺出版社2006年版。
② 参见［日］广田律子《"鬼"之来路：中国的假面与祭仪》，王汝澜等译，中华书局2005年版。
③ 参见［日］田仲一成《中国巫戏演剧研究》，东京：东京大学出版社1993年版。
④ 参见庹修明《贵州黔东北少数民族傩戏》，《中华艺术论丛》2009年第9期。

的深入,以及田野调查的丰富,出现了一种现象,即把中国各种巫文化、少数民族信仰、图腾崇拜等现象都归纳为傩文化,甚至有人类比,认为全球都有"傩"。对此,持否定态度的人通常称之为"泛傩论",庹修明早在1994年就注意到了这种倾向——"泛傩论,忽视了傩戏质的界限,把傩文化的某些形态与傩戏搅在一起,将傩戏的历史越推越远,品种越扩越多"①。钱茀对此则持一个比较缓和的态度,称之为"类傩文化现象"②。

早期学术文章中的提醒并没有防止"泛傩"现象的扩大,以"傩"为名的研究论著急剧增多,对"傩"之定义的探讨与对各种所谓的"傩"的调查研究并行不悖。而质疑之声也愈发犀利,比如龚德全的《当代傩文化研究之省思》③一文,不仅主张不应把一切祭祀文化都归为"傩",认为"泛傩论"会导致将中国的祭祀文化简单化,使得学术研究失去意义,而且他还质疑曲六乙四种分类中军傩和寺院傩是否真的存在,反对一些学者将各地傩文化冠以族别的现象(比如苗族傩、土家族傩等)。相比龚文的质疑,真正极力论证贵州威宁"撮泰吉"不属于"傩"的是宋运超,跟龚文语气相比,其论述可谓"义正词严",在《〈撮泰吉〉属彝慕师祭祀文化而非傩》④一文中,他从称谓、道具、结构等六个方面论证贵州彝族"撮泰吉"属于当地彝族的慕师文化,而非傩戏,观点鲜明,言辞激烈,但他的论证只是在对比"撮泰吉"与"傩愿戏"的各种不同,由此得出"撮泰吉"非"傩",说服力稍显不足。此外,刘怀堂的《贵州地戏不是"军傩"》⑤等文对贵州地戏(一直被认为是军傩的遗留)与"傩"的关系进行辨伪。无论如何,这些文章对傩文化研究的深入来说无疑是好事。对于"泛傩"或"类傩"

---

① 庹修明:《傩、傩戏、傩文化》,载杨鬃主编《苗侗文坛》1994年第3期。
② 钱茀认为,贵州彝族"撮泰吉"、藏戏"羌姆"、蒙古族"假面戏"、萨满文化等都属于"类傩"文化现象。参见钱茀《什么是傩》,《民族艺术》1992年第2期。
③ 参见龚德全《当代傩文化研究之省思》,《中华文化论坛》2017年第8期。
④ 参见宋远超《〈撮泰吉〉属彝慕师祭祀文化而非傩》,载陆刚编《撮泰吉调查研究文集》,贵州大学出版社2012年版。
⑤ 参见刘怀堂《贵州地戏不是"军傩"》,《四川戏剧》2012年第3期。

的严肃反思，反映出傩文化研究者们在不断"框定"傩文化，其背后是在等待一个更加专门化、专业化的研究范式的出现。

（二）傩文化与乡村社会：文化人类学与社会人类学的强调

上文述及，刘兴禄希望在今后的傩文化研究中，能更多关注"傩"与民众日常生活的关系、"傩"的动态变迁过程及"傩"与乡村文化建设的问题。① 这也是"仪式研究"本来的设想之一，即除了"仪式"本身之外，对"傩"文化的社会纵横脉络也要给予充分关注。但早先的"中国地方戏与仪式之研究"对傩进行的田野调查远未达到这一目标，庹修明调查贵州省德江县"冲寿傩"时记录了傩坛人员的文化水平、生活经历、投师条件等，将傩师从普通人群中区分开来②，这体现了一种社会人类学的倾向，然而作为调查报告，作者并没有进一步论述这种横向社会脉络。所谓横向社会脉络，主要指的是针对与"傩"有关的人群的研究，而纵向社会脉络则是有关"傩"的传承、历史等方面。

未达预期，一方面是种遗憾，另一方面也给后来的研究者留下了一个明确的研究空间。刘兴禄依据其博士学位论文写成的《愿傩回归：当代还傩愿重建研究——以湘西用坪为个案》③ 一书，就很好地完成了他在研究综述中所设想的三个方面，作者以自己家乡湖南沅陵县为平台，聚焦瓦乡人④这一边缘族群的"还傩愿"，记录了瓦乡傩戏生长的地理环境，以及瓦乡人关于"还傩愿"的历史记忆。书中比较突出的是"重建"概念的运用，作者将"文化大革

---

① 参见刘兴禄：《20 世纪以来中国傩文化研究述评》，《吉首大学学报》2013 年第 5 期。
② 参见庹修明《贵州省德江县稳平乡黄土村冲寿傩调查述要》，《民俗曲艺》1993 年第 85 期。
③ 参见刘兴禄《愿傩回归：当代还傩愿重建研究——以湘西用坪为个案》，中国社会科学出版社 2014 年版。
④ 瓦乡人分布于湖南沅水、酉水流域，说瓦乡话，是一个未被明确识别的族群（类似于穿青人、蔡家人等），他们常被归为汉族、苗族或土家族，但瓦乡人内部有自己的称谓。

命"时期的"破四旧"视为瓦乡傩戏的一次"断裂",改革开放后瓦乡傩戏经历了一个重建的过程,从对物化信仰(黄老裟祠堂①)的重建开始,由民众需求、传承人努力、官方推动、文化精英宣传等多种因素推动,瓦乡傩戏得以重建。同时作者指出,瓦乡人作为政治上的边缘族群在文化融合中其实很有优势,因为他们在族群认同和族群边界上具有更多的包容性,也就是说其文化传承不容易因为政治因素而隔断开来,这对于瓦乡傩戏的重建是非常有利的。刘兴禄的视角充分体现了文化人类学、社会人类学范式的运用,关照了与瓦乡傩戏有关的各方群体、族群,而且不仅研究傩戏与乡民的互动,也研究其与市民的互动。可以说,刘著充分应用文化人类学、社会人类学、民族志等方法,做了一个完整的个案研究,具有较强的启发意义。此外,其他学者发表的《德江傩戏的社会功能初探》②、《傩仪的逻辑:社会规则与村落日常秩序建构——基于白族傩仪"耳子歌"的研究》③ 等文章也都关注了傩戏与当地社会结构之关系、傩戏的社会功能。

在傩文化的横向脉络中,专门研究傩文化核心人群之傩师的有汪黎的《从"端公"到土家"傩戏"表演精英角色的嬗变》④,该文论述了跳戏人员社会地位提高的过程。许钢伟的《论武陵山区傩坛的组织形态》⑤ 总结出跳傩人员的两种关联方式——祖师坛和傩坛班。2013 年由三峡大学刘冰清申请立项的国家社会科学基金艺术学项目——"武陵地区傩戏文献文物搜集整理与研究",自实施以来搜集整理发表了一系列有关傩师的口述文章,主要记录了湘黔傩师金承乾、姜英楚、赵峰、文为林等人习傩、跳傩、教傩的傩师

---

① 瓦乡人习称本地区傩师为"老裟"。
② 参见王智勇《德江傩戏的社会功能初探》,载中国傩戏学研究会编《中国梵净山傩文化研讨会论文集》,中国戏剧出版社 2004 年版。
③ 参见李容芳《傩仪的逻辑:社会规则与村落日常秩序建构——基于白族傩仪"耳子歌"的研究》,《原生态民族文化学刊》2018 年第 2 期。
④ 参见汪黎《从"端公"到土家"傩戏"表演精英角色的嬗变》,硕士学位论文,湖北民族学院,2014 年。
⑤ 参见许钢伟《论武陵山区傩坛的组织形态》,《世界宗教文化》2016 年第 5 期。

生涯，具有口述史文献保存和傩文化田野调查的双重意义。当然，如果口述史后面能附上一些物质资料或图片（如傩师家中的面具、唱本等），则可利用性会更强。

（三）叙事与唱本研究：重回文本，带出历史学研究新的范式

傩文化的核心是傩戏，傩戏的核心是唱演法事，而将傩戏一系列法事连接起来的，是贯穿整场傩戏展演的唱词，唱词是演傩的一条线索。作为傩戏内容的一个重要部分，有关傩戏唱词的研究目前还属于比较新的方向。唱本、剧本、唱词研究在传统戏剧研究中并不少见，但傩戏唱本相较于它本身的舞蹈、仪式，显得更加抽象，而且对比文学类唱本，傩戏唱本基本是宗教内容，也更加难懂，所以用普通的文艺学剧本分析方法来研究傩戏唱本是不够的，需要掌握佛教、道教，以及当地民间信仰、民俗等诸多知识。

跟傩戏剧本研究相比，傩戏剧本的搜集编定工作似乎更为顺畅，其中最突出的是朱恒夫主编的《中国傩戏剧本集成》20 卷①的出版，该集成搜集了中国多地傩戏剧本。此外，各地方戏曲汇编对于当地傩戏资料的搜集也颇为完整，比如《云南戏曲传统剧目汇编》②中就有记录傩戏剧本的专本。

尽管傩戏剧本搜集整理的成果较为丰硕，与其对应的傩戏剧本研究却稍显不足。目前值得称道者有：王平对安徽贵池傩戏剧本的研究③；王斯、陈玉平关于贵州岑巩傩戏剧目的介绍性文章④；陈玉平《傩戏剧目〈柳毅传书〉探析》⑤等对具体剧目的偏文学性探究的文章。此外还有廖玲、周永健《论西南少数民族傩文化中的

---

① 参见朱恒夫编《中国傩戏剧本集成》，上海大学出版社 2016、2017 年版。
② 参见云南省民族艺术研究所戏剧研究室、中国戏曲志云南卷编辑部编《云南戏曲传统剧目汇编》第 5 卷，云南人民出版社 1989 年版。
③ 参见王平《贵池傩戏剧目研究》，硕士学位论文，安徽大学，2002 年；《论贵池傩戏"非故事性剧目"》，《民族艺术》2010 年第 3 期。
④ 参见王斯、陈玉平等《论贵州岑巩傩戏剧目》，《贵阳学院学报》（社会科学版）2015 年第 4 期。
⑤ 参见陈玉平《傩戏剧目〈柳毅传书〉探析》，《四川戏剧》2008 年第 1 期。

"玉皇"》①,作者从神案、法器、教派等角度刻画了傩文化中的"玉皇"形象,其中也涉及不少傩戏唱词。陈玉平认为傩戏剧本的演变,从口述到手抄再到油印和电脑打印本,其中的变化反映了科技的进步,但"标准化"也会导致剧本在研究价值上的缺失。②

值得注意的是,陈紫星的硕士学位论文将傩堂戏剧本分为仪式类剧本和世俗类剧本进行论述,总结出世俗类剧本中的两大主题是"孝道至上"和"惩恶扬善",他还对比了不同地区针对同一剧目产生的"异文"(不同内容),以及造成这种"异文"的文本、社会原因。③作者对于世俗类剧本两大主题的总结或许是受到何根海、丁希勤的《安徽贵池傩戏剧本的宗教文化思想探微》一文的启发,该文总结了安徽贵池傩戏剧本中的三种宗教思想:儒教的孝节思想、道教的阴骘和复归思想、佛教的救苦救难思想。④陈紫星曾发表《傩堂戏〈开洞〉剧目研究》⑤一文,对傩堂戏某一出具体剧目进行研究,认为"开洞"一出是傩堂戏仪式与戏剧、娱神与娱人的一个关键过渡点。此外,檀新建的《池州傩事"喊断"研究》⑥一文,将贵池傩戏中一种独特的形式——"喊断"作为研究对象,将其与敦煌文书中的"感"这一语体进行对比,认为二者不论体裁还是风格都十分相近,此外,作者还论述了"喊断"在贵池不同傩事中的功能和表现。

田野调查是民俗研究不可缺少的一环,但历史学的研究离不开文献。在傩学研究中,除了固有史书、方志可以进行历史溯源类研究以外,傩戏剧本从另一个角度对该领域的文献做了补充。但由于

---

① 参见廖玲、周永健《论西南少数民族傩文化中的"玉皇"》,《宗教学研究》2017年第4期。
② 参见陈玉平《论傩戏文本形态的演变——以贵州傩戏为例》,《池州学院学报》2015年第4期。
③ 参见陈紫星《贵州傩堂戏剧本研究》,硕士学位论文,贵州民族大学,2018年。
④ 参见何根海、丁希勤《安徽贵池傩戏剧本的宗教文化思想探微》,《安徽史学》2011年第4期。
⑤ 参见陈紫星《傩堂戏〈开洞〉剧目研究》,《长江丛刊》2017年第33期。
⑥ 参见檀新建《池州傩事"喊断"研究》,《池州学院学报》2016年第5期。

傩戏唱本唱词以书面加口头的方式流传，具有不确定性，所以不算严格意义上的"文献"；反之，其"不确定性"本身也可以成为一种研究对象，正如陈紫星论文中对不同地区同一剧目的"异文"进行研究，唱词唱本的"不确定"既是不同地区人文环境影响的结果，同时也可以反映该地区人文环境的特质。总之，有关叙事、唱本的研究在目前看来是有待开拓的，它能结合文学、社会学的分析方式，加上历史学、宗教与民间宗教的知识，同时为傩戏研究夯实文献基础。

（四）保护与传播研究："非遗"项目的利弊

2006 年第一批国家级非物质文化遗产名录公布，江西南丰、安徽贵池、湖南沅陵、贵州德江等多地傩文化入选，加上各种傩学会议的举办及当地的旅游宣传，"傩"渐渐走入更多人的视野，对傩戏保护、传播的关注也成为一种共识，有《中国傩戏文化的传承、保护与发展问题研究——以贵州傩戏表演文化为例》[1]、《黔东北傩文化的研究与开发》[2]、《非物质文化遗产视角下南丰傩舞的传承与保护研究》[3]、《傩文化在江西萍乡的传承和保护》[4] 等文章关注该问题。大众关注带来傩文化表演性质的增强与原生态的削弱，可想而知这对傩文化的原生传承是有破坏性的。刘兴禄关于湘西瓦乡傩戏的研究中[5]，就提到一名傩师讲到自己在面对外国人表演时曾故弄玄虚。此外，研究者还可能面临某些不专业的傩事人员编造民间文献及不配合等诸多问题。傩文化越来越走进大众视野这一背

---

[1] 参见刘大泯、王义《中国傩戏文化的传承、保护与发展问题研究——以贵州傩戏表演文化为例》，《贵州师范学院学报》2016 年第 7 期。

[2] 参见唐治洲、喻帮琳《黔东北傩文化的研究与开发》，《文化月刊》2016 年第 15 期。

[3] 参见舒斯强《非物质文化遗产视角下南丰傩舞的传承与保护研究》，硕士学位论文，西北民族大学，2017 年。

[4] 参见叶楚豪、文侃《傩文化在江西萍乡的传承和保护》，《萍乡学院学报》2017 年第 1 期。

[5] 参见刘兴禄《愿傩回归：当代还傩愿重建研究——以湘西用坪为个案》，中国社会科学出版社 2014 年版。

景要求研究者要对"傩"做表演性质和功能性质的区分。

四 傩文化研究趋势的展望

傩文化研究从20世纪50年代的傩戏音乐、舞蹈研究起步，在傩戏获得广泛关注后，学者们又展开历史溯源，这种通过检索古代文献中相关论述的做法是传统史学范式的运用。从20世纪90年代开始，"仪式研究"进入学者们的视野，为"仪式研究"提供支撑的是大量田野调查的开展，其间不乏国外学者的贡献。

进入21世纪，傩文化研究的面向更加多元，但其中的两个趋势是确定的。①傩文化的领域在逐渐缩小，这主要是通过一系列对"傩"之定义的探讨来完成的，宋运超[1]、刘怀堂[2]等人对"撮泰吉""地戏"等地方戏形态进行做了一番考述，得出"非傩"的结论。龚德全[3]对"泛傩论"的批评进一步推进了对于"什么才是傩"的探讨，傩文化领域的不断缩小势必使得研究变得更加专门化。②文化人类学、社会人类学的研究范式被运用得更加熟练，这突出体现在刘兴禄[4]的关注点及其所做研究上，他对湘西瓦乡人"还傩愿"重建的研究是一部历史学作品，同时也可称作一部社会学作品，不管是对傩文化研究还是族群研究都富有借鉴意义。

近年来，傩文化研究更是开拓出一些新的领域，比如叙事与剧本研究，让一度"陷入田野"的傩文化调查找到了新的生机，将田野研究这一新兴史学范式与文献分析的史学传统相结合，恰如阳光雨露之于春华秋实——民间文本不被放到乡村生活就难以读懂，田野调查有助于民间文本的解读。此外，还有一些傩文化研究的未来

---

[1] 参见宋运超《〈撮泰吉〉属彝慕师祭祀文化而非傩》，载陆刚编《撮泰吉调查研究文集》，贵州大学出版社2012年版。
[2] 参见刘怀堂《贵州地方戏不是"军傩"》，《四川戏剧》2012年第3期。
[3] 参见龚德全《当代傩文化研究之省思》，《中华文化论坛》2017年第8期。
[4] 参见刘兴禄《愿傩回归：当代还傩愿重建研究——以湘西用坪为个案》，中国社会科学出版社2014年版。

趋势值得关注。

（一）傩文化研究的区域化倾向愈加明显

区域性傩文化的研究者通常只研究其家乡的傩文化，其中以贵州庹修明、陈玉平、顾朴光，安徽王兆乾、吕光群、何根海，湖南李怀荪等学者为典型代表。像曲六乙、钱茀、康保成等做综合性研究的学者越来越少。这正体现了傩文化研究的专门化倾向，从地域到内容都愈加缩小，学者们对于傩文化的学术性论断更加谨慎，而且我们认为这也正是今后研究走向深入的方向，正如上引笔者《近年美国有关中国民间宗教的研究》[1]中提到的，对于民间宗教的研究总体来说都是逐渐从宏观走向微观，逐渐变得更加精致的。但这种区域化也不可避免地给研究者戴上"有色眼镜"，使其更倾向建构的方向。比如庹修明虽然明确反对过"泛傩论"，但他本人却从未对贵州彝族"撮泰吉"是否属于"傩"有过质疑，反而提出了贵州傩戏发展的"三个层次说"——低级（彝族"撮泰吉"）、中级（傩堂戏）、高级（地戏），将"撮泰吉"明确包含在傩文化的领域里，尽管目前关于"撮泰吉"到底是不是"傩"的讨论更倾向一种否定的态度，钱茀[2]和宋运超[3]等学者都认为"撮泰吉"更像是"创世纪式"的"族史教材"。因此，在开展区域化研究的时候，研究者要特别注意的是在关键问题的讨论上保持客观态度。

（二）傩文化研究者学科背景的多元化

这一趋势源于民俗文化、民间信仰研究本身的复杂性，在傩文化研究者中，最主要的是历史学者和戏曲学者，但也有越来越多的古代文学和语言学专业的学者加入，一些没有受过专门训练的地方

---

[1] 参见刘平、冯彦杰《近年美国有关中国民间宗教的研究》，《世界宗教文化》2010年第5期。

[2] 参见钱茀《什么是傩》，《民族艺术》1992年第2期。

[3] 参见宋运超《〈撮泰吉〉属彝慕师祭祀文化而非傩》，载陆刚编《撮泰吉调查研究文集》，贵州大学出版社2012年版。

傩文化爱好者也逐渐加入研究队伍。拿陈玉平来说，他的古代文学的学术背景，使得其研究更多偏向文学的分析，有关叙事、唱本的研究就是从他那里开始得到扩展的。我们认为，研究人员学术背景的多元化虽然有助长"泛傩论"的危险，但无疑也能让我们拓宽了思路，得到了启发。

（三）历史学传统研究范式的式微

从不同时代的研究重点可以看出，对于傩文化研究所采用的历史学范式也在发生变化，传统的文献分析法曾经流行过一段时间，但现在基本成为一个"老生常谈"的方向，究其原因，一方面是因为对于民间信仰的研究着实需要充分的田野调查，另一方面也是因为客观上有关傩文化的古代文献记载确实少而抽象，可供分析的材料不多。但历史学跟社会学最大的区别就在于对文献的重视程度，因此，要保留历史学的特性，就需要我们挖掘新的文献来源，傩文化中的剧本、科仪本就成了新的文献来源，未来对这类资料的利用和解读还有很大的空间。

佛学研究

古典禅里的材料与理解

蒋海怒

摘　要：这是一篇关于唐代中期至宋初禅宗历史研究的学术史考察。本文从整体审视了当前国际禅史学界的古典禅研究，对其概念、文献、代表学者和代表性研究方法进行评议，同时针对"机缘问答"的真实性和禅学义理的阐释限制进行审察。
关键词：古典禅；初期禅；禅史
作者简介：蒋海怒，浙江理工大学副教授（浙江杭州 310018）。

一　古典禅界说

基于"现代学术（scholarship）"立场，可以看出，近百年禅史研究确实呈现为某种"全球化"研究场域里的"新学问"，是一个层层推进的学术典范。从禅的历史研究脉络中考察，如果我们搁置基于种种"自发的知识经验主义"传统的撰述，可以看出：随着围绕初期禅史的传承、文献和思想的探讨日益深入和成熟，以及胡适、柳田圣山及他们的后继者的努力，学界对从菩提达摩到神会的相关问题，逐渐形成了一些稳定的看法。初期禅史的重要相关问题

古典禅里的材料与理解

业已在学术视野里形成了它的整体框架。初期禅的发展轨迹，也已经被较为清晰地勾勒出来，禅史研究者的视野正不断向古典禅趋近。此即是说，古典禅是最近一段时期内，并将延伸至未来的禅史研究的重要关节点。

然而，古典禅的研究距离初期禅探讨的那种成熟度还相当远，主要体现在如下方面：首先，对古典禅这个概念的内涵和时间段的界定及使用，尚没有取得公认；其次，对该领域内的材料真实度和重要性，出现了一些差距较大甚至互相背离的观点；此外，对于古典禅所反映的中唐至五代的思想史，在基本方法、思想和问题意识方面，相关研究也相当不充分。古典禅研究的整体状况，远未到下定论的时候。

围绕古典禅概念的探讨首先涉及它所处的时代。目前较为一致的观点是以马祖禅门的出现作为古典禅开始的标志，与这个时间点相对应的是将马祖视为古典禅、甚至中国禅宗创始人，这种看法以柳田圣山为代表。[①] 与上述看法相差不大的是将神会时代的结束作为古典禅的起点，这也是国际学界的普遍看法。就国内禅学界而言，许多学者也将宗密的《禅源诸诠集都序》的出现作为初期禅的结束点，而古典禅在此之后展开。古典禅结束的时代大致被划到宋初，即"五家"的谱系完成之时。与此相关的是，有的学者将《祖堂集》的撰作时间（952年）作为终点，或将其推至《景德传灯录》上进朝廷的时间（1004年）。[②] 总的来看，一般认为中唐至宋初是古典禅时期。如果从政治事件的角度来衡定，古典禅，大致对应于安史之乱到北宋初年这个时间段。

古典禅概念的定名莫衷一是。在相当长一段时间内，汉语学界

[①] 参见［日］柳田圣山《马祖禅の诸问题》，载《禅佛教の研究》，台北：法藏馆书店1999年版。

[②] Urs App 将古典禅时期推迟至《景德传灯录》出现的时间点，即1004年。参见 Urs App《The Making of a Chan Record: Reflections on the History of the Records of Yunmen 云门广录》，载京都花园大学禅文化研究所编《禅文化研究所纪要》第17号，1991年。

大多是沿袭传统的称呼，或稍加变革。前者，如在禅宗内部，最一般的称呼是"洪州禅""分灯禅""五家禅"之类。后者一般是研究者根据自己的理解而给予重新确认，例如"诸家竞起与分立"[①]，"禅门五宗时期"[②] 等。

　　日本学者往往根据自己对禅史阶段的理解进行全新的命名，这一点与汉语学界不同。例如，忽滑谷快天将这段时间称之为"禅机时代"[③]，伊吹敦等也基于自己的理解给出名称[④]。在这些不同称呼中，柳田圣山的见解最有影响力，他将这一段禅史称之为"纯禅时代"[⑤]。柳田圣山所说的"纯禅时代"有这样几个要件：9世纪、长江中游、平民化、农耕生活、行脚和机缘问答等。此种"纯禅时代"的界定与柳田将马祖视为中国禅宗的真正创始人的观点是分不开的。他认为，9世纪初期禅宗的新面貌始自马祖，他是"新人间的佛教的开山"，同时，禅宗的语录也随之产生了。简而言之，"纯禅"指的是马祖至"五家"时期的禅学。[⑥] 入矢义高的看法与其呼应，也认为中国禅本质上袭自马祖。[⑦]

　　在英语禅学界，古典禅概念的出现和讨论历史也并不久远。例

---

　　① 杜继文、魏道儒：《中国禅宗通史》，江苏古籍出版社1993年版，第207、288页。

　　② 杨曾文：《唐五代禅宗史》，中国社会科学出版社1999年版，第425页。

　　③ [日] 忽滑谷快天：《中国禅学思想史》，朱谦之译，上海古籍出版社2002年版，第137页。

　　④ 伊吹敦提出了一个有趣的概念："百家争鸣"。参见 [日] 伊吹敦《禅的历史》，张文良译，国际文化出版公司2016年版。

　　⑤ [日] 柳田圣山：《纯禅の时代—祖堂集ものがたり》，禅文化研究所，1984年。不同的是，忽滑谷快天将达摩至慧能的时段界定为纯禅时代。柳田圣山解释道，这是因为忽滑谷快天当时没有看到《祖堂集》。

　　⑥ 参见 [日] 柳田圣山、梅原猛《佛教の思想7：无の探求〈中国禅〉》，东京：角川书店1970年版。也可参见《禅与中国》，毛丹青译，生活·读书·新知三联书店1988年版。柳田圣山的学生马克瑞（John R. McRae）也持相同看法。John R. McRae, *Seeing Through Zen: Encounter, Transformation and Genealogy in Chinese Chan Buddhism*, Berkeley: University of California Press, 2003. 马克瑞提到，8世纪最后几十年到10世纪中期，宗教演进的特定阶段中产生的一种现象或一组事件，这就是马祖及其弟子的出现。

　　⑦ 参见 [日] 入矢义高《马祖の语录》，禅文化研究所1985年版。请参考序言部分。

古典禅里的材料与理解

如吴经熊将这段时期称之为"禅的黄金时代"。① 在此之后，弗格森（Andy Ferguson）的界定具有较大的影响力，他在《禅的中国传统》里将这段时间称之为"古典禅时期"。② 正如海因（Steven Heine）在序言中所言，该书最重要的功绩是将历代禅师划分为三个时期："传说时代""古典禅时代"和"文字禅时代"。

禅史的英文书写中，马克瑞对古典禅概念的研究是迄今为止最深入的。他很早就发表了《中国历史书写中的革命性宗教：胡适（1891—1962）》③一文。在此之后，马克瑞又写了好几篇文章研究这个时段禅史的特点。然而在他的结论性著作《透视禅学》里，马克瑞最终摆脱古典禅概念，提出了一个全新的"中期禅"概念。与此同时，马克瑞提出了禅史发展的"四阶段说"，即"原型禅""初期禅""中期禅"和"宋禅"。他所说的"中期禅"的特色可以归结为"渎神的修辞"和"偶像破坏的滑稽"，其重要主题是禅匠、宗派、文献、机缘问答、系谱。精确地说，马克瑞"中期禅"概念的实际起始点是从《坛经》的出现（780年）到宋初（972年）。马克瑞为何丢弃了古典禅这个概念？按照他的解释，古典禅最初同时也是最重要的是指禅师们特定的行为方式：不是经由说明性的语言直接解释佛法，而是采纳了矛盾的回答、姿态或行动，甚至是棒喝这种痛苦的和令人吃惊的策略。也就是说，古典禅这个概念主要指禅师的行为特色。④

笔者认为，如果遵循学界通行的标准，古典禅这个概念无疑获得了更多的公认，且被英语、汉语和日语禅史研究者广泛地使用，

---

① John C. h. Wu, *Golden Age of Zen: Zen Masters of The T: Zen Masters of the T'ang Dynasty*, World Wisdom, 2010。中译本参见吴经熊《禅学的黄金时代》，吴怡译，海南出版社2014年版。

② 参见 Andy Ferguson, *Zen's Chinese Heritage*, Boston, MA: Wisdom Publications, 2011.

③ 参见 John R. McRae, "Religion as Revolution in Chinese Historiography: HU SHIH (1891-1962) ON SHEN-HUI (684-758)", *Cahiers d'Extrême-Asie*, Vol. 12, 2001.

④ 参见 John R. McRae, *Seeing Through Zen: Encounter, Transformation and Genealogy in Chinese Chan Buddhism*, Berkley: University of California Press, 2003.

在更好的概念未出现之前，本文遵循旧例，使用古典禅这个概念。

二 古典禅研究中的材料主义

严格意义的禅史尤其是唐代禅史研究实际上以文献为重点，以至于可以归纳为材料主义。也就是说，禅文本的发现、整理和批评，是禅的历史尤其是唐代禅史研究的关键突破点。这种倾向最先反映在"初期禅"研究中，20世纪20至90年代，对敦煌禅宗文献及少量碑铭的研究蔚为风潮。从胡适开始，"初期禅"研究整体上就是这种材料主义的态度。依据伊吹敦研究，"初期禅"研究对文献的重视体现在：一是积极地发现和介绍学界未知的禅宗文献和有关资料；二是一个文献有种种异本的场合，由比较、校对，明确诸本之间的关系来恢复原型；三是详细地分析禅宗文献的内容，阐明其思想、撰述的动机、撰述的时期等；四是以禅宗文献和其他文献、各种资料作比较，来明确其文献的性格、成立年代、各种文献之间的关系等；五是根据各种文献、有关资料的内容和互相关系，再构成初期禅宗史。[1]

与"初期禅"形成对照的，古典禅研究的特质表现为另一种材料主义。古典禅在其所关涉的材料的性质和类型上，与"初期禅"有诸多不同。例如，在材料类型问题上，我们逐渐形成的共识是，作为唐五代禅史的两个板块，"初期禅"和古典禅中的材料呈现某种断裂状。小川隆进一步洞见到这种断层的具体表现："初期禅"史研究的重点是敦煌文献，而马祖以后的禅史研究重点则是传世材料。[2]《祖堂集》就是一个特例，有的学者将《祖堂集》的重新面世提升到与敦煌文献同等的高度，虽然在20世纪才被重新纳入学术视野，然而这本书实际上一直被保存在韩国海印寺，性质上与敦

---

[1] 参见［日］伊吹敦《早期禅宗史研究之回顾和展望》，王迪译，载吴言生主编《中国禅学》第2辑，中华书局2003年版。
[2] 参见［日］小川隆《语录的思想史——解析中国禅》，何燕生译，复旦大学出版社2015年版。

古典禅里的材料与理解

煌文献毕竟不同，也可以算作传世文献。

古典禅研究之所以属于材料主义，包括两层含义，其一是将材料当作禅史研讨的重点，其二是围绕着材料的性质、类型、真伪和解读进行深入详尽的探讨。该研究的"材料中心"取向，正如普慈克（Mario Poceski）所判断的那样："尽管经典禅领域已经取得了很大进展，在经典禅史研究相关领域里依然需要付出许多努力，进一步的研究包括它的起源、内容、一些重要且可以被当作历史文献的禅文本的功能，以及这些以非常明显的文学风格编织而成的文本的来源及其主要特征。"① 普慈克提到的这些内容正是古典禅研究的旧传统所欠缺的。并且可以看出，在迄今为止唐五代禅史研究中，依旧有甚多立足于未经反省的材料基础上的研究著作。

材料主义的态度也体现在研究思路上。对于古典禅的探讨，具有影响力的学术主流大致可以分为三种：禅文献的思想史解读、禅文献的文史考证研究，以及对禅文献修辞性的洞察。

禅文献的思想史解读（语录的思想史解读）是小川隆提出的方法，它意味着将具体的禅文本（尤其是语录或机缘问答）置于产生它的思想脉络和历史情境中，探究其刚出现时的思想。无疑，许多禅文本在唐五代出现时的思想表达与北宋以后的理解有相当大的区别。可以看出，小川隆对思想史的理解并非我们经常使用的意涵，它似乎不分析禅师们如何在社会情境中形成自己的思想，其思想又如何影响了社会情境。小川隆所说的"思想"，更多指的是语言原始脉络中的思想。《语录的思想史》中所使用的方法，是从入矢义高创造的禅宗资料的语言学、文献学解读方法发展而来，同时受到柳田圣山的影响而成就的。

禅文献的文史考证研究以贾晋华为代表。我们知道，在中国学术的传统里，文史结合基础上的文献学研究是一种影响很大的研究方法。古典文献学的辨析真伪的理想在古典禅研究中的反映，就是

---

① Mario Poceski, *Ordinary Mind as the Way: The Hongzhou School and the Growth of Chan Buddhism*, Oxford University Press, 2007, p. 53.

古典禅研究中所表现出来的"对古典禅文献逐一展开精密的、全面的考证,清楚地甄别真伪混杂的实际情况和编造层积的时代"的努力。①

禅文献修辞性的洞察是英语世界的古典禅学者及少数汉语学界禅史研究者更擅长使用的方法。这种方法最早集中反映在"初期禅"史研究里,随着时间的推移,在古典禅研究中也已相当盛行了。对禅文献修辞性的洞察,就是挖掘禅文本的潜在话语,禅的表面叙事里往往隐藏着政治、宗派、伦理和信仰的内涵,禅文本就依据这些"未说出"的意图被制造、修改、流通、编纂和论辩。福克(T. Griffith Foulk)看到,产生于宋代的语录和灯史其实是某种神圣的历史,它们具有根本的文学属性,在宋代禅门中发挥了论战、仪式和说教的功能。隐喻、象征、戏剧性操作、实地背景、私人间交谈和"未说出"的思想的逐字誊录②,也正如龚隽所言,就是要避免仅仅停留在文献信息的表面,而忽略这些文本本身所具有的叙事风格和内在修辞,从而很容易未经批判地接受某种宗派暗藏在文本中的诠释策略。③ 他发现(也是这种方法的具体运用),表现在对僧传和灯录的分析上,有关禅僧传的书写,僧传和灯录都应用各自不同的禅学理想去选择人物、组织史料,并进行不同叙事的形象构造和思想评论,这在很大程度上表示了作传者对禅师理想及禅学传统的诠释。④

---

① 该书是在贾晋华的博士学位论文《洪州禅与唐代文人》的(*The Hongzhou School of Chan Buddhism and the Tang Literati*)基础上不断增补修改而成的。此后,论文的前半部分增补版由纽约州立大学出版社于 2006 年出版,题为《八至十世纪洪州禅研究》(*The Hongzhou School of Chan Buddhism in Eighth – through Tenth – Century China*)。2010 年,该书进一步增订,将研究范围从以马祖师徒为代表的"洪州禅"扩大为整个中唐至五代古典禅的发展历程,这就是牛津大学出版社出版的繁体字版《古典禅研究:中唐至五代禅宗发展新探》。

② 参见 T. Griffith Foulk, "Myth, Ritual, and Monastic Practice in Sung Ch'an Buddhism", in Patricia Buckley Ebrey and Peter N. Gregory, eds., *Religion and Society in T'ang and Sung China*, Honolulu: University of Hawai'i Press, 1992.

③ 参见龚隽《禅史钩沉》,生活・读书・新知三联书店 2006 年版。

④ 参见龚隽《禅史钩沉》,生活・读书・新知三联书店 2006 年版。

古典禅里的材料与理解

古典禅材料的范围非常广泛，大致包括僧传、语录、灯史等禅宗内部撰述，还包括碑铭、诗文集、笔记、日本访唐僧记录等。就古典禅的性质而言，最为关键和重要的则是机缘问答。① 马克瑞就认为，古典禅以机缘问答的实践为特征。实际上，这两个概念是彻底贯通的关系，以至于可以互相替代：古典禅指的是师徒间使用机缘问答来互动的方式；机缘问答指的是古典禅的师徒间互动的独特风格。②

三 材料的真实度

现代史学研究首先触及的是材料的真实度。材料的真实性是一个"自足"的学术领域成立的重要条件，就古典禅而言，这也是基本的和关键的问题之一。然而正是在这一点上，古典禅研究遭遇了根本性的质疑，并在研究中面临两难境地（例如对机缘问答材料的使用）。首先，从历史客观主义的角度来看，古典禅材料往往缺少"自明的真实性"，并且很少能得到其他传世史料来支撑。其次，正如前文所阐述的那样。古典禅所涉及的材料虽然类型广泛，但是如果要全面深入地探讨唐五代禅师们的思想，不能不以语录为主体，从而也更有必要以机缘问答为核心探究对象。舍此，对这一段思想史的研究似乎会带来一些问题。

我们依然要提及在这个议题上最为熟悉的"旧传统"。这些撰述或者把从古代流传到今天的宗门内部传承系谱、各种语录和公案集看成自明的真实文献，或者仅作些微的修正。这种性质的研究很少（或几乎没有）质疑传统的宗门灯史、语录乃至僧传的真实性，并依据上述材料来解说某位禅师有哪些思想。这类似于"初期禅"的旧研究传统中直接用《坛经》来叙述慧能的思想，用《信心铭》来描述僧粲的思想等做法。旧传统的盲点是几乎完全信任传统材料的立场

---

① 古典禅材料里反映的禅师传记和系谱也非常重要，这部分内容将另撰文解决。
② 参见 John R. McRae, *Seeing Through Zen: Encounter, Transformation and Genealogy in Chinese Chan Buddhism*, Berkley: University of California Press, 2003.

和真实度，并以此阐述唐五代的禅宗史，乃至中国禅宗史和佛教史。

旧传统是相当彻底的"信古"立场，与此对立的则是"疑古"的态度。李壮鹰认为，后世灯录中所载的中唐以前的禅师的机缘语，是后人根据传言或想象补加的，具体而言，它们属于晚唐到五代的禅门创作。此外，宋初的《祖堂集》《景德传灯录》等机缘语录总集"往往贵耳贱目，不考文典，只重传言，也就免不了把一些道听途说的无根之谈都收集进来，从而造成语录的张冠李戴、以后推前的混乱，弄得禅门各代祖师，甚至佛陀本人也有俚俗的机缘语句了"。作者同时也看到机缘问答里充满了大量雷同、舛乱和矛盾的地方。他以《景德传灯录》里所收马祖道一和南阳慧忠相关涉的言论作为分析对象，指出了这些话语记录中所出现的剽剥传言而张冠李戴的现象。他提醒禅史研究者不要把机缘语句当作信史来使用："只要我们认真地核查一下原始材料，就会发现《祖堂集》和《景德传灯录》等书所补加的中唐以前禅师的机缘语，有很多不但不符合事实，而且恰与其原来所倡的宗旨相悖。"[1] 在今天的西方学者中，其实也出现了类似的"疑古"态度。例如福克（T. Griffith Foulk）认为：产生于宋代的语录和灯史是一种宗教神话。慧能之后的唐代禅师的圣徒行传和语录仅仅存在于952年之后的文本里（《祖堂集》），却在其同时代的敦煌文献和流传到日本的文献里找不到踪迹。[2] 怀特（Dales S. Wright）承袭福克，提出了一个更为明确和激进的观点，认为使得古典禅这种寺院传统能够成立的文本是在宋初编辑和印行的。因此，古典禅是被宋代禅僧们集体创造出来的不真实的神话，不存在唐五代古典禅，只存在宋代禅宗创造出来的"唐代古典禅"。[3]

---

[1] 李壮鹰：《谈谈禅宗语录》，《北京师范大学学报》（社会科学版）1998年第1期。
[2] 参见 T. Griffith Foulk, "Myth, Ritual, and Monastic Practice in Sung Ch'an Buddhism", in Patricia Buckley Ebrey and Peter N. Gregory, eds., *Religion and Society in T'ang and Sung China*, Honolulu: University of Hawai'i Press, 1992.
[3] Dale S. Wright, "The Discourse of Awakening: Rhetorical Practice in Classical Ch'an Buddhism", *Journal of the American Academy of Religion*, Vol. 61, No. 1, pp. 23–40.

古典禅里的材料与理解

此外，尚存在某些"弱化"的"疑古"观点。在对马祖语录（收集在四家语录内）的研究中，普兹克（Mario Poceski）论辩道，虽然马祖语录是在北宋时期编辑的，而那时马祖圆寂已经超过3个世纪了，而我们能见到的最早版本却在晚明时期。这种很晚近的编纂印行状况也存在于"四家"语录的其他部分（百丈怀海、临济义玄、黄檗希运）。例如，临济义玄的语录也存在类似的情况，其编纂距离临济去世近250年。① 基于上述认识，普慈克提出，对语录或机缘问答类禅文本的谨慎研究应该避免两种还原主义：其一是将它们作为权威历史记录的幼稚态度，其二是仅把它们看作宋代禅门意识形态的产物，这种意识形态"发明"出神秘的禅宗"黄金时代"，并将其归属为马祖及其弟子的诱导，因此无须关注它们的创造性方面。普慈克反驳道，虽然马祖和其他禅师语录的编纂不可避免地要遭受11世纪禅宗的背景环境的影响，实际上编者所使用的几乎所有的材料都可以在更早的文本中发现，宋代的编纂者仅仅搜罗了他们所见的马祖材料，似乎没有更严肃的考量，没有意图要在他们提取的文献中建立起源和历史的精确性。②

普慈克还提及，学界往往将马祖及其弟子，以及其他的古典禅传统归结为机缘问答的产物。这种对洪州宗的教义、实践和制度流行的误解来自如下事实：对唐代禅门的研究过分重视了这些"可疑的对话"，而它们只能在较后的禅文献里找到，由此掩盖或忽视了那些与古典禅缺少本质联系的早期文本。实际上，机缘问答与唐代禅学或洪州宗无关，而是属于宋代及此后时期的宗教史。然而，这并不意味着机缘问答对于理解禅的历史演变毫无价值：对于理解它们产生的社会宗教背景，以及它们传播和使用的后期传统而言，机缘问答有巨大的价值。普慈克所思考的议题是建立某种可信的标准，在辨析出那些对于理解宋代禅的社会宗教背景而言更有用的材

---

① 一般认为，《传心法要》《宛陵录》《百丈广录》的编辑时间则早许多。
② 参见 Mario Poceski, *Ordinary Mind as the Way: The Hongzhou School and the Growth of Chan Buddhism*, Oxford University Press, 2007.

料之外，区分出关于唐代禅的叙述成分。①

可以看出，虽然语录是古典禅的主体文献，而机缘问答则是其中的核心部分。然而，忌惮于语录或机缘问答的不可证明性（基本找不到唐五代其他史料支撑它们），出现了某种避开语录（尤其是机缘问答）的研究倾向，并产生"清晰区分材料真伪"的"文献学考证"的理想。普慈克是如此做的，贾晋华的古典禅研究所实施的方法则是"将原始的或相对可靠的、大致可系年的禅文献与后来修饰增补的层面逐一剥离开来"②。作者的视野所认同的"真实"文献有三组。第一组是传世的或新近出土的碑文资料，例如《宋高僧传》所采集的唐代禅师碑铭、《唐代墓志汇编》等石刻文献中所关涉的唐代禅师的碑文、唐代新罗和高丽弟子撰写的碑文。第二组是佛藏中"比较可靠的"，可以大致系年的文献资料，例如将宗密《禅源诸诠集都序》、日本访唐僧撰述，以及黄檗希运《传心法要》当作"标准文本"。第三组相对可靠的文献是敦煌手抄本、唐代至宋初文人的诗文作品，各种正史和笔记，以及年代较早的方志等。作者相信，剥去后来的编造累加的层层外壳，就可以发现较为接近"历史事实的内核"，并由此顺藤摸瓜，探讨古典禅的发展史。③

就语录而言，小川隆放弃了那种类似寻找"考证史"意义上的"客观的历史"的努力，而追求"理念的历史"。他也认为传统的"五家"的禅宗史观与其说是客观历史的记录，还不如认为是"基于后代的认识，追根溯源，被重新建构的作为一种理念的历史更为恰当"④。相应地，这种努力被实施到对《祖堂集》中的语录文献的解读过程中。小川隆力求还原某种唐代禅宗思想的"原貌"，但这种"原貌"是唐五代禅僧们所共有的记忆，绝不是指所谓"客观的史实"。在小川隆看来，阅读禅语录的主要目的不在于寻求史

---

① 参见 Mario Poceski, *Ordinary Mind as the Way: The Hongzhou School and the Growth of Chan Buddhism*, Oxford University Press, 2007.
② 贾晋华:《古典禅研究》，上海人民出版社 2013 年版，第 3 页。
③ 参见贾晋华《古典禅研究》，上海人民出版社 2013 年版。
④ ［日］小川隆:《语录的思想史——解析中国禅》，第 29—31 页。

实材料,因为禅语录的价值并不在于其中所记载的内容是否合乎史实,而在于它到底记载着什么,又如何传述这一点。语录思想史的价值还在于,经过不特定的大多数人所传承、所共享而带来的众多问答、逸闻的全部,无疑是历史的产物——由历史创造出来的、没有作者的作品。然而作者又认为,虚心解读语录的工作,需要抛弃"疑古学的批判性"的研究立场,并进而认为,"没有比为了寻求重构史实的直接性资料去试图解读禅籍更为错误的解读了"①。就《祖堂集》中的语录而言,"其中记载的每个禅者的言行是否合乎史实,依照系谱所配置的这些记录先后是否实际上与历史的时间经纬相一致,这些问题当然不是这里要讨论的内容。这里仅仅依据《祖堂集》的如是记载,解读《祖堂集》本身的作品内容,以此来考察该系统的思想乃至精神最终作为一个什么样的内容被表述的问题"②。因此,《语录的思想史——解析中国禅》中的古典禅思想史的研究方法,可以说基本上"完全悬置"了"考证历史"或"客观历史"意义上的真实性问题。③

对材料真实度及其意义的更为思辨的讨论来自马克瑞。禅学研究方法论中,有著名的"马克瑞四原则",其中的第一条和第三条的内容可罗列出来④。

第一条,因其非事实,反而更为重要。禅文本内容不应该用幼稚的新闻精确性标准来评价,也就是说:"这件事确实发生过吗?"因为任何已出现的事件和言语,都将成为某种不重要的现实——它们只是发生某种想象的时刻的少数人的行为,并将被多个世纪内成千上万卷入"禅传说"创作的人所淹没。禅文献的"神话式创作"特征显示了中国人的宗教想象力,这是一种规模巨大且内涵深刻的现象。

---

① [日] 小川隆:《语录的思想史——解析中国禅》,第29页。
② [日] 小川隆:《语录的思想史——解析中国禅》,第29—31页。
③ [日] 小川隆:《语录的思想史——解析中国禅》,第29—31页。
④ 参考 John R. McRae, *Seeing Through Zen: Encounter, Transformation and Genealogy in Chinese Chan Buddhism*, Berkley: University of California Press, 2003.

第三条，详尽意味着不透明。数字、日期及其他细节为故事提供了逼真的氛围，然而积累越多，我们越应将其视为文学修辞。尤其在禅研究里，大量细节是在一段时间之后的人工制品，较早时期记录的模糊性应该因其诚实而安于这种模糊。在避免参与误导性的"起源追溯"的同时，我们也应迅速地将"好的资料"和"粉饰性添加物"明晰地区分开来。即使在考察中古时期论辩术这一向量时，我们也应如此行事。

马克瑞这几条禅学研究原则，在笔者看来，也延续并发展了他的老师柳田圣山的研究立场。例如在《初期禅宗史书の研究》绪言里，柳田圣山表明，灯史之类的书籍绝不仅记载历史事实，而是一种以宗教信仰传承的表达。在认真研究这些被虚构的每一条记录的过程中，我们反而可以对那些虚构者们所示历史社会的宗教本质进行清晰的了解。没有留意语录和灯史数据的特殊性，会造成过分地批判其荒诞无稽，或视一切为虚构，而予以摈弃，或遵循传统和信仰，无批判地肯定一切。①

笔者认为，对于"过去文献"的探究，如果我们降低"伦理的"和"史实的"偏向，"真实"和"虚假"就会进入更深的层次。在进行如此这般思考的同时，我们所需要避免的思维之一是克制基于传统文史考证立场所追求的建立"人与材料的紧密联系"的冲动。

四 机缘问答的文本及其解释

下文将集中讨论机缘问答，这是最重要的古典禅材料（语录）的核心部分。在语录里，既有传记性质的禅僧的生平记录，也有升堂说法，而其核心内容则是禅师间及师徒间的问答。除了独立的各种禅师语录文本外，机缘问答还存在于《祖堂集》和《景德传灯录》这些较早的灯史文献里。笔者将首先考察语录这一类型的禅文

---

① 参见［日］柳田圣山《柳田圣山与中国禅宗史研究》，载吴言生主编《中国禅学》第9卷，中国社会科学出版社2011年版。

本，然后再集中探讨机缘问答。

我们今天知道的唐五代禅师的语录大都收入《大正藏》卷四十七、卷四十八，这些语录构成了禅宗文献的一大部分。传统的观点往往直接根据这些语录研究唐代禅师的思想，这其实是未经审量的做法，因为几乎所有的语录都是宋代以后编纂印行的。

关于这一类型的禅文本，赞宁首先在《宋高僧传》里提出禅门语录的概念，他把赵州从谂、黄檗希运等唐代僧人的说法记录称作"语录"。柳田圣山对语录做出了开创性探讨，他追踪语录的来源，罗列出语要、别录、别集、通集、语本、言教、广语、语等异名。[1] 贾晋华进一步认为，《楞伽师资记》《传法宝纪》《宝林传》《祖堂集》这些史书也有许多诸祖的说法和问答的记录，因而也可视为其语录的记载文本。例如，《景德传灯录》卷二十八所收语录集《诸方广语》的各篇，有许多与《祖堂集》的文字相似的地方。此外，大量的敦煌文献包括坛经，其实也是语录。[2] 关于语录的起源或前文本，伊吹敦采取了更严格的立场，只将语录追溯到那种纯粹的"对话录"，并且业已经过严格历史考证（考古）的文本，这就是侯莫陈琰的《顿悟真宗金刚般若修行达彼岸法门要诀》和神会的《南阳和尚问答杂征义》，并且认为只有在马祖禅这里，语录才获得了成熟的形式。[3]

语录的出现还可以从思想流变的角度来审视。印顺认为，《坛经》里的"举三科法门，动用三十六对，出没即离两边"就是将一切法看成对待的、相依而立的假名，只是启发学生去悟入的自性，这是后代禅者与人问答、开示的基本原则。[4] 佛尔（Bernard Faure）则认为，机缘问答来自如下的解释学信念：在语言的表面下潜藏着某些需要被恢复的深刻的意涵，这种恢复是一种解释学意

---

[1] 参见［日］柳田圣山《语录の历史——禅文献の成立史的研究》，载《禅文献の研究》（上），法藏馆2001年版。
[2] 参见贾晋华《古典禅研究》，上海人民出版社2013年版。
[3] 参见［日］伊吹敦《禅的历史》，张文良译，国际文化出版公司2016年版。
[4] 参见印顺《中国禅宗史》，中华书局2010年版。

义上的"视域融合"（fusion of horizons）。更为重要的是，机缘问答（及公案）的意涵具有"行事的属性"（performative nature），同时在语义的、句法的和实际的层面上发挥作用。① 龚隽论辩道："在初期禅那里，口传心授的法流还可以说是'藉教悟宗'和'方便通经'的。""到了'经典禅'的时代，祖师们不再需要借助会通经典来为禅的合法性辩护，他们甚至运用特殊的话语方式。"于是，新出现的语录权威逐渐取代了"初期禅"中所流行的"方便通经"。语录的口传方式与"初期禅"的口传不同，不仅表现在这些平常的语句中有更神秘的玄机，更重要的是其改变了一种言谈的方式。此外，在机缘问答中，话语的意义并不能从口述的字面意义来了解，它也不直接指向某部经典的意义。这种机缘语潜藏在言说背后的深义和洞见，必须经由具体的语境和脉络才可能解释出来。② 与语录里的其他部分（禅师行录、说法）相比较，机缘问答受到严重的质疑。

前文已经介绍了那种视机缘问答完全为宋人虚构或晚唐五代禅门编纂的看法，否定现存语录来自马祖及其弟子。此外，贾晋华通过对较为可靠的、可系年的唐代碑铭、文集、笔记等传世文献得出如下结论：从8世纪下半叶至9世纪上半叶，亦即马祖道一及其弟子的活跃时期，机缘问答开始正式出现，并表现为师徒间机智幽默、随问反质、似非而是的临机问答和虚构的禅悟和故事两种主要形式。而直到9世纪下半叶至10世纪上半叶，亦即晚唐五代时期，机缘问答才达到其成熟形态，出现尖锐的机锋、身体动作、棒喝交驰、圆相并用等猛烈禅风。作者申言，那种认为马祖及其弟子已经运用棒喝、圆相、竖拂等几乎所有形式的机缘问答，是不可靠的。进而，如果我们注意到《祖堂集》等书中收集的唐五代机缘问答的故事，杂有大量"仪式化、象征符号及超自然的、神秘的神通变化和灵怪野兽"等成分，就会明白，这些问答的"非实际对话""文

---

① 参见 Bernard Faure, *Chan Insights and Oversights: An Epietemological Critique of the Chan Tradition*, Princeton University Press, 1993.
② 参见龚隽《禅史钩沉》，生活·读书·新知三联书店2006年版。

学性修饰编造"的可能性。至于机缘问答的初期文本,《古典禅研究》将碑铭、僧传、宝林传、都序及坛经中的"禅悟问答"说成是机缘问答的初始形态。① 笔者认为,似乎应该采取更为审慎的态度。上述文献中的禅门问答的材料距离机缘问答那种戏剧化的特质还有较远的距离。

我们同样需要在此引入马克瑞的观点,它对于机缘问答的研究最具有典范价值。② 马克瑞赋予机缘问答以非常重要的意义,认为它标志着禅传统进入了一个新时期。给出了定义机缘问答的三条标准。其一,它是在传灯录或语录文本中出现的对话,这是对机缘问答的禅文本的界定;其二,机缘问答是对可以从历史角度确定的、师徒间实际上存在的口语对话的誊录,例如许多对话使用的是当时的方言,这也从侧面证明对话实际存在的可能性;其三,禅的机缘问答避免直接的观点交流,而是以多种方式的逻辑拆离,不可理喻,非常规的宣告、姿势和身体动作的展示,甚至是侵犯性的大喝或手脚棍棒的击打为特征。③

其实在马克瑞之前,西方并不缺乏对机缘问答的研究,但往往是依托于公案研究进行的。机缘问答的材料是宋代公案的源头,而一直以来,英语学界对公案的研究蔚为风潮。早期西方的学者们对

---

① 参见贾晋华《古典禅研究》,上海人民出版社2013年版。
② 马克瑞对机缘问答的研究经历了一个历程,他先后发表了如下篇章:(1) John McRae, "Encounter Dialogue and the Transformation of the Spiritual Path in Chinese Chan", in Robert E. Buswell, Robert M. Gimello, eds., *Paths to Liberation: The Marga and Its Transformations in Buddhist Thought*, Honolulu: University of Hawaii Press;(2) John McRae, "Shen-hui, Ma-tsu, and the Transcription of Encounter Dialogue", 载 "中华文化复兴运动总会"宗教研究委员会编《佛教与中国文化国际学术会议论文集》(下), 1995 年;(3) John McRae, "The Antecedents of Encounter Dialogue in Chinese Ch'an Buddhism", in Dale S. Wright, Steven Heine, ed., *The Kōan: Texts and Contexts in Zen Buddhism*, Oxford University Press, 2000, 亦可参考该文的中译《中国禅宗"机缘问答"的先例》, 载河北禅学研究所主办《中国禅学》第 5 卷;(4)《透视禅学》(*Seeing Through Zen: Encounter, Transformation and Genealogy in Chinese Chan Buddhism*) 第四章 The Riddle of Encounter Dialogue: Who, What, When, Where.
③ 参见 John McRae, *Seeing Through Zen: Encounter, Transformation and Genealogy in Chinese Chan Buddhism*, Berkley: University of California Press, 2003.

禅公案的理解在很大程度上受到了20世纪铃木大拙传播的临济禅的影响，完全强调公案的心理学的或神秘的方面。不过，最近一些年，海因主编了基本探讨禅文本尤其是公案的论文集，对这一趋势进行了扭转。例如，《开山》（Opening a Mountain）这部论文集对公案进行的类型化研究给读者留下了深刻的印象。该书对公案的讨论涉及"山头"、各种类型的挑战者，以及梦境、幻觉，遭遇神魔和魔兽、棍棒、手杖、拂子、袈裟、钟声等因素，同时讨论各种类型的视觉和话语符号（例如忏悔经验等）。海因认为，公案用反语、双关语和模棱两可语来传递信息。里面充满了谬论、矛盾、否定和双重否定、身姿手势、追问，这构成了公案话语的论证特征。[①]而在《公案》（The Koan）这本论文集里，作者们讨论禅公案传统的形成和发展的多种因素中的历史和解释因素。揭示了西方对公案的错误理解受限于"圣徒传"（hagiographical）的或"假历史"（pseudohistorical）的，而不是完全"历史化的"，它所自我描述并勾勒的禅的系谱直接未中断的传承乃是经由公案的使用来进行的，并且是在临济和曹洞的对峙态势下进行的。[②] 可以看出，这些研究其实是在公案探讨的名义下探讨大量的机缘问答的内容。

马克瑞还归纳出机缘问答的八种初始形态：禅师不由自主地响应弟子问题的形象、"北宗禅"的指事问义方法、8世纪文献中的禅的阐述风格、"初期禅"实践中入世倾向的理论基础、师徒间仪式化对话的使用、传法过程中关于奇闻逸事的对话的广泛使用、各种觉悟故事的编造、禅宗话语中系谱的结构。[③]

马克瑞认为机缘问答有一个从口语化走向文本化的过程。最初的抄写（从口语向书面语转换），流通评估和选择（在评估和修改的基础上，机缘问答的故事被传播开去，这种情况在口头或书面传

---

① 参见 Steven Heine, ed., *Opening a Mountain*, Oxford University Press, 2002.
② 参见 Steven Heine and Dale Wright ed., *The Kōan: Texts and Contexts in Zen Buddhism*, Oxford University Press, 2000.
③ 参见 John McRae, *Seeing Through Zen: Encounter, Transformation and Genealogy in Chinese Chan Buddhism*, Berkley: University of California Press, 2003.

播过程中都存在，在吸引其他禅僧关注的同时，也导致了不同禅师声誉的隆盛或降低），编辑修改（随着讨论的进行，尤其是机缘问答的书面文本的兴趣，编纂者和汇集者产生了如下的倾向：他们对机缘问答的文本进行修改，用以提升其可被察觉的宗教运用程度），具有讽刺意味的是，这使得机缘问答比以往更类似于直接的口语的誊录，随着时间的流逝，这些对话更变成口语体了。这一点在临济义玄的语录上表现得非常明显。[①]

马克瑞告诫到，要取代那种用非逻辑的方式来理解机缘问答的做法，而把它们看作当时文化的"行事性表达"，即把这些行动当作徒弟们觉悟的"触媒"。当然，对于机缘问答"行事性"的思考，将使我们的研究从简单的对文献史实的考证进入到一个更深的研究层次。

从某种角度看，马克瑞关于机缘问答的上述见解是在吸收他的老师柳田圣山先生的相关研究基础上提出来的。我们知道，柳田圣山对初期禅史的爬梳和文献批评的成果受到国际禅史学界的推崇。然而，这也在某种程度上遮蔽了柳田圣山在经典禅研究方面卓越的和开创性的成就。例如，柳田圣山经由对《临济录》这个禅文本的前后不同编纂版本的比较，并参照宋代临济宗对义玄禅的规范化概括，得出结论：宋人对《临济录》的修正和补充，反映出宋代人对临济禅的兴趣，禅的格式化和规范化，意味着背离唐代临济义玄那种活泼泼的禅的思想的产生。柳田圣山这种基于文献批评学立场对机缘问答（语录）的研究，其方法、框架和结论的影响深远。例如，小川隆对机缘问答的解读就深受柳田圣山的影响（当然，作者还大量吸收了入矢义高和衣川贤次的研究方法和成果）。

小川隆将自己的解读方法称之为"禅文献的思想史解读"。值得探讨的是，他似乎将禅宗的本质界定为通过问答而获得启示，而非坐禅。他认为，相比于坐禅的修行，语录是更为重要的部分。也就

[①] 参见 John McRae, *Seeing Through Zen: Encounter, Transformation and Genealogy in Chinese Chan Buddhism*, Berkley: University of California Press, 2003.

是说，比自身参禅体验更为重要的是经历一次"对古典文献进行严密解读的程序"。他所说的古典文献，指的是语录文献，他所追求的解读是"一种立足于当时的语言和历史的客观性来进行解读"①。

小川隆的《语录的思想史》并非单独探究唐代禅思想史，而是以理解或批评宋代公案禅为基础，但是由于公案语料的源头大多追溯到唐代的机缘问答，所以该书其实也在探讨机缘问答诸层面。应该区别的是，他所用的"从思想史解读语录"方法不同于我们传统上理解的从生活史实角度理解思想发生的思想史，毋宁说是"思想内部流变"的历史，并且刻意不去触碰史实性维度。在研究思路方面，该书呈现某种"逆向的寻求"特点。作者首先意识到铃木大拙、京都学派学者及其后继者对禅的理解过分注重其非逻辑、绝对超越的一面，也就是佛教中所说的"无相""一如"（类似的概念表述有"绝对的非分节""绝对的无意味者""绝对的无限者""根源性的非有限者"等），并将这种禅的思维习惯追踪到日本的临济宗白隐慧鹤的阶梯形的"看话禅"体系，其中国来源则是圆悟克勤和大慧宗杲主持的公案参习传统。作者认为，"看话禅"是宋代禅门的主流，然而"看话禅"对公案内容的理解其实是违背唐代祖师原始对话的精神的。

小川隆根据唐代禅僧们的问题意识与语言表达方法，将唐代禅问答作为一种具有意涵的活生生的对话进行解读。小川隆认为，唐代禅的问答本来是根据现实客观事物的场面，作为活生生的人的、活泼的语言对话而进行的，而且始终不离"自己本分事"这一主题。在唐代禅门的共同体中，共享着某些问题意识及关于这些问题的先行问答的记忆，在这个过程中，新的问答便得到了发展。虽然每个问答看起来似乎意义不甚明了，但问答与问答之间，存在着密切的关系。而到了宋代，问答被从相互关联之中切割开来，变成独立、孤立的一种参究的题材，而与此相应，问与答被毫无关联地当

---

① 参见［日］小川隆《语录の思想史——中国禅の研究》，东京：岩波书店2011年版；汉译本《语录的思想史——解析中国禅》，何燕生译，复旦大学出版社2015年版。

古典禅里的材料与理解

作一种非概念的片断了，被解释成一种不具意涵对应关系的"去意味的东西"，也就是宋代禅门经常提及的"活句""无义语""无理会话"。宋代禅这种理解方式为日本临济宗继承，并在近代发展成铃木大拙的禅思维。由于铃木大拙的巨大影响，以致今天的日本、欧美乃至中国对禅的理解，基本上都是在错误的方向上进行，并且是违背唐代禅的精神的。

我们有必要引入小川隆的一个解读案例来说明。小川隆曾经批评井筒俊彦《禅における言语的意味の问题》①中所存在的问题。他认为，井筒俊彦使用海德格尔的义理系统来对禅的理趣进行"格义"，认为海德格尔哲学的核心概念"存在"其实就是佛教里的"真如"或"一法界"。"存在"这种"根源性上的无限者"亦可名为"绝对的无意味者""绝对的无限者""绝对的非分节（即佛教中的'无相'或'一如'概念）"，是无法用语言表达出来的，如果强迫性地使用语言（名字、言说）来"分节"（分别）它，整体性的世界就被分解得"七零八落"："黑暗的舞台被无数灯光照射，浮现出无数的东西"，舞台的整体性甚至舞台本身就辨认不出来了。井筒俊彦认为：因为无法舍弃所以只能通过相反的方式使用语言，也就是俗语所言"以毒攻毒"。用这位作者的话说，就是"倒行逆施地使用了被分节的语言"，在机缘问答的实际场景中，这种技巧表现为"答非所问"或"问与答之间并无任何关联"。②

即以最为著名的《赵州录》中一则机缘问答的"庭前柏树子"为例，内容如下：时有僧问："如何是祖师西来意？"师云："庭前柏树子。"学云："和尚莫将境示人。"师云："我不将境示人。"云："如何是祖师西来意？"师云："庭前柏树子。"井筒俊彦表明，当僧第一次问"如何是祖师西来意？"时，是在追问佛教的绝对真理或"无分节"（无分别）的立场是什么，他不满足赵州禅师"庭前柏树子"。后指责赵州和尚"将境示人"，即认为客观外部的对

---

① 参见井筒俊彦《禅における言语的意味の问题》，《意识と本质：精神の东洋を索めて》，东京：岩波书店1983年版。
② ［日］小川隆：《语录的思想史——解析中国禅》，第5页。

象不能作为禅的真意。赵州禅师否认这一点。当僧人再次发问"如何是祖师西来意?"时,赵州禅师回答还是"庭前柏树子"。僧人和赵州禅师对树的理解存在差异。僧人理解的"树"是与主体相对立的"独立存在的东西",赵州禅师理解的"树"则是"从禅的角度,通过高境位的'分节'而成立的东西,它是一种既把自己又把其他一切东西全部聚集在一处的柏树"。井筒俊彦认为,"在这里,一旦被无化了的柏树,依然作为柏树而当下存在,而绝对无限者则是无时无刻地以柏树的形式重新进行自我界定"。① 用另外一则著名的青原惟信的参禅经验来说,就是从俗人眼中的山是山、水是水,走到参禅过程中所认识到的山不是山、水不是水,再到顿悟体验后对山是山、水是水的复归。这就是井筒俊彦所构建的"圆环逻辑":"分节"——"无分节"——"分节"。井筒俊彦这里的方法论核心是将赵州"庭前柏树子"回答"无意味化",也就是非语境化,从对话场合中抽离出来,进行一次形上学的超越,因此,机缘问答就变成了对其中某一句的形上学追索。

经由将"庭前柏树子"问答追溯到其"最原始的形态",亦即最初文本《祖堂集》,小川隆发现该问答中的主题"祖师西来意"在唐代禅宗文献里其实指向"更为具体切身"的内容。与这个主题相联系的语句,常常是"信自心是佛,此心即是佛","一切人全体是佛","汝等心本来是佛","自家意旨",也就是说,"祖师西来意"其实就是问"你自己之为何"的问题。该问题在唐代语录中常被表述为"自己本分事""如何是学人自己",也就是对"当下的自己"发出思考。也就是说,"祖师西来意"的每一次解决都与其出现的语境相关联,而非井筒俊彦提倡的那样对回答进行千篇一律的抽象化和形上化思考就可以的。

小川隆的结论也非常干脆。他认为,从机缘问答向公案的不断地踵事增华的过程,其实也是在禅思想上,从唐代向宋代蜕变的过

---

① 井筒俊彦:《禅における言语の意味の问题》,《意识と本质:精神の东洋を索めて》,东京:岩波书店1983年版,第371页。

古典禅里的材料与理解

程。传统观点认为《祖堂集》和《景德传灯录》基本上属于同一性质的灯史文本，两者在思想上差别不大。然而小川隆认为，与《景德传灯录》相比，《祖堂集》则保留了更多的禅问答的生活场景。在材料选择上，作者往往是从《祖堂集》与《景德传灯录》《碧岩录》等宋代灯史、公案文献的对比中来探究唐代机缘问答的真义。唐代禅是在修行当处偶然发生的一时、一次性的活泼泼的问答，然而，在宋代禅那里，先人的问答被当作大家共享的古典，作为公案被选择、编辑，以此作为题材被进行参究。唐宋禅之间的差异表现为"以肯定自己当下的基调转向求超越性大悟体验"[①]。而对唐代禅师的每一次机缘问答，都应该具体对待，但是在宋代禅的"活句说"里，本来应该有具体意思的唐代禅问答，变成了没有意涵、超逻辑的活句。《景德传灯录》等宋代禅籍记录的问答省略了唐五代时期的背景状况，使得机缘问答丧失了"生机"；在《碧岩录》那里，对活句的参究被视为打破无事、带来大悟体验的重要契机，这与唐五代禅师的理解相距甚远。然而，今天人们所普遍认知的禅门思维和实践形态，其实都源自宋代。也就是说，对宋代禅和现代禅的理解已形成密不可分的联系，并且我们往往都是使用宋代典籍和宋代禅思考来论述唐代禅者的言行和气质，从而无法恢复唐代禅者及其思想的真实面貌。

小川隆随之得出了自己对禅思想流变的总纲性批判。他认为宋代尤其是宗杲以后，"看话禅"已发展为中国、日本和朝鲜禅的主流，而江户时期的白隐慧鹤成功地实现了"看话禅"的阶梯式体系化。因此，近代日本思想家所接触的禅，乃至20世纪传播到欧美的"Zen"，都是这一系统的禅。我们所熟知的铃木大拙所推广的禅，乃至禅宗批判者胡适所理解的禅的方法，都是看话禅传统。根据小川隆的观点，我们甚至可以推导出一个相当严重的论断：唐代的禅宗精神其实在北宋以后就被"整体上"遗失了，从宋代到20世纪世界各国所理解和阐释的禅的精神，其实与唐代禅师们无关，

[①] [日]小川隆：《语录的思想史——解析中国禅》，第3页。

是宋代禅者眼中的唐禅。无论如何，该书宏大的禅思想研究的视野将给我们带来更多的深思、吸收或批评。

最后，当我们反观学人自身，也会看到，学术往往带有研究者自身的投影。在现代学术背景下从事研究的人，都被告知要努力做客观的研究，这也使得我们今天在大部分学术成果里几乎看不到主体的影子。然而，那些深思远虑且独抒己见的创造性学者往往在客观的研究下，潜伏着自己对世界、人生，对各种生平遭遇的理解和情感，有着各自不同的、当下的问题意识。对机缘问答的研究也是如此。何燕生通过稽考20世纪几位重要的学人的临济录研究历程发现了这一点。常盘大定、胡适和柳田圣山的研究都在不同时间，以不同的方式解释临济义玄的史迹、思想和文本，但是他们的研究都带有自身的价值取向和宏大叙事。常盘大定对临济的兴趣来自其对东亚佛教兴衰及由此产生的个人使命的宏大叙事；胡适则把临济义玄假想成古代的"反偶像"的革命先驱，并提炼出临济"困学"的禅学方法，认为临济禅的目的是要求得"知性的解放"，这几乎是胡适自身形象在一个唐代人物身上的投影了；而在铃木大拙和柳田圣山那里，临济的形象变幻为一种仰望"自由"和"人性解放"的近代式理想人格。[①] 实际上，这种倾向在20世纪欧美学者那里也同样存在。

[①] 参见何燕生《现代化叙事中的临济以及〈临济录〉》，载龚隽主编《汉语佛学评论》第5辑，上海古籍出版社2017年版。

喻嘉言佛医思想新论

欧阳镇

摘 要：本文以佛教的戒定慧三学的全新视角诠释喻嘉言的佛医思想。具体表现为三点：一是论述喻嘉言摄取戒学，著《医门法律》，有助于提倡医德自律和避免庸医误人；二是叙述喻嘉言融通定学，倡"安心说"，从而有效地达到治病的目的；三是阐述喻嘉言巧用慧学，创"四大归阴说"，进一步丰富和完善佛医思想。

关键词：佛教；喻嘉言；佛医思想

作者简介：欧阳镇，江西省社会科学院宗教研究所研究员（江西南昌 330077）。

喻嘉言（1585—1664年），俗名喻昌，晚号西昌老人，江西新建人，明末清初著名医学家。

顺治初年，喻嘉言在南昌百福寺披剃为僧，学佛参禅。顺治中，应钱谦益之邀，蓄发侨居江苏常熟，从此行医救世，"治疗多奇中"，医名卓著，并结合行医实践，著有《寓意草》《尚论篇》《尚论后篇》《医门法律》等医学书籍。在这些医学著作中，"他（指喻嘉言）的佛医思想独树一帜，在中国医学史上有着一定的地位与影响"①。鉴于目前学术界对其佛医思想皆限于从医学的视角研究，本文独辟蹊径，依据佛教的戒定慧三学来概括和诠释喻嘉言的佛医思想。

一 摄取戒学，著《医门法律》

《伤寒论》是中医著名的经典著作，喻嘉言认为这本书就是讲究戒律的，他在《医门法律》卷一《申明仲景律书》中说："盖《伤寒论》全书皆律……条例森森，随证细心校勘，自能立于无过。"②他甚至将《伤寒论》中风寒暑湿燥火六气及诸杂症分门别类，对每一症候的处治如狱官审理案例一样确立了医疗的是非标准，用以指导临床，可谓泾渭分明。然而，在行医过程中，却发现一些医生"不辨阴阳逆从，指标为本，指本为标，指似标者为标，似本者为本，迷乱经常，倒施针药"③，"凡治病，不辨脉与证之相反，懵然治之"④，诸如此类，不胜枚举，从而出现"轻病重治，重病轻治，颠倒误人"⑤，形成严重的医疗事故。喻嘉言还认为这种庸医误人造成的恶劣影响很大，指出"人之有生，火水、刀兵、禽兽、王法所伤残，不若疾厄之广"⑥。也就是说，自然灾害、战争杀戮、社会伤害，远没有医生误治病人的影响广泛。对此，喻嘉言提出了严厉的批评："何可妄作聪明，草菅人命哉？"⑦这完全是拿病人的生命开玩笑。从佛教的因果理论来说，喻嘉言坦言："医以心之不明、术之不明，习为格套，牢笼病者。遂至举世共成一大

---

① 何明栋、王占霞：《喻嘉言佛医思想初探》，《五台山研究》2002年第1期。
② （清）喻昌：《医门法律》，中医古籍出版社2002年版，第32—33页。
③ 陈熠主编：《喻嘉言医学全书》，中国中医药出版社2015年版，第190页。
④ 陈熠主编：《喻嘉言医学全书》第191页。
⑤ 万友生、杨扶国等校注：《喻嘉言医学三书》，江西人民出版社1984年版，第334页。
⑥ （清）喻昌：《医门法律》"自序"。
⑦ （清）喻昌：《医门法律》，第37页。

喻嘉言佛医思想新论

格套,遮天蔽日,造出地狱,遍满铁围山界,其因其果彰彰如也。"① 对于那些违背医德之辈,会受到因果报应。喻嘉言还进一步指出,明知错了还不知悔改,将会遭到永处地狱的恶报。他说:"若求快意一朝,如草头诸方,明明立见杀人,若辈全不悔祸,展转以售奸,吾不知其何等肺肠,千劫不能出地狱矣。"②

为了有效地解决庸医误人的严重问题,喻嘉言认为应摄取佛教的戒学。针对"这些严重弊端,喻氏深恶痛绝,佛教慈悲普度精神难以实施,为解决这种弊端,他终于想到了佛学戒律对僧侣的约束作用,他精思熟虑仿照佛教戒律为医门立法,所以专著《医门法律》一书"③。《医门法律》是喻嘉言参照佛法,以《内经》《伤寒论》等为依据而制定的我国医学上第一部医学规范著作。在《四库全书总目提要》卷一十四《子部·医家类二》云:"昌此书乃专为庸医误人而作,其分别疑似既深明毫厘,千里之谬,使临证者不敢轻尝;其抉摘瑕疵,并使执不寒、不热、不补、不泻之方,苟且依违,迁延致变者,皆无所遁其情况,亦可谓思患预防,深得利人之术者矣。"这也说明,喻嘉言著《医门法律》是针对当时医学界的弊病而立。与此同时,也可以看到,从法律的角度来著书明显是摄取佛教戒学的结果。

在当时条件下,喻嘉言认为仿照佛教戒律,以律戒医、提倡医德自律具有重要的意义。其一,可以禁止庸医误人。《医门法律》重点在"法律"二字上,所谓"法"指的是辨证论治的法则;"律"指的是为防止临证失治、误治而给从医者所出示的"禁例"。喻嘉言就是想通过"法律"规范从医者的行为,即以此来严诫从医者。特别是针对那些庸医,是以防止临证失治、误治而出示的"禁例"。这在中国医学史上是前所未有的。正如清代《四库全书提要》中所说"盖古来医书,惟著病源治法,而多不及施治之失。既

---

① (清)喻昌:《医门法律》"自序"。
② 陈熠主编:《喻嘉言医学全书》,第348页。
③ 申俊龙:《喻昌的医学思想与佛教》,《南京中医药大学学报》(社会科学版)2000年第4期。

有明辨舛误者，亦仅偶然附论，而不能条条备摘其咎。昌（指喻昌）此书乃专为庸医误人而作"。此论可谓中肯。其二，可以淘汰不合格的执医者。喻嘉言在《医门法律》卷一《附申治杂证不可犯时禁病禁药禁》中则更明确地指出："至于释门，其律尤严，三藏教典，仪律居三之一，由五戒而五百戒，直造自性清净，无戒可言，而道成矣。医为人之司命，先奉大戒而入门，后乃尽破微细诸惑，始具活人手眼，而成其为大医，何可妄作聪明，草营人命哉？尝羡释门犯戒之僧，即不得与众僧共住，其不退心者，自执粪秽，杂役三年。乃恳律僧二十众佛前保举，始得复为佛子，当今之世，而有自讼之医乎？昌望之以胜医任矣。"① 这就是说，在佛门中违反戒律，就得被逐出寺院，或者受到相应的处罚；喻嘉言希望摄取佛教戒学来严格要求从医者，要么实行汰除庸混之辈，要求其脱离医界，自责自讼，要么督促其深刻反省，改过自新，重新执业，以确保从医者之纯洁医德。其三，可以扭转医学界的歪风。长期以来形成的医学界的风气造成"重重黑暗，无繇脱度，岂不哀哉？昌也闭目茫然，惟见其暗，然见暗不可谓非明也。野岸渔灯，荒村萤照，一隙为明，举以点缀医门千年黭汶，拟定法律，为率由坦道，聊以行其佛事耳"②。因为佛教戒学对僧侣具有约束作用，并使得僧侣的行为变得规范。喻嘉言希望《医门法律》对从医者也能起到约束和规范作用，使得从医者的医德得到显著改善，疗效得到逐步提高。

喻嘉言不仅对从医者进行了警告，而且对患者也提出了要求。他摄取佛门戒学中的"茹素护生"之原则，强调患者饮食清淡茹蔬，反对饮食五味偏胜。喻嘉言提出："前哲有鉴于此，宁食淡茹蔬，使体暂虚，而邪易出，乃为贵耳！"③ 这是他根据中医理论和自己行医实践得出的可贵经验。人食五谷杂蔬，味有轻重淡厚之别，从中国医学传统的阴阳五行理论来看，辛、甘、酸、苦、咸五

---

① 陈熠主编：《喻嘉言医学全书》，第 200—201 页。
② 喻昌：《医门法律》"自序"。
③ 陈熠主编：《喻嘉言医学全书》，第 384 页。

味对人的五脏六腑各有宜忌,对于病人来说尤其重要,他进而告诫:"然饮食最宜致慎,不但肥甘生痰,厚味伤阴已也……释教以过午戒食,其大药王护身之一则欤!进之调摄,尤为紧关。"① 在这里,他还特别提到佛教戒学中的"过午戒食"的规定,且认为这也是患者饮食需要特别注意的一个问题。如果患者不明白饮食应清淡茹蔬的道理,反而"急于用肥甘之味以补充之,目下虽精彩健旺可喜,不思油腻阻滞经络,邪热不能外出,久久充养完固,愈无出期矣"②。那么就会有百害而无一利。

二 融通定学,倡"安心说"

喻嘉言认为佛教禅定之学与中医可以相通,这可从两方面来说明。一是定学与医学相合。佛教禅定之学倡导感悟,"禅机云:赤肉团上,有一无位真人。旨哉斯言!惟无位乃称真人,设有位则仍为赤肉团矣。欲窥其倪,惟在感而遂通之界"③。这里所谓的"无位真人",是佛教修定所追求的主要目标。只有通过修定,达到了一定的境界,方可证道。这种修定悟道,与中医身心调整不谋而合。喻嘉言就指出:"'大病须用大药,大药者,天时春夏,而吾心寂然秋冬是也。昔人逃禅二字甚妙,夫禅而名之曰逃,其心境为何如哉?'此谓大药即为参禅之意,以坐禅达忘我之境地,必有龙雷之火寂然不动之效。医佛之道相合,呕血暴病乃愈。"④ 这里,喻嘉言将修定视为医治身心的大药。二是定学有助于医学。喻嘉言在为僧期间,对禅定有一定的修习,无疑对其以后从医产生了一定的影响。正如《清史稿》卷五百二十《喻昌传》云:"昌通禅理,其医往往出于妙悟。"⑤ 这就说明,他在从医的过程中常常运用修

---

① 转引自李孝刚《一代医僧对中医学的贡献》,《中医学与传统文化》1995年第3期。
② 万友生、杨扶国等校注:《喻嘉言医学三书》,第733页。
③ 陈熠主编:《喻嘉言医学全书》,第417页。
④ 转引自李孝刚《一代医僧对中医学的贡献》,《中医学与传统文化》1995年第3期。
⑤ 赵尔巽等:《清史稿》,中华书局1977年版,第13869页。

定的功夫。由于深受佛教禅定的影响，他在从医中也非常注意心悟。凡遇到古典中不可理解的地方，决不敷衍了事，而要"途穷思返，斩断意识，直接返禅"①，来达到释疑解难的效果。

喻嘉言在继承中国传统医学的"七情""六欲"过分则致病的理论基础上，结合中国佛教特别是禅定之学，提倡"安心说"以达到治病的目的。"安心"在佛教禅宗公案中是一种开悟的手段，喻嘉言在这里融通定学所提倡的"安心"已转变为医学治疗的方法。在喻嘉言看来，在诊治外因致病的同时，千万不可忽视精神因素所致的疾病。因此，他在引用《本神篇》曰："心怵惕思虑则伤神，伤神则恐惧自失。"《邪气脏腑病形篇》曰："忧愁恐惧则伤心。"《口问篇》曰："悲哀忧愁则心动，心动则五脏六腑皆摇。"据此，他强调"心为五脏六腑之大王，而总统魂魄，兼赅志意。故忧动于心则肺应，思动于心则脾应，怒动于心则肝应，恐动于心则肾应，此所以五志惟心所使也"②。所有这些都说明，心藏神，为五脏六腑之大主，主宰和调控着机体的一切生理和心理活动，各种情志活动的产生，都是在心神的统帅下，各脏腑精气阴阳协调作用的结果。那么，对于心志失调所致的疾病，应该如何运用"安心"来达到医学治疗的目的呢？对此，喻嘉言根据自己的从医经历摸索出一些行之有效的办法，概括起来，有三种。

一是要从事"空王"，消除积恨。"空王"，据《圆觉经》记载，佛为万法之王，故称"空王"。此处"空王"即指释迦牟尼。释迦牟尼当初开悟成佛，就是通过修习禅定而获得的。由此，喻嘉言认为从事"空王"可以消除积恨，他说："不月者，亦须程功于日，从事空王，消除积恨可也。此亦非医罪，但以其势缓而姑任之，不早令其更求良治，迁延图利，心孽难除耳。"③ 在这里，喻嘉言希望患者皈依佛门，并通过长时间的佛门禅定修持来调整心态，从而消除积恨。其实，这是融通佛教定学以达到"安心"的具

---

① 喻昌：《尚论篇》"自序"，清乾隆二十八年（1763）刻本。
② （清）喻昌：《医门法律》，第54页。
③ 陈熠主编：《喻嘉言医学全书》，第338页。

喻嘉言佛医思想新论

体表现。在医学上可谓是扶本除疾。这也符合人们常说的"心病还要心药医"的道理。这种办法之所以被认为能够具有调节情志和心态的作用，完全得益于喻嘉言数十年的禅定经历和感受，在实践中证明确有其效果。

二是要有无为和无我的境界。喻嘉言认为要使心态安稳，必须抱有无为和无我的境界。他指出："设能善养此心，而居处安静，无为惧惧，无为欣欣，婉然从物而不争，与时变化而无我，则志意和，精神定，悔怒不起，魂魄不散，五藏俱宁，邪亦安从奈我何哉？"① 这就是说，具有无为的境界，就会随应自然，不会与人争斗；具有无我的境界，就会精神安定，不会伤害人体内脏。这正可谓以安稳之心，却病除虑，自然是心平气和，有延年益寿之效。这里的无为和无我的境界，都是佛教禅定修习的重要内容，由此，可以说，这也是喻嘉言融通佛教定学以达到"安心"的显著表现。

三是要做到换位思考。这种换位思考就是要站在患者的角度来考虑或看待疾病等问题。对此，喻嘉言是这样认为的："昌于此道无他长，但自少至老，耳目所及之病，无不静气微心，呼噏与会，始化我身为病身。负影只立，而呻吟愁毒，恍惚而来，既化我心为病心。苟见其生，实欲其可，而头骨脑髓，捐之不惜。倘病多委折，治少精详，蚤已内照。他病未痊，我身先瘁，渊明所谓斯情无假，以故不能广及。然求诚一念，多于生死轮上，寂寂披回。不知者，谓昌乃从纸上得之。"② 从这里可以看到，这种"化我身为病身"和"化我心为病心"的换位思考方法，喻嘉言在行医实践中常常运用，并有着深刻的切身体会。甚至他对自己的肉身进行观照后，对肉身看得也很轻，认为不过是一个"色壳子"而已。喻嘉言的这些观念，实际上都是通过佛教定学修习而形成的。据此，可以说，这是他融通佛教定学以达到"安心"的明确表现。

以上这些办法，是否还能在如今医学上发挥其"安心"的作

---

① 陈熠主编：《喻嘉言医学全书》，第210页。
② 陈熠主编：《喻嘉言医学全书》，第371页。

用，从而达到医学治疗的目的呢？这有待于进一步研究和探讨。不管怎么说，喻嘉言在当时的医疗条件下，能够做到融通佛教定学以达到"安心"，从而在医学治疗上发挥重要作用，这种探索精神是十分可贵的。

三 巧用慧学，创"四大归阴说"

喻嘉言具有强烈的信仰自信，他在《尚论篇·自序》中写道："古人既往，有我负荷，韫藏待剖，棼丝待理，责难他诿。昔阿难问世尊曰：古佛以何人为师？世尊答曰：以吾为师。此即诞生所指天上天下，惟吾独尊之旨。可见吾之分量，天地古今，莫得而囿，但非昌之所敢举扬者也。"① 可见，在他的心目中，佛的独尊地位是不可动摇的。在行医中，他认为医佛本为同行，说："先圣张仲景生当汉末，著《伤寒杂病论》，维时诸佛初传中土，无一华五叶之盛，而性光所摄，早与三世圣神，诸佛诸祖把手同行，真医门之药王菩萨，药上菩萨也。"② 并称道："我佛如来累劫中为大医王，因病立方，随机施药，普度众生"，坚信"两光摄合，宣扬妙义"，可"殊途同归"。③ 他不仅在其医案中记述了颇多医佛不离、相得益彰、共奏奇效的案例，而且巧用佛教慧学将医学和佛学在思想理论和思维方法等方面进行相互融合而创立新的学说。

喻嘉言结合佛教的"五蕴学说"，对病因学说加以拓展，提出"四大归阴说"。佛教的"五蕴"，又称"五阴""五众""五聚"。其中的"蕴"在汉时译为阴。"五阴"即色、受、想、行、识，具体说来，"色蕴"即一切色法之类聚，属于物质现象。"受蕴"即苦、乐、舍、眼触等所生之诸受。"想蕴"指眼触等所生之诸想。"行蕴"指除色、受、想、识外的一切有为法，亦即意志与心之作用。"识蕴"，即眼识等诸识之各类聚，受、想、行、识则属于精

---

① 陈熠主编：《喻嘉言医学全书》，第3页。
② （清）喻昌：《医门法律》"自序"。
③ （清）喻昌：《医门法律》"自序"。

神现象。佛教理论把"人"抽象为"五阴"之和合，所以人是物质现象与精神现象的统一，身与心的统一。同时，佛教理论中又把"四大"即"风、火、地、水"当成是构成一切事物的基本因素。佛教认为，若"四大"失调就会致病。如《佛说五王经》云："人有四大，和合而成其身，何谓四大？地大、水大、火大、风大，一大不调，百一病生，四大不调，四百四病同时俱发。地大不调，举身沉重，水大不调，举身浮肿，火大不调，举身蒸热，风大不调，举身倔强，百节苦痛。"①《佛说佛医经》则说："人身中本有四病，一者地，二者水，三者火，四者风，风增气起，火增热起，水增寒起，土增力盛。"② 据此，从生理来说，是"四大""假合成身"，构成了人体，从病理来说，是"相因成病"，成为人体致病的四种因素。这是佛教用"四大五阴"的原理来说明人生病的缘由。需要说明的是，佛教的"四大五阴"必须与中医传统理论中的阴阳五行学说相结合。

"四大五阴"与阴阳五行学说相结合，是以阴阳二气之说来解释"四大"的，五行则成了其中的中介。首先将五行作为有形之物，将其与佛教理论中的"五蕴"相比照，相当于其中的"色蕴"，这样两者都把"四大"或五行视为构成人身的要素，从而将五行与"四大"相联系。喻嘉言在《医门法律》卷二《阴病论》描述："夫水火木金土，在天成象，在地成形，原不独畸于阴。然而五行皆附地而起，水附于地，而水中有火，火中有风，人所以假合成身，身所以相因致病，率禀四者。"由此，就达到了"四大"与传统中医的阴阳五行学说相结合。其次把五行认定为特殊之气，清气在天成象，浊气在地成形，而五行作为有形之物也可以称为五形，这与佛教的"五蕴学说"中的"色蕴"有着异曲同工之妙。这样就巧妙地将五行转换为"四大"，使两者合二而一，都归为阴阳学说中的阴类，以此奠定了其佛医理论的基础。另外，在喻嘉言

---

① 《大正藏》第14册，台北：新文丰出版公司1983年版，第796页中。
② 《大正藏》第17册，第737页上。

看来，中医传统理论中的五行中的金有其独特之处，即"金性坚刚，不受和合，故四大惟金不与"①。他注意到金与气不易结合的情况，于是将金排除在外，从而使自己的佛医理论更为准确。由此，完成了佛教病因理论和中国传统病因理论的完美过渡和结合。

喻嘉言在"四大五阴"与阴阳五行相结合基础上，进一步强调"四百四病，皆为阴病"的观点。他在《医门法律》卷二《阴病论》中强调："佛说四百四病，地水火风，各具一百，是则四百四病，皆为阴病矣。"② 这一观点意义非同一般。因为在他之前的诸医家对阴病认识不足，把"四大"与五行等同，并归为阴阳学说中的阴类，致使致病因素的四大皆归为阴病。"《内经》凡言阴病，但启其端，弗竟其说。"③ 特别是朱丹溪、节斋（即明代王纶）等人"多主贵阴贱阳"，以致"畸重乎阴，畸非至理"④，从而导致对于阴病的认识与诊治的谬误。

喻嘉言巧用佛教慧学，创造性地提出"四大归阴说"受到了较全面的赞赏。在医学理论和方法上，"他的四大归阴说，从理论来说是为了纠正过去的重阴轻阳，而建立自己的温阳学说；从情感来说，则与他强调宗教的精神超越、厌恶物质有形息息相关；从方法来说，则兼收并蓄、充分吸收了佛学的相关资源，试图把传统医学奠基在更为抽象、更具普遍性的本体论基础上"⑤。此外，在医学临床上，"喻昌的四大归阴说的创立，意义重大。他更加重视阴邪致病"⑥。

以上依照佛教戒定慧三学概括诠释了喻嘉言的佛医思想。事实上，这些佛医思想的形成与其一生特殊的经历是分不开的。喻嘉言

---

① 万友生、杨扶国等校注：《喻嘉言医学三书》，第397页。
② 万友生、杨扶国等校注：《喻嘉言医学三书》，第397页。
③ 万友生、杨扶国等校注：《喻嘉言医学三书》，第395页。
④ 万友生、杨扶国等校注：《喻嘉言医学三书》，第396页。
⑤ 申俊龙：《喻昌的医学思想与佛教》，《南京中医药大学学报》（社会科学版）2009年第4期。
⑥ 邱玏、朱建平：《儒、道、佛对喻昌医学品格及思想的影响》，《江西中医学院学报》2010年第5期。

一生有数十年的佛门生活经历，对于佛教教理特别是佛医理论有较为完整和系统的掌握，达到了相当高的造诣，这在其后数十年行医中起到了重要的指导作用。他在《医门法律》中云："我佛如来……其充足圆满之性量八万四千法门，门门朗澈底里，诸有情微逗隙光者。阿难尊者证其无学，与我佛如来知见无二无别，乃得结集三藏十二部经典，永作人天眼目，济度津梁。"[1] 由此可见，佛教经典已成为他人生的指南，这很自然会影响他的医学思想。因此，"了解喻嘉言'自儒而之禅，自禅而之医'，最后以医名世的曲折经历，对于理解、研究其著作内容和学术思想，有一定的帮助"[2]。这一点，也适合解释其佛医思想形成的原因。

---

[1] （清）喻昌：《医门法律》"自序"。
[2] 万友生、杨扶国等校注：《喻嘉言医学三书》"前言"。

中国佛教文化的创造性转化与未来发展简论

刘鹿鸣

摘　要：自东汉佛教传入中国，经魏晋南北朝的发展，至唐宋时期，佛教与中国固有的儒道文化相互吸收融合，交融互鉴，经过创造性的转化形成了独具特质的中国佛教文化，完成了印度佛教的中国化。佛教文化传入中国两千多年，对中国思想文化的发展起到了重要作用。如今，人类文明又进入了一个大变革期，科学的发展给人类社会带来了前所未有的物质文明，但同时也产生了巨大的危机与挑战，突出地表现在人类的社会文化、伦理道德及世界和平等领域。佛教文化蕴含着独有的生命智慧和总持、圆融智慧，在解决宗教与现代科学之间的矛盾、化解不同文明之间的冲突方面，在促进人类文明与持久和平方面，在建设和谐的人类文化及构建人类命运共同体方面，可以发展出契合真理、适应时代的人类新文化。

关键词：佛教文化；中国文化；佛教中国化；中道；圆融

作者简介：刘鹿鸣，南京大学中华文化研究院副教授（江苏南京210023）。

一 中国佛教文化的创造性转化

佛教自东汉初年传入中国以来,深受中国故有的儒家、道家道教文化的影响,经历了魏晋南北朝时期的吸收借鉴,隋唐时期的创造性转化,至宋代基本完成了佛教的中国化,在教理、禅法和制度上形成了具有鲜明的中国文化特质的汉传佛教,从而成为中华优秀传统文化不可或缺的重要组成部分。

佛教中国化,是中华文明与印度文明交流互鉴的典范。自东汉初年佛教传入中国,经魏晋南北朝的发展,至唐宋时期,佛教与中国固有的儒道文化相互吸收融合,交融互鉴,经过创造性的转化形成了独具特质的中国佛教文化,完成了印度佛教的中国化。佛教传入中国两千多年,与其他思想互相渗透、互相促进,思想体系发展演变成十多个派别,对中国思想文化的发展起到了重要作用。经历了两千多年的岁月,佛教已经深入中国人的社会生活和思想文化的方方面面,给古老的中华文化注入了新的活力。魏晋南北朝以来的传统文化已不再是纯粹的儒家文化,而是儒佛道三家汇合而形成的文化形态。宋代以来,佛教逐步适应中华文化并融入其中,形成儒释道三元共有的文化格局,"儒以治世,佛以治心,道以修身"是宋代以来包括佛教界在内的整个社会的共识。

佛教的创造性转化,对中华文化产生了十分深刻和广泛的影响,在哲学、历史、文学、艺术、伦理等人文社会科学领域,乃至医药、化学、天文、生命科学等自然科学领域,都产生过重大影响,留下了丰富多彩的文化遗产。佛教文化对中国古代思想文化的影响如此之大,要进行中国古代文学、历史、哲学、艺术等的研究,不分析清楚它们与佛教文化的关系及所受的影响,就不能得出令人信服的结论,也不可能总结出符合历史实际的规律。比如研究中国历史,尤其是中国文化史,就不能不研究佛教。正如历史学家范文澜先生所言,"在中国历史上,佛教和文化关系如此之深,不懂佛学,就不能懂得中国文化"①。

近代以来,人类文明又进入一个新的大变革期,科学发展给人类社会带来了前所未有的物质文明,但同时也带来了巨大的危机和挑战,突出地表现在人类的社会文化、伦理道德及世界和平领域。佛教文化蕴含着独有的生命智慧和总持、圆融智慧,在解决宗教与现代科学之间的矛盾、化解不同文明之间的冲突方面,在促进人类文明与持久和平方面,在建设和谐的人类文化及构建人类命运共同体方面,可以发展出契合真理、适应时代的人类新文化。

科学界、文化界的有识之士尖锐地指出了现代科学文明所蕴含的巨大危机,呼吁人类文化转向在包括佛教文化在内的东方文明中求智慧。未来人类文明发展的危机将主要表现在三个方面:一是人类生命自身的提升发展,包括解决人类生命沉溺于外在物欲而致使精神迷失,以及由此而产生的种种社会问题;二是人类社会的文明冲突与和平问题,尤其是灾难性战争的危险;三是人类与动物界及自然生态的和谐发展问题。

与历史上中国佛教文化曾经经历的创造性转化相比,今天中国佛教文化又将面临新的创造性转化,其关键乃是当代佛教与现代科学文明的融会发展,并经过创造性的转化而形成适应人类未来文明发展的新型文化,为解决人类文明面临的新问题贡献佛学智慧。这将是中国佛教文化的新的创造性转化,与曾经的创造性转化相比,新的创造性转化是中国佛教文化的现在进行时和将来完成时。

二 中国佛教文化之特质——总持智慧与圆融智慧

中国佛教文化继承印度佛教发展而来,并开创了高度圆融综合的中国佛教宗派。作为中华优秀传统文化的重要组成部分和传承

---

① 赵朴初:《佛教与中国文化的关系》,《赵朴初文集》,华文出版社2007年版,第807页。

者,中国佛教文化有资格展现大乘佛教的甚深智慧,发扬东方文明的优势,化解人类文明发展所遇到的根源性危机,为人类文明的发展进步贡献独有的智慧。

中国文化从春秋时代就形成了"致广大而尽精微"(《礼记·中庸》)的特点,以达于道之共相(绝对性、一致性)与自相(相对性、差别性)之圆融一贯为极致。中国佛教文化之特质为"中道与圆融"。"中道"即"尽精微"之极,是对宇宙人生实相之如实体证;"圆融"即"致广大"之极,是对一切差别事相之融贯统摄。由心识观修体证达于宇宙人生绝对之本体界,进而融会一切差别现象界而达于绝对与圆融之不二,这是中国佛教文化的圆觉之路。

中国佛教文化对未来人类文化的贡献在更重要的意义上取决于佛教对现代科学文明的适应程度,以及大乘佛教对科学文明之纠偏作用的实现程度,取决于人类文化对于总持智慧与世俗知识的融会程度。

从大乘佛教的视角看,现代科学文明是基于第六意识即分别智来差别对待世俗万物的,而无分别智的超越世俗知识,以及沟通分别智与无分别智的甚深智慧,远非现代科学所长,所以,现代科学文明至今无法容纳、融会自"轴心时代"就确立的宗教文化,也没有能够确立人类道德生活的根本准则。如陈兵先生所言:"近现代文明的根本错误,并不在科学技术和工业革命本身,而在于其主客二元化的、唯理主义的思想方法和自我为中心的根本立场。"[①] 科学文明本身没有能力确立作为人类文化最根本基础的总持智慧,也缺乏使身与心、人与人、人与社会、人与自然、不同的宗教文明体系融会、和谐、共生的圆融智慧,因此,现代科学文明遇到的危机,本质上属于缺乏总持智慧(中道)和圆融智慧(圆融)带来的根源性危机,而这恰恰是以中国大乘佛教为代表的东方文明的优势所在。

---

① 陈兵:《佛法与现代文明》,《法音》1991年第2期。

三 中国佛教文化对未来人类文明发展将有的贡献

从佛教文化与现代科学文明的关系来看，中国佛教文化对未来人类文明发展的贡献可从十个方面进行考察。

第一，如实的慧眼观照。佛教文化把握宇宙人生实相，确立无我为宗、般若观照的总持智慧，从根本改变以假我为中心的自我中心主义、人类中心主义立场，解决人类赖以安身立命的意义、价值、终极关怀等问题，提升人类文化的品格和高度。西方人文科学，虽有精于逻辑演绎及实验观测之长，却缺乏从超越世俗知识的高度俯瞰宇宙人生、审视文明利弊的清澈智慧，终因其立足点过低，目光过于短浅，无法合理解决人存在的根本矛盾。科学文化对人生问题与宇宙奥秘的探究，至今尚处在零析碎割、见部分而失全体、治标不治本的低级阶段，其学说愈演愈繁，社会、人心问题也愈来愈多，缺乏一种从根本上、整体上观察、解决问题的大智慧，未能掌握解决人生问题的诀窍和打开宇宙奥秘的钥匙。而佛教文化之所长，正在于其能从根本和整体着眼，力图掌握并真正掌握解决人生根本矛盾、打开宇宙奥秘的智慧宝钥——对真实或真如、实相的契证。佛教文化以此为智慧之大本，观行之枢机，只要能如实观察体证真如，则假我之执自然销落，真正自我与常乐我净之涅槃自然呈露，本具直觉宇宙万法本面的智慧潜能亦自然显现，可谓一了百了，"一真一切真，万境自如如"[1]。对于治疗现代文明以自我为中心而向外扩张占有欲的病根，建设精神文明，具有积极意义。

第二，实证的理性精神。佛教文化有助于沟通科学与宗教，重建和谐合理的物质文明与精神文明。大乘佛教基于实证的理性精神，不盲从、不迷信，其理论是在不断的理性分析和哲理辩论中发展的，这与现代科学理性精神具有深刻的一致性，因此，就当今科

---

[1] （元）宗宝编：《六祖大师法宝坛经》，《大正藏》，第48册，台北：新文丰出版公司1983年版，第348页下。

学和宗教两大阵营而言,大乘佛教具有沟通科学与宗教的优势。唯识学在义理上的彻底明晰性使得它在教理辨析和圆融世间各种文化学问时具有许多优势,其细致的论理精神与新时代的科学精神深度契合。而且,大乘佛教基于分别智与无分别智两重智慧,所以能够理性地看待科学与信仰各自的合理性和二者的平等性,架起科学与宗教相互沟通的桥梁,促进科学与宗教的圆融并存,重建物质文明与精神文明的和谐。相比之下,现代科学思维基于分别智,对于无分别智的超越智慧还未能给予充分重视,故以佛教的理性智慧沟通科学与宗教,从而以宗教之道德原则、人文精神纠科学之偏、补科学之失,这是有识之士对于未来人类文化的殷切期望。破除迷信是佛教的根本精神,尤其表现在禅宗思想中,一切的鬼神迷信、民俗迷信、不正见邪信,以及一切怀疑执着之信,都在禅宗的渐次破除范围之内,这是一种非常彻底的理性正信精神。禅宗也不事神通,不标特异,依本分事教化人,是社会的正大气象所在。

如普朗克(Planck)说过:"宗教与科学之间,绝不可能存在任何真正的对立,因为二者之中,一个是另一个的补充。"[1] 现代自然科学的发展,进一步从更深的层次表现出与佛法基本原理更多的相通相近之处。科学时代的佛教,为对宇宙时空、物质本原、生命真相、心灵奥秘等的探索,提供了今天科学所不具备的超越智慧。

第三,判教的圆融智慧。佛教文化以如实观照的总持智慧审视全部人类文化,建立圆融和谐的整体文化观,对人类文化重新判教。中国佛教文化的判教体现了一种整体把握、差别圆融的宏大气魄,佛教文化的总持智慧可以为今天纷繁复杂的人类文化提供圆融观照,使得分支学科不至于"一叶障目,不见泰山",脱离生命根本的总持智慧。西方科学文化的分类方法在今天处于压倒性的优势地位,其实质却是未必正确的西方科学思维方式,这种平面式的学

---

[1] [英]约翰·麦奎利:《二十世纪宗教思想》,高师宁等译,上海人民出版社1987年版,第300页。

科分类，至今尚处在平面思维阶段，导致在物质科学、精神科学和宗教之间始终有一条不可逾越的鸿沟，缺乏一种判教的总持智慧。新判教以佛教文化如实观照宇宙人生实相的总持智慧为根本，在一个更新的认识角度圆融现代科学愈演愈繁的分支学科。

第四，自性的潜能开发。佛教文化开发生命潜能，并提供心识力量改变正报、依报的理论和方法。大乘佛教对于人类及一切生命的认识基于无我、空性之证悟，在此基础上揭示出生命都具有无限的可能性、无穷的丰富性和无尽的光明宝藏。自性潜能开发与当今重视丰富多彩的个性发展相适应。大乘佛教的禅修对于开启生命的潜能具有丰富的实践方法，对于难以控制的人性负面的贪欲、嗔嫉等具有从根源入手的解决办法，是救护种种罪恶的良药，在个体的心理治疗、健身益智、性情改善、境界升华等方面都有切实的效用。

第五，当下的禅观生活。禅宗是中国佛教总持智慧的代表，禅宗的圆融世间与出世间的生活智慧代表着中国文化对于佛陀八正道的诠释。生存压力、激烈竞争之下的现代人如何获得艺术化的自在生活？这是禅宗要贡献给新时代人们的根本智慧。当下的禅观亦是当下的终极关怀，高妙与日用不二是中国文化之特质，于当下现实生活中获得理事圆融无碍。

确定安身立命之本，掌握认识自心、调控自心的技巧，获得合理生活的智慧和艺术，开发自性潜能，创造安乐祥和、洒脱自在、富有价值的人生，超越生活，超越生死，实现生命的圆满变革，趋向永恒的幸福快乐。努力探求当代人在紧张繁忙的生活中容易参修而又能顿获受益的新路。当代著名禅学者净慧法师[①]和贾题韬居士[②]都强调生活即道场，在生活实践中参修，要在生活中、烦恼中磨炼自心、度化众生，在当今这个科学至上、享受人生成为全社会价值取向的时代，在诸宗教中，在佛教诸宗中，能适宜现代人修

---

① 参见净慧《生活禅钥》（增订版），生活·读书·新知三联书店2014年版。
② 参见贾题韬《佛教的精神——面向人间》，《贾题韬讲"般若"》，华夏出版社2009年版。

习,最能表现人间佛教的宗旨者,无疑首推禅宗。禅宗的伟大,在于它以简易圆顿的践履之道,扎根于中国文化的肥沃土壤,将佛教文化了生死出世间的宗旨与中国本土文化入世用世的积极精神结合为一,高扬禅宗六祖慧能所言"佛法在世间,不离世间觉"①的理念,打破了佛与众生、出世与入世、生活与学佛、出家与在家的阻隔,开辟出一条任何人都可趋入,即世俗生活而超越世俗生活、证悟佛法的简易切实之道。

第六,平等的伦理正见。佛教文化以缘起论为基础的大乘佛教伦理精神的根本原则是平等、慈悲和自净其意,依缘起平等观念而确立人与人、人与万物、人与世界关系的正见。由缘起无自性而不认为有绝对的主宰者、创造者,不认为有可以主宰人间祸福的神明,但也承认、尊重一切宗教神祇的适当地位和作用。一切有情生命皆平等,社会各阶层、各种族平等,人与其他生命体平等,有情无情一体平等,依据因缘法则而自我觉悟,自求解脱。人的幸福与其善恶行为密切相关,行善业则乐事相伴,行恶业则苦事相随。善恶业的根源在于自心,善护念自心是佛教的伦理正见。由缘起平等而力倡众生之间应以慈悲喜舍为怀,《涅槃经》云佛陀"视诸众生犹如一子"②,视众生为过去世父母、未来诸佛,极度尊重人的价值和尊严。大乘佛教把这种平等与慈悲范围扩展到包括动物在内的一切有情众生。素食、动物保护等都是这种慈悲精神的具体体现。以这种理性人道主义的精神进行社会教化,对于净化人心,淳化世风,优化人际关系,促进世界和平,乃至保护生态平衡,都有良好作用。

第七,无我的菩萨大爱。中国佛教文化的菩萨精神代表着人类自我意识觉醒的优秀品德,大智、大行、大悲、大愿、大慈,是中国佛教文化关怀社会、利他精神的集中体现。利他(包括布施、公益等)精神是人类一切文明的精华,无论是佛教,还是天

---

① (元)宗宝编:《六祖大师法宝坛经》,《大正藏》,第48册,第351页下。
② (北凉)昙无谶译:《大般涅槃经》卷二十六《光明遍照高贵德王菩萨品》,《大正藏》,第12册,第520页下。

主教、基督教、伊斯兰教、儒家、道家等都有利他精神。佛教的利他精神是在一切有情众生平等基础上的无执、无我的奉献。大乘佛教思想肯定仁爱与善是人道的基本出发点,肯定一切善良、美好的愿望,这也是一切宗教文化共同的出发点,但大乘佛教之不同在于,基于同体大悲的觉悟心,发菩提心而共同觉悟,强调尽时空、遍法界的愿行,无尽意、无尽愿,一种觉悟人生之后的彻底奉献精神,以无我相、无人相、无众生相、无寿者相而行一切善法,特别强调相续不断,无有疲厌。中国佛教深广的菩萨愿行精神,也代表着佛法实践中的觉悟者对于在无尽的时空中践行庄严国土、利乐有情的伟大诺言,为具有彻底改造人类社会成为人间净土的深广愿望的同行者带来信心。近代以来许多着力改造社会、拯救世道的志士仁人的革命精神就深受菩萨行无尽悲愿的精神的影响。

第八,慈悲的和平精神。佛教是和平的宗教,彻底奉行不杀生的慈悲精神,是没有引起宗教战争的和平宗教,佛教在今天始终是维护世界和平的重要力量。佛教以缘起论为基础的因果业报观念,导归人心顺对各种现实境遇;以无我为基础的无执,使人积极地自净其意,并以无我正观达于内心的宁静安详,平服人心的不安和躁动,过安详而有尊严的生活。由无执到无争,对于化解暴力、消弭战争冲突,挽救世道人心,都有着不可估量的重要意义。

中国汉传佛教的素食传统及与其密切关联的戒杀、放生有益于大乘菩提心、慈悲心的培养。《心地观经》记载了弥勒菩萨"从初发心不食肉"[1]。素食与戒杀、放生引发动物保护、环境保护等,国际上动物保护往往与素食主义密切相连,为人类消弭暴力、促进和平的贡献不可小觑。中国佛教文化讲"欲知世上刀兵劫,但听屠门夜半声"[2],认为世间人们相互残杀,乃因人们平时杀业所感,

---

[1] (唐)般若译:《大乘本生心地观经》卷三《报恩品》,《大正藏》,第3册,第305页下—306页上。

[2] (明)愿云禅师《戒杀诗》,载(清)观如《莲修必读》卷一,《卍新纂续藏经》,第62册,东京:日本国书刊行会1980—1989年版,第844页下。

因此，中国佛教的素食、戒杀、放生的慈悲精神极有益于人类的和平。

第九，缘起的依正不二。佛教文化具有人与自然和谐共处的生态环保智慧。佛教无我论与生态文化思潮对现代西方文明中的人类中心主义观念的批判具有相同的内涵。阿部正雄曾强调佛教的无我论不是人类中心主义，而是一种宇宙主义，为当前人们面临的环境危机提供了一种解决的方法。从缘起论的立场分析人的存在，认为人的生命由五蕴——物质（包括身体）与精神、心理活动集成的动态结构，身心境三缘和合，彼此不离，心色不二，依（国土）正（根身）不二。欲期依报清净庄严，生存环境富乐理想，关键在于人类能自净其心、自严其心，《维摩经》云："随其心净则佛土净。"① 这是佛教文化处理人与世界关系的根本立场。佛教缘起论将宇宙万物看作"此有故彼有""此无故彼无"②，相互依存、相互关联的存在，是一种整体论的世界观。后期佛教缘起论如阿赖耶识缘起、真如缘起、法界缘起等将世界视作整体性存在的观念更为明显。

第十，圆融的和谐共生。佛教文化提供多元文化中族群和谐、各宗教文明和谐、世界和谐的共生智慧。《法华经》云："是法住法位，世间相常住。"③ 大乘佛教具有最广大的时空观念和有情生命族类观念。在大乘佛教看来，各种生命形态、族类，各种思想、学说、文化、宗教信仰、风俗习惯，以及不同种族、肤色、人种、职业等的人们，都可以和谐共生，故能平等地看待科学精神与宗教信仰，平等地看待世间与出世间，这有利于解决科学与宗教，以及不同宗教之间的矛盾，对于化解今天日益严重的宗教冲突、种族冲

---

① （后秦）鸠摩罗什译：《维摩诘所说经》卷一《佛国品》，《大正藏》，第14册，第538页下。
② （刘宋）求那跋陀罗译：《杂阿含经》卷一十三，《大正藏》，第2册，第92页下。
③ （后秦）鸠摩罗什译：《妙法莲华经》卷一《方便品》，《大正藏》，第9册，第9页中。

突，促进世界和平，建设多元文化共存共生的发展理念具有积极意义，特别符合"道并行而不悖，万物并育而不害"(《礼记·中庸》)的和谐共生精神。大乘不二法门辩证的中道智慧避免一切形态的偏执，具有超越一切二元对立的中道智慧。大乘佛教特别重视中道智慧，追求的不是此是彼非的二元对立思维，而是以超越二元对立的角度看待各种思想、学派，能够圆融各种不同的思想文化体系。这种圆融的中道精神对于今天解决各种矛盾冲突，维护世界和平有积极的作用。如今，人类已进入一个前所未有的大融合时代，各种文化的交流、碰撞空前频繁，发扬大乘佛教理事无碍、事事无碍的圆融精神，融会各家，使人类各民族的智慧共生共存，和合发展，对于消弭文明冲突，提升文化相容，圆融文化差别有着积极的意义。

儒学研究

多元文化融通背景下传统儒家仁学理论形态现代转换的新探索
——从牟钟鉴的《新仁学构想——爱的追寻》到陈来的《新原仁——仁学本体论》

魏 涛

摘 要： 奠基于孔子时期的仁学经过历代儒者的弘扬与发展，在现代性的冲击下，不得不积极实现其理论形态的转换。在当代新儒家的基础上，立足于当下种种的社会问题，在牟钟鉴和陈来的推动下，传统仁学逐渐发展出了新的理论形态。牟钟鉴的新仁学体用论，对当代人生困境、民主政治、市场经济、国民教育、文明对话、生态文明等方面的挑战进行了有效的回应。陈来亦是本着重建传统仁学的职志，以对李泽厚情本体的回应为理论起点，经过明体、原仁、仁体、道体、天心、万物一体、生物之心、生气流行、心本实体、情感本体和仁统四德等方面的层层推进，建构了一个新的仁学本体论的哲学体系。新仁学理论建构的关键在于如何传承中国传统哲学即体即用、体用一源的思维模式。这与中国哲学理论资源的自我调适与重构之传统密不可分，而当前社会主义核心价值观的培育和践行问题更是新仁学理论建构的重要话语背景。传统仁学理论经由不同向度的新建构，于"明体达用"中不断实现着其自身理论的创造性转化。

关键词：儒家；新仁学；牟钟鉴；陈来
作者简介：魏涛，郑州大学历史学院副教授（河南郑州 450001）。

仁学是传统儒学的精华，也是儒学在当代实现理论转型过程中最有价值的思想资源。近代以来，在西学大潮的冲击下，儒家仁学陷于艰难的境地，儒学日益被"边缘化""妖魔化""腐朽化"。中华人民共和国成立之初的一段时间内，儒家的仁学遭受了空前的批判和打击。改革开放之后，人们在对历史进行理性的思考之后，又掀起了"孔子再评价"的热潮。在逐渐步入全球化的今天，国际社会的很多有识之士越来越认识到孔子思想尤其是仁学的重要性，发出了一种共同的声音，即今天处在困境中的人类，需要到孔子那里寻找摆脱困境的出路。从理论来看，包括梁漱溟、熊十力、冯友兰等人在内的新儒家在近代以来"启蒙与救亡"的双重变奏中，不断进行着深入的理论探讨，对于西方文明的挑战进行了积极有效的回应。尽管目前还有人对传统儒学能否从"博物馆"中走出来，从"游魂"的状态中落下来，进入大众生活的世界持怀疑态度，但我们应该坚信，数千年对中国传统社会发生重要影响的儒家仁学一定会从自身理论的发展方面协调好其与现代性和社会主义意识形态的关系，以新的理论形态展现在我们的面前。21世纪，人们主要围绕立德树人的问题，就如何重建传统仁学的问题进行了激烈的讨论，提出了多种多样的新仁学理论建构的路径。对于这些理论进行检视，将在21世纪深入推进中国哲学的现代化和世界化的思考中形成有益的参照。

一 传统仁学思想的演进与新仁学的现代回响

仁是儒家思想中最重要的德性观念，他的基本意涵是爱的道德情感，可以由近及远地有差等而无止境地推展的道德情感。儒家仁学思想早在《周易》《尚书》《诗经》《左传》《国语》中就已经形

多元文化融通背景下传统儒家仁学理论形态现代转换的新探索

成。如《左传》中的"仁、信、忠、敏",《国语》中单襄公所讲的"敬、忠、信、仁、义、智、勇、教、孝、惠、让"都将仁置于重要地位。通过对《左传》和《国语》的考察可见,春秋时代人们对社会生活中的很多行为皆用仁来加以评论或界定。孔子更是将仁视为人们道德行为的共同的德性基础,仁成为整个孔子思想最重要的范畴。孟子继承了孔子的理论方向,将儒家道德观念体系之诸多德目概括为仁、义、礼、智之四端,并发展出"仁政"的思想。孔孟仁学主要是从情感或心智出发建构仁学,力图在人自身之中追寻道德根据。汉儒则进一步强化了这一特点。如《白虎通·情性》中所言:"五性者何?仁义礼智信也。仁者不忍也,施生爱人也;义者宜也,断决得中也;礼者履也,履道成文也;智者知也,独见前闻不惑于事,见微者也;信者诚也,专一不移也。"将仁作为五常之一,并确立其为传统伦理道德的核心内容。魏晋南北朝时期,社会思想渐趋多元化,道、法、名、墨诸家日臻活跃,儒家经学则渐趋衰落。当时社会以道家精神为主导的玄学风行,玄学家多着力畅玄虚、明自然。虽然他们也在努力调和名教与自然,但其核心是要把名教建立在自然的基础上,更遑论嵇康还要"越名教而任自然"。唐代韩愈讲"博爱之谓仁"(《原道》),但对仁学没有进一步阐发。至宋儒程颢方赋予仁更高的义理升华的表达,提出了"仁者以天地万物为一体"[1]的观念,"学者须先识仁。仁者,浑然与物同体"[2]。"仁者,以天地万物为一体,莫非己也。认得为己,何所不至。"[3]"若夫至仁,则天地为一身,而天地之间,品物万形为四肢百体。夫人岂有视四肢百体而不爱哉?"[4]程颢在这里以哲学化的观照和识解,将爱的道德情感升华为"浑然与万物同体"的精神境界。进入了这种境界,爱的情感才可具备"何所不至"的广阔,才能有如爱自己身体般的那种真切。程颢对仁之意涵更进一步

---

[1] (宋)程颢、程颐:《二程集》,王孝鱼点校,中华书局1981年版,第15页。
[2] (宋)程颢、程颐:《二程集》,第16页。
[3] (宋)程颢、程颐:《二程集》,第15页。
[4] (宋)程颢、程颐:《二程集》,第74页。

的诠释,是在"万物一体"的视野中,又体悟仁是"生",是生长着、律动着的万物的整体生命。在程颢那里,仁不仅是爱的道德情感,也是生命的表现和存在。在这种人与万物同体的精神境界里,或宇宙万物的存在结构是一种生命同一体的哲学诠释中,"天人合一"或"赞天地化育"之论成为多余之论。[1] 可以看出,在程颢这里,人与万物处于生命同一体中,人珍惜自然、保护自然不再是对异己的"应然"的道德责任,而是自己生命本有的生活行为。[2] 从表面来看,这是对人的自然责任之消解,实际上是在一种更高的境界意义上去彻底履行自己的责任。程颢对传统儒家仁学以"与万物同体"的观念进行了深入的理论提升,之后得到陆王心学的回应。如陆九渊基于他的"宇宙便是吾心,吾心便是宇宙"所讲的"宇宙内事乃己分内事,己分内事乃宇宙内事"[3],王阳明所谓的"仁者以天地万物为一体,使有一物失所,便是吾仁有未尽处"[4],皆可视作对程颢观点的进一步表达。之后对儒家仁学进行系统化阐释的是谭嗣同。他继承孔子,兼综传统诸家,融汇中西,以"通"的理念为特色,把仁爱与感通观念结合起来,赋予了传统仁学以平等互尊、开放富民的新特征,将传统仁学推进至新的理论形态。[5]

在当代新儒家融汇中西,贯通三教的努力中,梁漱溟创立新文化学,熊十力创立新唯识学,冯友兰创立新理学,贺麟创立新心学,钱穆创立新国学,方东美创立新生命学,牟宗三创立新儒家形上学,张岱年创立新气学,大都承接宋明道学的理、心、气三大学派而有所创新,并不以仁学为主轴。传统仁学以"八德四目"的核心价值形式自"民国"以来开始进入寻常百姓的生活世界。然从传统仁学理论演进的链条来看,新的仁学理论体系的建构尚未形成。

---

[1] 参见崔大华《儒学的现代命运》,人民出版社 2013 年版。
[2] 程颢常以"切脉最可体仁"来表达仁的这番意蕴。参见(宋)程颢、程颐《二程集》,王孝鱼点校,中华书局 1981 年版。
[3] (宋)陆九渊:《陆九渊集》,钟哲点校,中华书局 1980 年版,第 483 页。
[4] (明)王守仁:《王阳明全集》,吴光等编校,上海古籍出版社 2011 年版,第 29 页。
[5] 参见牟钟鉴《新仁学构想——爱的追寻》,人民出版社 2013 年版。

多元文化融通背景下传统儒家仁学理论形态现代转换的新探索

进入 21 世纪,很多学者就新的仁学理论的建构问题提出了不同的路径。郭齐勇在《东亚儒学核心价值观及其现代意义》中提出,从汉儒到宋明儒,其共同承认的核心价值观,大体上是以仁爱为中心展开的。① 山东大学颜炳罡在《生命的底色》一书中指出,孔子之学是"引仁入礼",思孟之学是"依仁以成礼",荀子之学是"以礼显仁",汉学是"依礼限仁",宋明理学偏于"礼体仁用",心学偏于"仁体礼用"而有空疏之弊,清代今文经学使仁学复苏,今后应将"依仁而成礼"与"设礼以显仁"结合起来。② 李幼蒸把"仁学"一词从其传统语境中抽取出来,使其成为基本伦理学典范的孔孟伦理学之专称,以区别于内容远为繁复的儒学。在他看来,将仁学与儒学区分开来,首先可以使孔子思想和中国两千多年的儒家政治史分开,两者成为虽相关却不同的学科领域,其结果不仅有益于古典学术研究,而且有助于未来文化学术创新的事业。一个直接的益处是可以使传统仁学和现代"反封建思想运动"彼此相容一致。一方面,只有仁学(而非传统儒学全体),才能有进一步参与中国现代化和全球伦理学对话的可能性。另一方面,在信仰纷争不已的当今世界,只有非宗教的仁学伦理学才有可能成为一切信仰传统都可接受的"中性"的对话基础。仁学的特点尚不在于博爱和"大同"这类人类传统价值,而在于其主体伦理学中主体的特殊的生存态度。在他看来,《论语》以直观的方式为个人人生信仰提供了理论上和实践上可信的理性基础。在认识论上不同于时下的极端相对主义、虚无主义、形而上学和超越性信仰等西方主流思想的立场。李幼蒸认为,中国历史上形成的经验理性主义仁学传统,经过解释学和符号学方法论的解读后,有可能成为普适于现代人类的基本伦理学范型之一。③ 牟钟鉴的《新仁学构想——爱的追寻》和陈来的《新原仁——仁学本体论》正是在理论界对传统仁学重构的讨论中出现的重要理论著作。

---

① 参见郭齐勇《东亚儒学核心价值观及其现代意义》,《孔子研究》2000 年第 4 期。
② 参见颜炳罡《生命的底色》,山东友谊出版社 2005 年版。
③ 参见李幼蒸《仁学解释学:孔孟伦理学结构》,中国人民大学出版社 2004 年版。

二 从牟钟鉴的《新仁学构想——爱的追寻》
到陈来的《新原仁——仁学本体论》

面对多元文明的共存与争鸣，牟钟鉴教授基于德性与智性之矛盾冲突的理论，明确谈到了儒家仁学在德性与智性的矛盾中间的价值挺立的必然性与可能性，提出了"以仁爱为体，以智能为用"的重要观点。他非常乐观地坚信，"在传统断裂、德性缺失、物欲泛滥、人心混乱之际"，集纳中西方的智慧，重建仁学，必然会使其在当今社会、当今世界放射出"耀眼的光彩"。① 早在20世纪90年代初，牟钟鉴就提出了重建儒家仁学的问题。在《儒家仁学的演变与重建》一文中，牟钟鉴提出："仁学的重建，可以将爱、生、道三大原则综合起来，再加上诚的原则，并在内容上加以增补，可以形成新仁学的体系。这个新仁学以爱为基调，以生为目标，以通为方法，以诚为保证。"② 在对儒家仁学的历史流变进行分析时，牟钟鉴提出："在长达两千多年的儒学史上，植根于孔子仁学开出自己思想学说的，屈指只有两家：先秦孟子的仁义之说和近代谭嗣同的《仁学》。"③ 牟钟鉴认为，仁爱应该从六个方面来把握。第一，仁爱乃是情与理的结合。第二，爱有差等，推己及人，由近及远。第三，兼相爱则交相利，爱心要体现为互利共赢，使社会各阶层、各行业各得其所、各兴其业，使世界各国各族能够和平发展、共同繁荣、幸福安康。第四，仁爱必须是互尊的爱，绝不是强迫的爱。第五，仁爱的日常表现是敬业乐群，怀着爱心做好本职工作。第六，仁爱要渗透到制度设计和社会管理中去，进而他谈到了新仁

---

① 参见牟钟鉴《新仁学构想——爱的追寻》，人民出版社2013年版。
② 牟钟鉴：《儒家仁学的演变与重建》，《哲学研究》1993年第10期。
③ 牟钟鉴：《新仁学构想——爱的追寻》，绪言，第1页。接着在该书中又讲道："孔子仁学的递相传承虽非思想史主脉，亦受到相当重视，它时隐时现、时缩时扩、绵延不绝。"一方面仅提孟子和谭嗣同，另一方面又强调儒家仁学一以贯之的存在于中国思想史之中，此一表面矛盾的观点背后，体现出对中国思想发展的暗流失于考察。

多元文化融通背景下传统儒家仁学理论形态现代转换的新探索

学的生命论的多重内容,例如:生命的意义和追求在于使众生得到幸福,从而实现自身生命的价值;理顺道义与命运的关系;健康的生命需要性命双修;树立"民胞物与"的大生命观;确立生命至上的价值观,把仁爱生命视为一种真诚的、普遍的信仰,置于各种主义、宗教信仰、哲学体系、社会理想、利益追求等价值理念的最高位置,当发生矛盾时,便毫不犹豫地服从尊重生命、爱养生命的无上原则,而不以任何理由去残害生命。最后谈到了关于新仁学的"大同观"。他赞同道家的宇宙论,认为宇宙的发生、演化不是杂乱无章的,不是偶然性的堆集,不是无生命体的无限延续,而是有本有源、有动能、有活力、有规律可循的,这便是道。"以道为归"可作如下理解:大道是贯通宇宙、社会、人生的最高真理,一曰生道,二曰公道,三曰和道;大道是普遍性与特殊性、一体性与多样性、群体性与个体性的高度统一;大道是阴阳互动、刚柔相推、屈伸相感的永恒的运动变化过程。

继牟钟鉴之后,陈来亦提出了他的仁学本体论。针对李泽厚的《该中国哲学登场了?——李泽厚2010年谈话录》一书中关于哲学是否终结的讨论,陈来指出:"但李泽厚的提法很有意义,就是在反形而上学的时代,在后形而上学的时代,肯定广义的形而上学的意义,认为广义形而上学不可能终结,主张广义的形而上学根源于人类心灵的永恒追求,广义形而上学的内容是对人生意义和宇宙根源的探求。这样一种哲学观,在'哲学终结论'甚嚣尘上的时代,在后现代思潮笼罩文化领域的时代,是有意义的。在此意义上,我们所主张的仁学即可以为一种广义形而上学,以解决人生的价值、宇宙根源的问题。而同样显然的是,思想确实往往比哲学更重要,说仁学是一种思想比说仁学是一种哲学要更为贴切。"[①] 针对李泽厚的情本体论,陈来指出:"从中国哲学的角度看,最好者为'体用论',全体大用,无有偏处,中国哲学即讲体用论。李泽厚以情为本体,终究难免于中国传统哲学对'作用是性'的批评,情之意

---

① 陈来:《论李泽厚的情本体哲学》,《复旦学报》(社会科学版)2014年第3期。

义在感性生活和感性形式,还是在用中讨生活,不能真正立体。儒学的论情,必须如马一浮所说,全理是情,全情是理,才是儒学论情的基本立场。"① 李泽厚也曾多次谈到儒家的仁,在陈来看来,他总是把仁理解为经验的情感,不能深刻了解在儒学史上仁所具有的多重向度的意义,包括本体论、宇宙论的意义,因此李泽厚是把仁放在他的情本体中来谈论、来肯定的。从我们的立场来看,仁是具有形而上学意义的实在,而爱的情感只是仁体的显现之用,而李泽厚对仁的理解始终限制在"经验性的仁爱"②,因此就不能肯定仁体的观念③。故此,针对李泽厚的情本体论,陈来建立了他的仁学本体论。他还提出:"仁体论的建构既是面对现代儒学形上学的需要,也是面对中华民族复兴时代重建儒学或复兴儒学的需要,在根本上,更是面对当今中国与世界的道德迷乱,因此它最终要落脚在价值、伦理、道德的领域,重建社会和人的道德,如古人所说振纲纪、厚风俗、正人心者。"④ 这对于那些力图以援引西方宗教来解决中国社会当前所谓的信仰危机问题的思路是一个有力的回应。故此,陈来教授提出,"中国几千年的历史证明,非宗教的人道主义(仁道)可以成为社会群体的凝聚力和道德基础而无须超越的信仰,这一点西方要到启蒙和宗教改革之后才能理解"⑤。

---

① 陈来:《论李泽厚的情本体哲学》,《复旦学报》(社会科学版)2014年第3期。
② 李泽厚:《人类学历史本体论》,天津社会科学院出版社2010年版,第120页。
③ 在陈来看来,李泽厚的立场是某种后马克思主义、后现代的立场,反对以道德为本体,最多他也不过是想把情感性内容注入康德的理性伦理本体而成为实用理性(亦即情理交融的感性),所以他必然不能走向仁本体。然而,李泽厚的哲学虽然在主观上不走向仁本体哲学,但是其哲学中的许多提法,都可以通向仁本体哲学。[《论李泽厚的情本体哲学》,《复旦学报》(社会科学版)2014年第3期。]在陈来看来,李泽厚的情本体论尽管并非将仁视为本体,但却给仁本体的确立开出了明显的路向,亦即其在理论预期和理论效果上出现了某种分离或断裂,或可以说是其体系遮蔽了方法。所以陈来才讲:"既然说本体在伦常日用之中,本体可以是天人合一,本体是人与宇宙的共在,本体是天地之大德曰生,这个本体难道不是只有仁才能承当吗?就此下一转语,儒学的仁本体不是已经呼之欲出了吗?"(李泽厚:《人类学历史本体论》,天津社会科学院出版社2010年版,第120页)
④ 陈来:《新原仁——仁学本体论》,生活·读书·新知三联书店2014年版,第87—88页。
⑤ 陈来:《新原仁——仁学本体论》,生活·读书·新知三联书店2014年版,第88页。

多元文化融通背景下传统儒家仁学理论形态现代转换的新探索

从牟钟鉴的《新仁学构想——爱的追寻》到陈来的《新原仁——仁学本体论》，中国传统仁学获得了深度的推进。陈来在《新原仁——仁学本体论》的后记中讲道："承牟钟鉴先生赠其新书《新仁学构想——爱的追寻》，其中之义，多与鄙见相合，可见仁学的重建在当代已经是有志于发扬儒学者的共识。"① 可见，陈著的出现与牟钟鉴《新仁学构想——爱的追寻》存在着一定的理论承接关系。反映了近年来有关新仁学理论建构的重要的理论进程。当然，陈来也明确指出："与牟著不同的是，本书集中于'仁体论'，关注本体的哲学层面。"② 从立本处着眼进行新仁学理论建构，继承了宋明以来儒学在回应其他文化挑战时的重要传统，亦将成为在诸多新仁学理论建构面向中非常关键的方面。

三 新仁学理论建构与当代中国哲学理论形态转换的若干思考

新仁学理论建构之所以成为新时代儒学发展的重要方向和理论建构的重要着力点，既与多元文化背景下各种思潮的相互激荡有着紧密的关联，也与传统儒学自身理论发展的困境密不可分。前者作为新仁学理论建构的外在因缘，对于启发我们对传统仁学进行系统的理论清理构成了强烈的刺激。后者则使我们在推进传统仁学既有思路和思维模式的本根性的思考方面，在回应儒学与现代性、公共性等问题的关联方面向前迈进了一步。

新仁学理论建构的关键在于如何传承中国传统哲学即体即用、体用一源的思维模式。应该看到，尽管程颐已经提出了"体用一源，显微无间"③，但并未对体或本体进行具体、明确的界定，清儒李颙在其著作中对"本体"概念从多个方面作了界定，着力强调

---

① 陈来：《新原仁——仁学本体论》，第503页。
② 陈来：《新原仁——仁学本体论》，第503页。
③ （北宋）程颢、程颐：《二程集》，王孝鱼点校，中华书局1981年版，第430页。

和点明了本体与工夫之间的关系①。

此后熊十力的《新唯识论》对本体作了如下的界定："本体所以成为本体，具有如下诸义：一、本体是备万理、含万德、肇万化。法尔清静本然；二、本体是绝对的；三、本体是无形相的，没有空间性的；四、本体是无始无终的，没有时间性的；五、本体是全的，圆满无缺的，不可剖割的；六、本体是不变易中涵着变易，变易中涵着不变易的。"② 而且他提出了对本体实质的看法："从来哲学家谈本体，许多臆测揣度，总不免把本体当作外在的物事来推求，好像本体是超越于一切行或现象之上而为其根源的，多有把本体和一切行或现象界说成两片。"③ 在熊先生看来，只有从历史中探寻本体的迷失中走出来，才能形成对本体的观念的正确把握。而在崔大华先生看来，熊十力的本体思想也正是对传统哲学历史经验反思的结果。其一，不可离"用"觅体——所以即体即用。深入分析可见，熊十力所理解和诠释的宇宙本体，实际上是蕴含至寂本然和与生化不息两个能构成周延、圆满"自性"的宇宙本体，是包含缘起和过程的真实的全部的宇宙存在。其二，不可离心觅体——所以本心即是本体。④ 在熊十力那里，明确区分了"本心"与"习心"，认为对万物一体境界的体认、冥合，就是本体的呈现，亦即本体的证成。熊十力的哲学体系中本体的被确认和证成，乃是通过对"与万物同体"的境界的体认或修养实践来实现的，显示出与以往儒学形上理论的鲜明差别。"生生之仁说"与"一体之仁说"共同构成了儒家的仁学传统。熊十力的体用论既体现了对传统哲学体

---

① 崔大华认为传统儒学并未对本体进行具体的说明与界定，似有不妥。我们若翻阅清儒李颙的《二曲集》就会发现，李颙言本体二字特别之多，语录和书札中随处可见。据林继平先生考察，李颙对工夫与本体的关系之强调、重视，为宋明哲学家所仅见。（参见林继平《李二曲研究》，陕西师范大学出版社2006年版）并且在该著中从空灵、光明、无形质、圆形、寂静、不动、超认识、超时空和深不可测九个方面分析了李颙的本体之意涵。

② 出于《新唯识论》（语体文本）第四章《转变》，在文言文本中未见；在其《体用论》第一章《明变》中简约为"四义"，但基本含义未变。

③ 熊十力：《新唯识论》，中华书局1985年版，第311页。

④ 参见崔大华《儒学的现代命运》，人民出版社2013年版。

多元文化融通背景下传统儒家仁学理论形态现代转换的新探索

用论的继承与发展,也成为新儒学本体论建构的重要理论依据。当然不可否认的是,它也自然成为当代新仁学理论建构的重要渊源和超越对象。

牟钟鉴指出,新仁学借助体用关系说明仁的根基性和本然性,但却不想重建一个儒家形上学本体论。他希望打通形上形下的间隔,使仁学成为整体化的生命学。不具有宇宙论或本体论的含义,它是人生论意义上的范畴。"体"是人性之本根、本然、实质,"用"指人性之发用流行;"体"是人性源头、内在品格,"用"是社会事功、外在感应。有其体必有其用,有其用必通其体。就仁学的体用论而言,仁是其体,和是其用。作为体的仁,其内涵就是"爱心",人性所特有的又是人性普遍存在的本性。以仁爱为核心理念,突出生命哲学的主线,以孔子儒家为主,吸收诸子百家和西方文化之长而加以综合创新赋予仁学以鲜明的时代精神,明确提出新仁学的基本理论框架为:以仁为体,以和为用;以生为本,以诚为魂;以道为归,以通为路。包含仁的体用论,即内圣外王之道,仁的生命论,视生命为真实的活体,还讲仁的大同论,展现人类社会发展的前景和道路。牟钟鉴将仁爱明确指向关切生命。从"仁性论""仁修论""仁德论""仁志论""仁智论""仁礼论""仁事论""仁群论""仁力论""仁艺论"十个方面建构起了其新仁学理论体系。"仁性论"阐述人性善恶混杂的内涵及其根源,说明善性代表人的本质和方向,而恶性是人尚未脱离动物界的表现,扬善抑恶需要加强教育、修身、道德、法治,以及提高人类自身反思的自觉性。"仁修论"阐述修身养性的经验和方法。"仁德论"阐述仁爱与诸道德范畴之间的关系,诸道德范畴包括传统的"五常""八德"及"新八德",包括感恩和惜福,包括新时代的新道德,包括诸大宗教的道德。"仁志论"阐述仁人的人格尊严,仁人必是志士,立志、守志才能成仁。"仁智论"阐述仁德与智能的关系,包括仁德与科学的关系,仁且智的重要意义。"仁礼论"阐述德与礼教的关系,包括仁德与制度、秩序、礼俗的关系。"仁事论"阐述仁德与事功的关系,即内圣与外王之道,包括治国安邦和百工之业。"仁群论"阐述仁德在社会生活与管理中的体现,凸显社会正义、公平的重要性,强调公民的权利与义务,个体与群体、群体间关系的协调。"仁力论"阐述仁德与实力的辩证关系,以道义引领实力,以实力支撑道义,仁者无敌是仁德精神力量与实际物质力量的结合。"仁艺论"阐述仁德与文艺的关系,主张文艺内容的善与形式的美相一致,通过文艺的繁荣,提升人们的审美情趣,使人的精神生命充满诗情画意,从而造就美丽幸福的人生。①

一个充满生机的宇宙不是一个机械的宇宙,必然是一种动态、有机、联系、创造、和谐的有机整体,是相互联结、相互作用、相互转化的活生生的有机整体,活生生的有机体的根本特征是活动,活动表现为过程,整个宇宙,包括自然、社会和人的生命,都是一个个生生不息的能动的活动过程。因此就宋代儒家哲学来说,实体与有机体可以统一,而没有必要对立。

程明道、谢上蔡以生论仁,在儒学史上具有重大的本体论、宇宙论意义,此意惟朱子发之最多,故今日立仁学本体论,必须将此二者加以结合,即生生之仁与一体之仁的结合。在宇宙论上,生生即辟,一体即翕,皆仁之体用。

仁是最后实在,故能超越经验,但又不脱离经验。仁是本体、生机、本性,故不是情感,情感只是用,仁学本体论立体而不遗用,但不能以用为体。

仁是生生流行之总体,故乾坤并建乃可当仁,此专言之仁也。偏言之,乾主生,坤主爱,并建言仁,《易》之《文言》已开启其端矣。

熊十力不以总相为实体,李泽厚以总体为实体,以朱子仁说观之,仁可以为总相,即万有之总体,一气流行之总体,此总体是关联之总体,关联总体即万物一体之正解。问题在于,在李泽厚那里,总体并无实体,总体即是本体。但在熊十力看

---

① 参见牟钟鉴《新仁学构想——爱的追寻》,人民出版社2013年版。

多元文化融通背景下传统儒家仁学理论形态现代转换的新探索

来,大用总体背后仍有本体,唯此本体不是独立存在的,而是已经变为大用总体与流行了,熊的此说我们仍予肯定。冯友兰讲"大全",然"大全"'应是仁,仁即是"大全"总体、整体,此即是仁体。一体即仁体,同体即体仁。①

在陈来看来,宋儒提出的仁者以天地万物为一体,不仅是对人境界意义上的要求,从本体来说,以仁为本体,专门强调的是仁的"一体"之义。这里既有整体、大全、道体的含义,也有本体之义。仁学的整体性是社会的,不是专指国家的。一体不仅是总体,而且强调物与物、人与人之间的共在性。其核心要义在于抵制形形色色的以导向个人主义为归宿的理论,确立以天地万物为一体的理论预期和目标。将仁视为根本的事实、终极的实在、绝对的形而上的本体,是世界的根本原理。基于此,陈来认为,仁体不仅是人类总体的生存和延续,也是宇宙间一切存在总体的生生不息,人和宇宙不可分,人和世界不可分,天人合一才是儒学的总体。陈来在其仁学本体论的理论体系中提出,其理论要点在于以仁为本体,其理论基础在于万物一体关联。以仁为本体的理论就是仁学本体论,基于仁体,以天人共在、共生的思路建构了一个即体即用的新仁学理论体系。陈来的仁学本体论在对体的认识上有了新的推进,这成为他的仁学本体论对之前仁学理论实现新的理论突破的关键所在。

新仁学的理论探索与中国哲学理论资源的自我调适和重构之传统密不可分。在中国哲学发展的不同时期,始终面临着理论资源的进一步完善问题。一般而言,主要从两个层面展开。其一,通过转换核心范畴,实现对自身经典的进一步诠释。中国传统哲学的概念往往表征为一种意义的互诠性。诸多的哲学范畴之间经常可以进行互诠互解,相互转化。这与相对具有确定性和严密性的西方哲学概念存在一定的差别。不同时代的思想家于是基于不同的诠释视角,形成了对同一经典中某一哲学范畴的突出与强调,进而解决其所认

---

① 陈来:《仁学本体论》,《文史哲》2014年第4期。

定的应然的理论问题。这使得传统哲学中诸多的范畴都可能被突出强调并提升到体的层面。其二，借助新的思想资源和理论经典，实现对原有经典的重构。这在不同时期都会有所展现，尤以汉魏以来，在佛教的冲击下，学者们从理论外壳到理论内质积极吸纳新的理论资源实现对本土理论进行重构的活动最为明显。新仁学的理论建构，当然与宋明以来的理学、心学、气学有着一定的差别，但是其与以往理论的共通性亦是不可忽视的重要方面。面对新时期儒学经典的新变化和多种思想资源的相互交织，在全球化的视野下，中国哲学也在以新的理论形态展现在世界面前。李泽厚所提出的"中国哲学应该如何登场"[1]的问题喊出了时代的声音，切中了当今中国哲学发展所面临的重大问题。贺麟曾言："假如儒家思想能够把握、吸收、融会、转化西洋文化，以充实自身、发展自身，则儒家思想便生存、复活，而有新的开展。"[2] 对西方文化的融合吸收固然重要，但最终的落脚点还在本土文化的不断自足上。劳思光曾言："唐君毅和牟宗三并非不重视现代化"，"但就中国哲学的发展取向讲，他们对'现代性'观念却缺乏十足的掌握及理解；这就成为他们的主张中一个关键性的盲点"。[3] 如上所及之牟钟鉴和陈来皆是在对现代性的深入体会中，为传统文化张本，表现了儒学在当代中国发展的世界化的语境中的问题诉求。以情为本抑或以仁为本都是在多元文化共生、共在的基础上建构起来的，皆是对于我们所身处的现代世界或现代性问题觉知的结果，皆以促进中国与世界的共生和谐为目标和理论预期。面对西方文化的挑战，是进行主动自觉的方法革新和理论重构，还是以对话的方式进行理论争鸣，这是我们今天传统儒学发展的两种不同的路径。尽管两者之间有关联，但却各有侧重。陈来的仁学本体论更偏向前者，但又并非是缺乏对

---

[1] 李泽厚、刘绪源：《中国哲学如何登场？——李泽厚2011年谈话录》，上海译文出版社2012年版。
[2] 贺麟：《文化与人生》，上海人民出版社2010年版，第16页。
[3] 劳思光：《关于中国哲学研究的几点意见（代发刊词）》，载刘笑敢主编《中国哲学与文化》第1辑，广西师范大学出版社2007年版，第5页。

多元文化融通背景下传统儒家仁学理论形态现代转换的新探索

当代西方后现代主义和其他诸多思潮的对话意识；牟钟鉴的新仁学构想更是主要着力从文明对话的视角对传统仁学的现代转化问题进行系统的论证，但又不乏传统儒学本已有之的理论自觉。

当前社会主义核心价值观的培育和践行问题是新仁学理论建构的重要话语背景，也是当代中国哲学理论形态进行现代转化的重要针对与面向。牟钟鉴提出，以仁爱为核心的儒家伦理是中华民族文化生命的底色，是新道德建设的主要资源。明确地说，"三纲"不能留，"五常"不能丢，"八德"都要有。① 作为"五常"拓展的"八德"则需使之不断地与时俱进，赋予其新的时代含义。牟钟鉴虽然没有明确谈及其新仁学与社会主义核心价值观之间的关系，但我们可以隐约感觉到，他在有关新仁学与公民道德建设和国民教育改革关系的分析中，已经在一定意义上表达了他基于国民道德建设，以仁学为统领，贯穿于人们日常行为之中的核心观价值培育与践行的举措和目标要求。陈来在其《新原仁——仁学本体论》中就对社会主义核心价值观与其仁学理论的关系进行过专门的论述。"宋代以来，仁在中国儒学史上已经得到了充分的发育，仁已经无争议地成为中国哲学的核心观念，在当代社会核心价值的思考中仍然不失其重要的地位。"② 在现代社会，"四德论"应该有所发展，但必须要以仁为基础。在这个意义上，陈来提出了仁爱、自由、平等、博爱的"新四德"，进而他指出："仁体的大用是生气流行，通贯周流于四者之中。"③ 陈来在这里以仁本体论对西方的自由、平等、公正的思想进行了回应。并在其《新原仁——仁学本体论》一书中就仁与以上三者的关系进行了较为详尽的阐发，仁学不仅不否定自由、平等、公正，而且与它们有着很多的相通性。但他同时

---

① 参见牟钟鉴《新仁学构想——爱的追寻》，人民出版社2013年版。
② 陈来：《仁学本体论》，《文史哲》2014年第4期。
③ 在阐发这一观点的时候，陈来用了一个形象的比喻，他讲："仁爱是仁之春，自由是仁之夏，平等是仁之秋，公正是仁之冬；仁爱是仁之本体的本然流行，其他三者是仁的流行的不同表现而已。"接着他又以生动的语言阐发道："自由是仁之活动无碍，平等是仁之一视同仁，公正是仁之正义安排，和谐则是仁体流行的整体要求。"（陈来：《新原仁——仁学本体论》，第429页）

又清醒地认识到儒家在阐发自由、平等、公正等社会价值时的有限性，所以提出："儒学期待社会结构能够使得其他以自由、平等、公正为核心关注的思想体系也能与儒学一起，共同构成多元文化互动的文化结构"[1]，以回应在当前社会有关社会主义核心价值观问题讨论中，多元论必然引发价值冲突的观点。杜维明曾讲过："儒家传统的现代转化，就是儒家传统能不能接受启蒙心态所体现的一些基本价值，如自由、平等、人权、法治等，能不能吸收到儒家传统之中。这是进行创造转化的一个前提。假如不能，那么儒家传统本身在现代社会发挥积极作用的可能性便不存在。"[2] 需要说明的是，牟钟鉴和陈来的新仁学建构和以往现代新儒家在对西方的理论回应上还是有差别的。无论是牟宗三的"良知坎陷说"，还是余英时的"内在超越说"及成中英的"内理化"与"外理化"协同作用都主要着力探讨和寻求中国文化中能够与西方民主和科学所对应的因子，并为中国文化自身的超越性张本。无论是主要基于用的层面的牟钟鉴的新仁学理论，还是陈来的主要从本体的哲学层面的思考，其与当前社会主义核心价值观培育与践行的话语背景和立德树人的理论预期都是密不可分的。他们都在从不同的侧面回应着传统价值观的现代转化与当代中国精神和价值观的建构问题。[3] 有关儒学如何进一步与社会主义不断融合，彰显鲜明的中国特色，真正成为中华民族共有的精神家园的问题[4]，尚需在新的理论探讨与社会实践中进一步推进并解决。

综上可见，近年来学术界有关新仁学的理论探讨反映了在当今

---

[1] 陈来：《新原仁——仁学本体论》，第430页。
[2] 杜维明：《从"文化中国"的精神资源看儒学发展的困境》，《杜维明文集》第5卷，武汉出版社2002年版，第469页。
[3] 参见拙作《传统儒学价值的创造性转化与当代中国价值观的重塑》，纪念孔子诞辰2565周年国际学术研讨会会议论文集，北京，2014年9月，第78—90页。
[4] 有关儒学与社会主义的关系问题，牟钟鉴在《儒学在近现代面临的挑战与复兴之路》（《探索与争鸣》2011年第3期）中从事实呈现的角度给予了充分的强调。但应该看到，目前儒学在事实意义上的传播在很大程度上带有一种自发性，真正源自理论深层的与社会主义的融合尚需进一步探讨。

多元文化融通背景下传统儒家仁学理论形态现代转换的新探索

多元文化的背景下,儒学理论研究者对中国哲学传统存在形态的深入的、自觉的思考。无论是着力于体的理论建构,还是执于用的探索,都表达了基于传统儒学的立场以适应当今时代新变化的中国哲学理论探究的新诉求。中国哲学在新世纪到底如何登场的问题依然是我们在今天不得不思考的重要问题。无论是"中体西用"还是"西体中用",或是"新瓶装旧酒"或"旧瓶装新酒",都需要恰当理解好中国传统文化、马克思主义理论和西方思想文化之间的关系,积极推进传统思想文化的创造性转化,在对包括传统儒学新的存在方式的探索中为真正意义上的中国特色提供稳妥可靠的理论和价值支撑。这既是时代赋予的使命,也是包括传统儒学在内的传统哲学自身发展的理论诉求。崔大华在《儒学的现代命运》中指出:"杜维明对儒家传统现代转化——儒家思想获得新的生命、新的发展之方法或途径的论述,在现代儒家学者中是最为丰满和周延的,但是西方背景的生活经历、文化感受和理论渊源,使其问题意识多产生自回应西方学者对儒学的质疑,罕有对儒学自身历史发展中滋生、积累的问题的观照;问题阐述和证验多参引西方资本主义的社会生活,弱于和中国已经发生和正在发生的现实——中国现代化进程相切合。"[1] 崔先生借对杜维明儒学研究路径的分析,让我们明确意识到,纯粹以一种被动的回应的心态去推进儒学的现代转化存在很大的局限,关键还在于我们怎么样立足于建构一个自足的新儒学理论去实现与西方文明的主动对话,这既是儒学走向现代化的需要,也是中国文化走向世界的期许。

---

[1] 崔大华:《儒学的现代命运》,人民出版社2013年版,第347页。

仁爱可以为现代性奠基吗?

李海超

摘　要：在西方主流文化中，理性被看作现代性的基础。但若对现代性观念的建构过程做深入研究，就会发现，理性并不是现代性的唯一基础；现代性有其情感基础，并且情感的作用比理性更为根本。先秦儒家的仁爱观念指称的正是人类最本源的情感。因此，以仁爱为现代性的基础是可能的。长期以来，很多儒家学者倾向将仁爱诠释为博爱，博爱固然是仁爱的一种体现，但它并不等同于仁爱，仁爱具有比博爱更为丰富的含义和更为根本的地位。
关键词：儒家；仁爱；博爱；理性；现代性
作者简介：李海超，南京大学马克思主义学院助理研究员（江苏南京 210093）。

在西方的主流文化中，人们普遍认为，理性是现代性观念的基础。所以在近代以来的很长一段时间里，西方社会大力推进各领域的理性化。不过，随着时间的推移，人们发现，社会的过度理性化会导致严重的问题，如信仰与价值的缺失、技术的泛滥、严密庞大的管理体系对个性的压抑、对人性的同一化理解、生态的破坏等。面对这些问题，人们开始反思：拥抱现代性必然要付出这么多的代价吗？如果确实如此，那不如拒绝现代性。不过，现代性毕竟有其积极的价值，而且在现实中也是一个不可逆转的潮流。所以面对西方现代性的种种问题，中国的儒者们从来没有彻底拒绝和否定过现代性，他们始终尝试着改造西方的现代性，即改造单纯以理性为基础的现代性。直到今天，这一历史使命尚没有圆满地完成。本文无意对维新儒家与现代新儒家的努力作进一步的评论，也无意对不同于西方现代性的现代性理念作具体的诠释，只想站在儒家的立场，从另一个视角为现代性的奠基做出尝试。即不把儒家的仁理解为形而上的德性本体，而将其理解为本真的爱之情感，并以此为现代性奠基。

一 现代性的情感基础

现代性观念的形成和开展并非完全是理性的功劳，如果我们认真研究西方启蒙思想家的文本，就会发现情感在现代性观念提出的过程中发挥着重要的作用。例如，霍布斯（T. Hobbes）在提出第一个基本的自然律"寻求和平、信守和平"和第一条人权"利用一切可能的办法来保卫我们自己"时，他虽然认为它们是理性所给出的，但同时也指出，理性之所以给出这两条原则，是为了防止战争状态，从而满足人类对安全、利益、名誉的需求。[①] 而求安之心、求利之心、求名之心乃是人的基本欲求。依据中国文化中的"七情"观念，这些欲求本身就是人的情感。所以，理性虽然是自然律和人权观念的直接给出者，但理性并不是提出自然律和人权观念的原初动力。其原初动力是情感，理性似乎只是情感的实现工具。有人可能反对，认为理性并不是情感的工具或奴隶，它并不完全受情感的操纵，因为理性给出的原则也会要求人们抑制情感。例如，要遵循"寻求和平"的原则，人们必须在一定程度上压制自己的求利心。不可否认，理性确实会发出抑制情感的命令，但需要指出的

---

① 参见［英］霍布斯《利维坦》，黎思复、黎廷弼译，商务印书馆1986年版。

是，假如没有情感这一环节，理性会自发的给出自然律和人权观念吗？或许有些唯理论理性主义者认为可以，但至少在认同经验主义的霍布斯看来，情感这一环节是必不可少的。因为对于经验主义者来说，人总是根据经验现实运用理性，没有经验提供动力和材料，理性便不能运行。而人的情感恰恰是理性提出自然律和人权观念的最根本动力。至于唯理论理性主义者，他们认为自然律和人权观念完全可以从理性蕴含的天赋观念中推论出来，这其实是夸大了理性的能力，对这种膨胀的理性观念的批评，将在下文详细论述。总之，我们在霍布斯的理论中看到的是，情感确实是现代性观念提出的一个必不可少的基础，尽管它没有像理性那样被看得十分重要。

舍勒（M. Scheler）明确地将情感看作现代性观念的根源。他认为，无论是现代性的个体观念还是自由观念、平等观念，它们都发源于"怨恨"。对于个体观念，舍勒指出，现实的人是有差别的，虚弱者无法对世界形成确定的认识和判断，但他们又不愿意接受强者的世界观和价值观。于是他们便对人的现实的差别产生怨恨，并进而产生"普遍人性"的诉求。"普遍人性"也就是本质上人人相同的、每个人都可以自命不凡的个体性。对于自由观念，舍勒认为，"自由"本质上是"否定人在道德责任与道德承担中的休戚与共"。人类在道德上休戚与共的观念要求人们超越个人的界限去扩展自己的责任心，而这种责任心的扩展是建立在对自己所秉承价值的充分自信和肯定的基础上的。这是贵族式道德的特点。而贫贱者对这种贵族式的道德是反感的，所以他们要求"对责任作最大限度的限定，只要可能就拒不对'他人的'行为负任何罪责——另一方面，也'决不受人赏赐'"。由此，个体的自由，而不是集体的休戚与共便成为下层民众的诉求。对于现代的平等论，舍勒认为，无论涉及何种平等，其背后都隐藏着一个愿望："将处于价值标准高、占有更多价值者贬到低下者的位置。"因此，平等中包含的是对最高价值的怨恨："怨恨在目睹更高价值时欢乐不起来，它将其本性隐藏到'平等'的诉求之中！"此外，舍勒还进一步论述了怨恨情感是如何推动其他现代观念——资本主义商业、近代民主政治、现代科学技术等开展的。总之，他认为怨恨是现代性产生的根本原因。①

从舍勒的研究可以看到，情感没有在现代性观念的建构过程中缺位，相反，它还是现代性观念建构的一个重要基础。不过，是否如舍勒所说，"怨恨"是现代性观念建构过程中发挥最重要作用的情感呢？不可否认，人们之所以要建构新的观念和新的生活方式，肯定是对过去的观念和生活方式有所不满，因此人们对旧观念的"怨恨"确实有可能成为他们建构新观念的重要情感基础。不过，"怨恨"恐怕不能在普遍的意义上成为现代性观念的基础。因为人们对现代性观念的接受并非都是建立在"怨恨"前现代观念的基础上的。强烈的"怨恨"情感通常发生在阶级矛盾激烈的社会中。那些生活在阶级分化不严重的社会，或者在全球化浪潮下不得不接受现代观念的社会中的人们，难道就因为没有强烈的对前现代观念的"怨恨"情感，就缺乏接受现代性观念的动力吗？有些民族对现代观念的接受，可能并不是基于对以往传统的怨恨，而是面对现实，或通过比较做一更好的选择。所以，每个民族在接受现代性观念时怀有的情感可能都是不一样的。

二 情感为理性奠基

那些将理性看作现代性之唯一基础的哲学家，一般不仅认为理性自身蕴含行为的原则，而且认为理性自身是能动的。所谓"理性自身是能动的"，是指理性不需要外在的动力而可以自主运行。唯理论理性主义者，如笛卡尔、康德、黑格尔，通常持这样的看法。例如，黑格尔认为：世界历史是理性的自我展开，理性不仅蕴含着历史发展的目的，而且历史演进的动力亦源于理性自身。正因为唯理论理性主义者将理性看作是能动的，所以他们才敢将理性看作主体的本质，因为理性的能动性保证了主体的自主性。而主体之为主

---

① 参见［德］马克斯·舍勒《价值的颠覆》，罗悌伦等译，生活·读书·新知三联书店1997年版。

体，就在于它是能动的，不是完全被动的。

不过，一些经验主义哲学家不认为理性具有能动性，或者说具有最原始的能动性。比如，休谟认为，理性并不是人的意识和行为的最原始动力，它要靠情感的推动才能运行。一个商人可能会根据理性的判断决定投资的多少，如何投资，但理性并不是投资行为的原初动力。事实上，商人的投资行为是由他的求利欲望驱动的。在这里，理性虽然提供了指导性意见和具体的行为方案，但它并没有驱动商人对利益的热爱。商人不是因为理性的决策才热爱利益的，相反，是因为热爱利益，才需要理性的决策。没有理性，对利益的热爱依然可以为投资行为提供动力；而如果没有对利益的热爱，理性的决策将失去意义，甚至理性根本不会去做这样的决策。所以休谟说："理性是，并且也应该是情感的奴隶，除了服务和服从情感之外，再不能有任何其他的职务。"①

应该说，休谟的观点比唯理论理性主义者的观点更符合人们的日常经验。如果仔细审查人们的日常行为，就会发现，情感能够直接为行为提供动力，而理性能否直接引起行为则是值得怀疑的。当一个人看到一只老虎，并感到害怕，他自然就会产生躲避老虎的冲动。但如果他只是获得一种理性的知识，即"面前有只老虎"，而没有任何害怕的感觉，这个人一般不会立刻产生躲避老虎的动机。所以，如果不伴随着情感，我们很难把行为的动机与理性的判断结合起来。而这一点总是被唯理论理性主义者忽略。

唯理论理性主义者之所以认为理性的判断能够成为行为的动机，是因为他们总是把理性与意志结合在一起。他们认为，不是理性总关联着意志，而是理性自身就是意志。如康德所说的：

> 一条规则如何能独自地直接就是意志的规定根据（这毕竟是一切道德性的本质），这是一个人类理性无法解决的问题，它与一个自由的意志是如何可能的这个问题是一样的。所以我

---

① [英]休谟：《人性论》，关文运译，商务印书馆1980年版，第453页。

仁爱可以为现代性奠基吗?

们必须先天地指出的,不是道德律何以会在自身中充当一种动机的那个根据,而是就其作为这样一个动机而言在内心中所起的(更准确地说,必然起的)作用。①

连康德也认为,一条规则(亦即理性的知识或判断)如何能独自地成为意志(人的动机)的根据是人类理性无法解决的问题。这表明,上文对"纯粹理性的判断能够成为人的行为动机"的质疑并不是无中生有。既然这一问题无法获得理性的证明,康德便只能设定,在先天,道德律(或者说实践理性)本身并不是动机(意志)的根据,它本身就是动机,或者说,动机乃是道德律的一个作用。康德之所以要进行这样的设定,目的就是为了排除情感的中介作用。他说:"由德性的法则对意志所作的一切规定的本质在于:意志作为自由意志,因为并非仅仅是没有感性冲动参与的意志,而是甚至拒绝一切感性冲动并在一切爱好有可能违背这法则时中止这些爱好的意志,它是单纯由这法则来规定的。"② 在康德哲学中,道德性是由实践理性规定的,如果实践理性的决断要靠情感才能产生动机,那么,实践理性在道德领域的基础性地位就会被动摇。但是,事实并不是通过一厢情愿的"设定"就能扭曲的。既没有理性的证明,又没有经验的证实,纯粹先验的"实践理性即是自由意志"的设定,又如何能让人信服呢?

现实经验提供的证据恰恰相反。神经科学家安东尼奥·达马西奥(Antonio Damasio)指出,实践理性的运行过程并不像人们通常想象的那样,没有任何情感的参与。恰恰相反,情感和感受总是与推理交织在一起。在高级推理运行的过程中,情感总是作为低序的调节机制为推理提供方向。如果没有情感的作用,推理和决策是不能正常运行的。这就是为什么那些大脑的情感部位受到损伤的人,

---

① [德]伊曼纽尔·康德:《实践理性批判》,邓晓芒译,人民出版社2003年版,第99页。

② [德]伊曼纽尔·康德:《实践理性批判》,第99页。

他们的推理能力和决策能力会产生严重的缺陷。[1] 因此，那种与情感完全撇清关系的"纯粹"的理性观念，不过是唯理论理性主义者们对理性观念的一种完美设想。在现实中，情感总是与理性相伴随的。而且，理性不仅不是"纯粹"的，也不是自身能动的，它要靠情感为之提供动力和方向。

所以在人类的心灵中，情感有着比理性更为基础的地位。那种将理性看作主体的代名词，认为理性是道德与自然现象的本源的观点，完全建立在一种夸大、膨胀了的理性观念上。康德之所以要撇清实践理性与情感的关系，目的就是要确立实践理性在人的道德生活中的基础地位。而如果实践理性的运行必须依赖情感的作用，那么实践理性作为道德本源的设想也就不可能了。其实，理性不能作为道德的本源，这并没有什么可怕的，道德为什么不能以情感为基础呢？以情感为道德的基础，并不意味着理性在人类的道德生活中不能发挥任何基础性的作用，而是说，在人类的道德生活中，情感有着比理性更为基础的地位。

三 仁爱是最本源的情感

既然理性的运行要以情感为基础，因此情感才是现代性观念的终极基础。但是，情感有很多种，在众多的情感中，是否也存在着一种基础性的情感，它可以为其他种种情感的存在奠基呢？如果情感之间真的存在秩序性和层级性，那么最优先、最基础的情感非爱莫属。

爱在世界各大文明中均占据着重要的地位。儒家提倡仁爱，佛教提倡慈悲，基督教提倡上帝之爱及人与人之间的平等互爱。可以说，只要有文明存在的地方，就有人提倡爱。不过，在各个文明独自开展的过程中，经过思想家们的诠释，爱的观念有时候会失去情

---

[1] 参见［美］安东尼奥·达马西奥《笛卡尔的错误：情绪、推理和大脑》，毛彩凤译，教育科学出版社 2007 年版。

仁爱可以为现代性奠基吗？

感的意义，而被升格为具有超越性的德性或智慧。例如在宋明理学中，仁不再是爱的情感，而是使爱的情感成为可能的先天德性。在舍勒的思想中，基督教所宣扬的最本源的爱，不是属人的情爱，而是创造万物的上帝本身，是"作为一个宇宙和整体的世界之位格的中心"①。这种超越性的爱的观念不是这里所要讨论的，这里所要讨论的，是人们能够经验地感受到的爱，即作为情感的爱。那么，在人的种种情感中，爱是否居于优先的位置呢？

舍勒认为，在人的种种情感中，爱与恨是最基础的情感，其他各种情感的发生都要以爱或恨为前提，而在爱与恨两者中，爱具有优先性。他认为，恨是以某种方式迷乱的或错误的爱的结果，如果没有爱，也就不会有恨。当然，我们对某些事物的恨并不总是因为曾经爱过它们，可能某些事物一出现我们就怨恨它们。但我们之所以恨它们，是因为我们热爱与它们在价值上相反的事物。例如，欺骗行为一出现人们就憎恨它，这种憎恨不是基于曾经对它的爱，而是因为人们热爱诚实。无论如何，爱总是优先于恨的。因此舍勒说："我们的心灵以爱为第一规定。"②

不过，舍勒所论述的本源性的爱具有强烈的价值性和规范性，他认为，爱是"价值肯定"，是"试图将每个事物引入自己特有的价值完美之方向"的倾向或行为。③这样一来，爱的情感性或感受性就被大大削弱了。舍勒之所以将爱看作一种价值态度，是因为他所诠释的是基督教的爱，而基督教所宣扬的爱一定是包含价值的：首先，爱在本源上包含着对上帝或至善的认可或倾向；其次，爱包含着人与人之间的平等性。所以，基督教所宣扬的爱并不能被看作是最本源的情感，它有强烈的价值性和规范性，即爱上帝（爱至善）并且平等地爱他人（博爱）。

与基督宗教的爱不同，在先秦儒家那里，仁的情感性是优先

---

① ［德］马克思·舍勒：《爱的秩序》，林克等译，生活·读书·新知三联书店1995年版，第48页。
② ［德］马克思·舍勒：《爱的秩序》，林克等译，第64页。
③ ［德］马克思·舍勒：《爱的秩序》，林克等译，第46页。

的，而仁的规范性和价值性则是以仁的情感性为基础的。所以孔子所讲的仁才是最本源的情感、最本源的爱。不可否认，在宋明理学中，仁的情感性逐渐丧失，价值性和规范性逐渐增强，而这正是我们今天需要深刻反思的。在我们这个时代，形上学受到强烈的批判，人们逐渐意识到形上学的观念并不是最本源的观念。因此将孔子、孟子、荀子所讲的仁全部诠释为形而上的德性本体或天理这恰恰使儒学丧失了真正的本源。所以，回归先秦儒学，揭示先秦儒学中的作为本真情感的仁观念便十分重要。宋明儒者对先秦儒学之仁爱观念的曲解，黄宗羲对此已有所反思。例如他说：

> 先儒之言性情者，大略性是体，情是用；性是静，情是动；性是未发，情是已发。程子曰："人生而静以上不容说，才说性时，已不是性也。"则性是一件悬空之物。其实孟子之言，明白显易，因恻隐、羞恶、恭敬、是非之发，而明仁义礼智。离情无以见性，仁义礼智是后起之名。故曰仁义礼智根于心。若恻隐、羞恶、恭敬、是非之先另有源头为仁义礼智，则当云心根于仁义礼智矣。[①]

在黄宗羲看来，理学家的根本错误在于颠倒了情与性的关系，认为性是情的根源，从而使性成为一个悬空之物。实际上，情才是第一义的，才是真正的源头，是先有恻隐、羞恶之情，然而才因之而起仁义之名。这才是孟子的原义，所以孟子才说"仁义礼智根于心"（《孟子·尽心上》），而不是"心根于仁义礼智"。

在当代，黄玉顺也着力揭示先秦儒学中仁的本源情感含义。他与黄宗羲一样，认为在先秦儒学中，情感是最具有优先性的，至于德性、天理等形上学观念都是以情感为基础建构起来的。不过，黄玉顺比黄宗羲更进一步，他对仁爱情感的优先性进行了具体的论述。黄玉顺区分了情感发展的三个阶段，即感触——情绪——感

---

① （清）黄宗羲：《黄宗羲全集》，浙江古籍出版社1985年版，第1册，第136页。

仁爱可以为现代性奠基吗？

情。也就是说，从细微的情感碰撞到形成强烈的感情，它们都属于情感。并且黄玉顺强调，在情感的所有维度中，仁爱始终具有优先性。他说："当我讲到感触的时候，我说，'见'或者'现'具有优先性；当我谈到情绪的时候，我说，在儒家的观念里，'不忍''安'和'不安'这样的情绪样式是最具有优先性的；现在在感情这个层级上，我会说，在儒家这里，爱是具有优先性的，爱是先行于恨的。"[1] 这里，最原初的"显现"感受，不忍、不安等情绪，浓郁的爱的情感都是仁爱的不同体现。

此外，仁爱不仅包含从微弱到强烈的全部情感强度，而且还包含爱他人与爱自己的全部情感方向。仁爱具有爱他人的一面，这是众所周知的。但儒家的仁爱观念也包含自爱的维度。例如，《荀子·子道》记载了孔子与弟子们的一段对话，在这段对话中，孔子对颜渊"仁者自爱"的说法表达了充分的肯定，称赞颜渊"可谓明君子矣"[2]。如果说这段材料未必可信，我们也可以在《论语》中找到相关的证据。樊迟曾多次问仁于孔子，孔子有一次回答说"爱人"，这是仁爱表现为爱他人的一面。但也有一次，孔子回答说"仁者先难而后获"[3]，这是说追求利益，一定要先付出，然后再求回报，这就是仁。这是仁爱表现为自爱的一面。所以儒家的仁既可以是浓烈的情感，也可以是淡淡的情愫；既可以是对他者的关怀，也可以是对自我的关切；最重要的是，它还是优先于任何价值和规范的本真感受。因此儒家的仁爱观念才是真正的本源情感。

不过，以某种爱为最本源性的情感可能会面临来自生理学、心理学等领域的质疑。因为当前并没有充分的证据支持爱在所有情感生成中的优先性。但这里需要强调的是，儒家的仁爱观念虽然偏重强调爱的重要性，但它并不总局限于爱，儒家的仁还有另一个层面的含义，即情感的不麻木。在这个意义上，仁爱观念可以涵盖人最原初的基本情感。若加上这一层，我们就可以说仁爱是最本源的情

---

[1] 黄玉顺：《爱与思——生活儒学的观念》，四川大学出版社2006年版，第82页。
[2] （清）王先谦：《荀子集解》，中华书局1988年版，第533页。
[3] 杨伯峻：《论语译注》，中华书局1980年版，第61页。

感了。

　　既然仁爱是最本源的情感，而情感是理性运行的基础也是现代性观念建构的基础，因此可以说，仁爱才是现代性观念的真正本源。其实不仅是现代性的观念，一切前现代的观念、后现代的观念都同样需要以仁爱为基础。所以儒家的仁爱观念具有普世的意义，它是一切观念建构的基础。

四　仁爱不等同于博爱

　　谈到爱或仁爱，不能不涉及博爱，因为博爱观念与现代社会的建构有着密切的联系。特别是借助法国大革命的世界性影响，"自由、平等、博爱"的口号早已深入人心。因此，博爱是一个在现代社会中具有重要地位和发挥重要影响的观念。但问题是，博爱应该被算作一个现代性观念，还是现代性观念的基础观念？从"自由、平等、博爱"的口号来看，博爱似乎和自由、平等一样，是一个重要的现代性观念。但在中西文化中，博爱观念很早就出现了，并且现代人所倡导、呼吁的博爱观念与传统的博爱观念在含义上并没有很大的区别。因此博爱虽然是一个重要的观念，但它并不是一个现代性观念。那么，博爱是否是现代性观念的基础观念呢？欲回答这个问题，首先要对博爱观念本身进行深入的了解。

　　人们通常所讲的，和自由、平等连用的博爱一词来源于法语 fraternité，相应的英文是 fraternity，意思是兄弟之爱。除了 fraternity，其实还有很多英语单词或词组被翻译为博爱，如 charity、caritas、philanthropy、universal love、indiscriminate love、love for humanity 等。其中，charity 和 caritas 是基督教文化所常用的博爱词汇，强调的是将他人从痛苦中拯救出来；philanthropy 强调的是私人对公共福利和幸福的关爱；universal love 及相应的词组强调的是普遍的、平等的爱。尽管有诸多不同，以上诸词或词组都蕴含着"广泛的爱"的含义。正因为如此，中国学者才将他们统统翻译为博爱。需要指明的是，现代汉语中的博爱一词虽然受西方文化的影响很大，但并不是舶来品，它在汉语中很早就出现了。根据汉刘向《说苑》记载，春秋后期，师旷曾向晋平公讲"为君之道，清静无为，务在博爱"。如果这条文献是可靠的，说明在春秋后期汉语中就有博爱一词了。即使这条文献不可靠，我们也可以断定博爱一词至少在汉代就被使用了。[①] 特别是到了唐代，韩愈在其著名的作品《原道》中以博爱诠释仁[②]，从而使博爱观念获得了广泛的认可。直至近代，康有为和孙中山，都非常重视博爱观念，虽然他们的博爱观念受到了西方文化的影响，但他们所诠释的博爱观念，依然以中国文化为根基。康有为自不必说，他的博爱观念本身就是奠基于儒家仁学的。即便孙中山，他所讲的博爱，主要也是对"博爱之谓仁"的阐发。如他说："据余所见，仁之定义，诚如唐韩愈所云'博爱之谓仁'，敢云适当。博爱云者，为公爱而非私爱……能博爱，即可谓之仁。"[③]

那么，中国文化中的博爱观念与西方文化中的博爱观念有什么区别呢？首先需要指出的是，西方文化中的博爱观念，无论是法国大革命后期提出的 fraternity 还是基督教文化中的 charity，除了强调爱的广泛性之外，还蕴含着一种平等性，即人与人之间应该平等地互爱，这是西方文化的特色。而中国文化中的博爱观念，由于它是基于仁爱的，因此一方面强调爱的广泛性，另一方面肯定爱的差等性。我们要知道，现实的爱、本真的爱从来都不是平等的。人们总是爱自己及自己的亲人、朋友胜过爱陌生人。而平等的爱则是对差等之爱的损益，将自然的差等之爱加以规范从而变成平等的爱。所以，差等之爱是自然的，而平等之爱则具有很强的规范性。二者相比，差等之爱更为本源。

在中国文化中，自然的、本真的情感是优先于规范的，即仁优先于义，仁给出义，所以中国近代的思想家、改革者、革命者总是

[①] 参见向世陵《儒家博爱观念的起源及其蕴含》，《北京大学学报》（哲学社会科学版）2014年第9期。
[②] 参见（唐）韩愈《韩昌黎文集校注》，马其昶校注，上海古籍出版社1986年版。
[③] 林家有：《孙中山的博爱观》，《北京日报》2007年5月2日。

把博爱放在优先的位置。而在西方文化中，规范优先于情感，所以上帝的平等要求或理性的平等规范必须首先体现到情感中，然后这种情感才可被欲求，也就是说规范性优先于博爱。这就是为什么在近代西方，博爱观念并没有一开始就和自由、平等一起被提出。而是到了法国大革命的后期，当人们发现理性发出的自由、平等的命令很难在现实中落实，发现理性的法则冲不破既得利益者的自私，于是博爱的呼声才越来越高。这也说明，现代社会的建构并不是完全奠基于理性的，理性原则的实现需要情感的支持。不过，我们也可以看到，在法国大革命后期所提出的"自由、平等、博爱"的口号中，博爱的作用是弥补性的，而不是基础性的。所以，西方文化所提倡的博爱观念并不能为现代性基本观念的建构奠基，当然更不能为理性奠基。恰恰相反，作为平等之爱的博爱观念，需要理性为它提供平等的原则。这和博爱在中国思想家、改革者、革命者心目中的地位有很大的不同。

不过，即便中国文化中的博爱观念，也不能取代或等同于仁爱观念而作为现代性观念的基础观念。首先，博爱并不能等同于仁爱。上文讲到，韩愈、康有为、孙中山都用博爱来诠释仁爱，其实这只是对仁爱观念的片面解读。博爱当然是仁爱的体现，但仁爱并不总是呈现为博爱。一个人对自己父母的爱是仁，但并不一定能"博"，他未必爱他人的父母。我们并不能因此说这个人毫无仁爱之心。况且，有些人的博爱是自然生发的，而有些人的博爱需要培养，需要从一人的仁心向外扩展。所以仁爱是比博爱更原始、内涵更丰富的观念，将博爱等同于仁爱的观点是不可取的。其次，在现代性观念建构的过程中，博爱观念是可以被绕过的，人们不必基于博爱而提出自由、平等等现代性观念。但仁爱却是不能绕过的，因为仁爱具有爱他人的维度，也具有自爱的维度，它是其他一切情感的基础，因而也是理性运作的最终的动力源泉。所以，没有仁爱，也就没有理性的运作，也就更不会有现代性的观念。甚至可以说，没有仁爱，人类将一无所有。

《孟子》学中的"端喻"诠释

王 格

摘 要:"端"字有二义,一是空间边缘义,一是时间初始义。在《孟子》中,"四端"与性善思想密切相关。在诠释史中,对于"四端"之于"四德",有"先后"和"体用"两种不同结构的理解,分别对应"端"字的时、空二义。"体用"的诠释在程朱理学中被发扬光大,而"先后"的诠释则带有更多心学色彩。王学进一步以"一体"消融"先后""体用"二义,进一步以"心善"言"性善"的诠释进路,被现代新儒家所继承。"端喻"诠释的过程背后实际是道德哲学问题的转移,在当代哲学的解读中,对《孟子》文本中"四端"的理解回到了"先后"的时间义,而且拒斥形上论说,回到了日常生活经验。

关键词:《孟子》学;四端;诠释;道德哲学

作者简介:王格,中山大学哲学系特聘副研究员(广东广州510275)。

"端"本字"耑",为象形文字,许慎《说文解字》云:"物初

---

* 基金项目:国家社会科学基金青年项目"理学的早期西传及其影响研究"(18CZX037)。本文的修订工作是在浙江大学人文高等研究院访问期间完成,特此致谢。

生之题也。上象生形，下象其根也。"清代段玉裁注："题者，额也。人体额为最上。物之初见即其额也。古发端字作此……《周礼》'磬氏巳下则摩其耑'，耑之本义也。《左传》'履端于始'，假'端'为'耑'也。"① 从近代以来出土的古文字材料来看，许慎的讲法在古文字学上也是完全可以成立的。② 这里值得特别注意的是，至少在段玉裁看来，"耑"字本身指涉时间的发端和初始，而"端"字则本为空间意象的指涉，这两种"端"义存在一定相关性，但其所指决然不同，下文我们将分析"端"在《孟子》诠释中引发的不同理解。

在《孟子·公孙丑上》中，出现了著名的所谓"四端"说，为后文分析的方便，兹全引如下：

> 孟子曰："人皆有不忍人之心。先王有不忍人之心，斯有不忍人之政矣。以不忍人之心，行不忍人之政，治天下可运之掌上。所以谓人皆有不忍人之心者，今人乍见孺子将入于井，皆有怵惕恻隐之心。非所以内交于孺子之父母也，非所以要誉于乡党朋友也，非恶其声而然也。由是观之，无恻隐之心，非人也；无羞恶之心，非人也；无辞让之心，非人也；无是非之心，非人也。恻隐之心，仁之端也；羞恶之心，义之端也；辞让之心，礼之端也；是非之心，智之端也。人之有是四端也，犹其有四体也。有是四端而自谓不能者，自贼者也；谓其君不能者，贼其君者也。凡有四端于我者，知皆扩而充之矣，若火之始然，泉之始达。苟能充之，足以保四海；苟不充之，不足以事父母。"

《孟子》这段文字中的"端"用的应当就是"耑"字本义③，作为

---

① （汉）许慎撰、段玉裁注：《说文解字注》，上海古籍出版社1981年版，第336页。
② 参见李圃主编《古文字诂林》，上海教育出版社2004年版，第6册。
③ 在《孟子》全书中，还有一处出现了"端"字，用的则是"端正"义，《离娄下》"夫尹公之他，端人也，其取友必端矣"。

"四端"的"四心",和"四德"构成某种"端"式结构关系,问题是如何理解这种"端"式结构。如果寻求《孟子》文本内部的参证,这一问题似乎变得更为复杂。首先,在《孟子·告子上》中有另外一种表述,其中没有直接表述为这一"端"式结构,其文如下:

> 乃若其情,则可以为善矣,乃所谓善也。若夫为不善,非才之罪也。恻隐之心,人皆有之;羞恶之心,人皆有之;恭敬之心,人皆有之;是非之心,人皆有之。恻隐之心,仁也;羞恶之心,义也;恭敬之心,礼也;是非之心,智也。仁义礼智,非由外铄我也,我固有之也,弗思耳矣。

这段话对于"四心"与"四德"的关系论述虽然没有用到"端",可是,从其前后语境来看,"端"式结构依然存在,尤其是"乃若其情,则可以为善矣,乃所谓善也"一句的表述再明显不过了。大概有见于此,汉代赵岐对之作注,依然用"端"义来解:"仁、义、礼、智,人皆有其端,怀之于内,非从外销铄我也。"[1](《孟子注疏》)

可见,《孟子》文本以上两处的论述其实大体一致,"四端说"构成了孟子人性和道德思想的基本框架。但问题正由此而来,"端"喻所言的究竟是怎样的一种结构,换言之,"四心"与"四德"之间的对应,究竟是怎样的一种论说?在中国《孟子》学诠释史中,围绕这一问题出现了巨大的分歧。争议的焦点首先是"端"所指涉的道德发端结构究竟是怎样的,"先后"抑或"体用";其次是"四心"与"四德"的关系问题,它构成了从宋明理学到当代中国哲学的一项重要议题。以往对此相关问题,学界的论

---

[1] (汉)赵岐、(宋)孙奭:《孟子注疏》卷十一上,载《十三经注疏:清嘉庆刊本》,中华书局2009年版,第5981页。

述似乎不够充分①，本文尝试对《孟子》学诠释史中的这一问题进行重新的梳理，进而展示其中不同的道德哲学结构。

一 "先后"与"体用"

对于孟子所言"四端"，汉代赵岐注云："端者，首也。人皆有仁义礼智之首，可引用之。"② 这一注释比较贴近《孟子》原文，可是何谓"首"，何谓"引用"，赵岐并没有进行更多的阐释和说明。不过，如果从较为平易的阅读去理解，赵注大体上应当是"先后"义，即先有"四端"，然后引而用之，是为"四德"，这是一种时序关系的叙述。在这种叙述中，"四端"是先有的，而"四德"则是其进一步的发展和展现。

可是，北宋孙奭对赵岐的疏解，则并不采用我们这种平易的理解，他在对"首"和"引用"的疏解之中，似乎暗暗采用了一种"体用"的含义，孙奭认为"四端"之于"四德"是"本起于此也"，工夫修养上则是"演大四端，充广其道"，进而，其疏又云：

> 以其仁者不过有不忍恻隐也，此孟子所以言恻隐、羞恶、辞让、是非四者，是为仁义礼智四者之端本也……孟子又言人有是恻隐、羞恶、辞让、是非为仁义礼智之四端，若其人之有四肢也。既有此四端，而自谓己之不能为善者，是自贼害其善，而不为善也。以之事君，如谓其君不能为善、不匡正之者，是亦贼害其君，使陷于恶也。无他，以其人之为人，皆有此四端也，但不推用而行之耳。如能推此四端行之，是为仁义礼智者矣，所谓仁义礼智者即善也。然则人人皆有善矣，故孟子所以言之以此……孟子又言凡人所以有四端在于我己者，能

---

① 参见李存山《四端与四德及其他——读〈孟子辨义〉四则》，《中原文化研究》2015 年第 5 期。
② （汉）赵岐、（宋）孙奭：《孟子注疏》卷三下，《十三经注疏：清嘉庆刊本》，第 5852 页。

皆廓而充大之，是若火之初燃，泉之始达，而终极乎燎原之炽，襄陵之荡也。苟能充大之，虽四海之大，亦足保安之也。苟不能充大之，虽己之父母，亦不足以奉事之。故曰：苟能充之，足以保四海，苟不充之，不足以事父母。是亦推恩足以保四海，不推恩无以保妻子之意也。（《孟子注疏》）①

孙奭的疏解紧扣《孟子》文本中以"四体"（即四肢）喻"四端"的表述，体现出"四端"推扩发用而践行之，即为仁义礼智，亦即善，可无所不达。所以，在一定程度上，我们甚至可以说此疏实已破注。

如果说孙奭的疏解所采用的"体用"结构若隐若现，尚且不那么明晰的话，那么，朱熹的理学注解则进一步明确地阐释这种结构，朱熹说："端者，绪也。因其情之发，而性之本然可得而见，犹有物在中而绪见于外也。"②基于严格的"体用论"，朱熹在《孟子》文本中找到的依据依然是"人之有是四端，犹其有四体也"（《孟子·公孙丑上》）这句，朱熹认为孟子是以身体、四肢为喻，"端"是身体之发用。③不过另一方面，朱熹对孟子"端"喻的"体用"解说，亦并非一种纯粹玄学的思辨，而是落实在日常工夫经验之中，就"善端"的"体用"结构，朱熹这样解释：

此心常存在这里，只是因感时识得此体。平时敬以存之，久久会熟。善端发处，益见得分晓，则存养之功益有所施矣。④

在这样一种工夫论思维框架中，性善之体无疑是价值的终极依据和

---

① （汉）赵岐、（宋）孙奭：《孟子注疏》卷三下，《十三经注疏：清嘉庆刊本》，第5852页。
② （宋）朱熹：《四书章句集注》，中华书局1984年版，第238页。
③ 李明辉对朱熹的理解是有偏差的，他误认朱熹所言"端绪"为"先后"义。参见李明辉《耿宁对王阳明良知说的诠释》，《哲学分析》2014年第4期。
④ （宋）朱熹：《朱子语类》卷五十三，《朱子全书》，安徽教育出版社、上海古籍出版社2002年版，第15册，第1761页。

行动的根源动力,而现实用功则在用敬心以"存养"此体,尤其对于其未发、已发之间的把握。

因此,我们可以说,"体用论"对"端喻"的理解是空间的,"四端"犹如四肢之发用,由"用"以明"体";而"先后论"对"端喻"的理解则是时间的,"四端"是四个方面德行的起始开端。

可是,在宋明理学传统中,对孟子"端喻"的理解,并非所有理学家都采用朱熹这样"体用"的诠释进路,因为本体的预设毕竟容易被更切近日常经验的思想家们存疑,最有名的一种改进当属陈献章的"静中养出个端倪"[1],这一论调与前引朱熹的"工夫论"进路的结构其实大体相近,通过存养工夫使得善端发见;只不过陈献章不再一味地强调对于性体的感知,而是直接着眼于"端倪"处,发挥自然作用,这是其与程朱理学的差异之处。因此,我们可以说,陈献章这里对"端倪"的理解是"先后"而非"体用"的,它是一种更切近日常自然经验的论说,与主流理学家基于较为严谨的形上本体论述的进路有所不同。事实上,明代学者便已意识到这一点,比如王畿就指责"白沙之学,以自然为宗,'静中养出端倪',犹是康节派头,于先师所悟入处,尚隔毫厘"[2]。而我们知道,北宋邵雍对"善端"的解读多基于复卦的卦象诠释,也正是一种时间性的"先后"关系结构描述。

二 心善与性善

不过,正因为陈献章的"静中养出个端倪"带有程朱理学向明代心学过渡的意味,所以遭到不少明代学者的批评。概括地说,既有从宋学立场认为"端倪说"过于聚焦于飘忽不定的人心,而丧失肃穆性体之尊严,也有从明代心学的立场认为"端倪说"尚不通透,没有直下承当心体者;在后者看来,所谓"端倪"就是心之本

---

[1] (清)黄宗羲:《明儒学案·白沙学案》,中华书局1985年版,第84页。
[2] (明)王畿:《王畿集》卷十《复颜冲宇》,凤凰出版社2007年版,第260页。

体，而在前者看来"端倪"只是端绪，是本体发用之始。① 所以，王学论心时，"四端之心"即是心体或良知之本身。

> 澄问："仁义礼智之名，因已发而有？"曰："然。"他日澄曰："恻隐羞恶辞让是非，是性之表德邪？"曰："仁义礼智也是表德。性一而已。自其形体也，谓之天。主宰也，市之帝。流行也，谓之命。赋于人也，谓之性。主于身也，谓之心。心之发也，遇父便谓之孝，遇君便谓之忠。自此以往，名至于无穷，只一性而已。犹人一而已。对父谓之子，对子谓之父。自此以往，至于无穷，只一人而已。人只要在性上用功。看得一性字分明，即万理灿然。"（《传习录》上）②

这里，问者实际上是在基于程朱理学的立场发问，即将"四端之心"作为性体之"表德"，也就是身体与四肢作用的"体用"结构，而阳明的回答则认为不必有此"体用"关系，而是"一体"的随处呈现；在他看来，不同的名称只是就其不同面向的称谓，无有表里之别。这里可以看出，王学对于"四端"的理解超出了"体用"和"先后"的组合结构，而是展示为对整全良知一元性的强调，这种一元性在王门后学中又进一步表现为对"一贯性"或"浑一性"的两种论述。③ 或者换言之，"端喻"结构首先从"先后"的时间性两截，到"体用"的机能性分别却"不二"，再到心学指认"端"即是"体"本身，乃至从"一贯"到"浑一"，是一种本体形上学的一元性演进思路，心学将此发挥到了极致。与此同时，大量基于"生机"的譬喻描述使得这种一元性看起来生动和

---

① 有关陈献章对"端倪"的论说，可参见应爱萍《白沙学说"端倪"义研究》，《温州大学学报》（社会科学版）2010年第6期。

② （明）王守仁：《王阳明全集》，吴光等编校，上海古籍出版社2011年版，第17—18页。

③ 参见［日］荒木龙太郎《良知现成论的考察：从"浑一"和"一贯"的视点出发》，钱明译，载吴震、［日］吾妻重二主编《思想与文献：日本学者宋明儒学研究》，华东师范大学出版社2010年版。

亲切，也就是将一种形上玄思尽力落实到日常①，这也正是理学的特色之一。因此，不论形上玄思究竟如何评判高下，毫无疑问的是，王学将《孟子》学的"端喻"的诠释引向了新的维度。

因此，宋代程朱理学与明代阳明心学对"善端"的理解不同，其实并不在于"体用"与"先后"的不同，而是体现在其对孟子性善论的诠释上，其实就是心善与性善的不同，这一区别经由现代新儒家学者们的论述而愈加彰显，但其实早在明代王学中就已经有了非常直接的展示。晚明王学学者周汝登（1547—1629 年）在其《四书宗旨》中，就公然声称"孟子不曾道性善"：

> 孟子道性善，此门人所记，必公都子辈也。孟子不曾道性善。"人性之善也，犹水之就下也"，"之"字与"就"字对，故下言"人无有不善"。公都子曰"今曰性善"，而孟子言"乃若其情，则可以为善矣"。故曰：孟子不曾道性善。②

看起来周汝登认为孟子是主张"向善论"，可是作为心学的诠释，其义理并不止于此"向善"之经验描述，周汝登对此有进一步的诠释。

> 恻隐之心，如见孺子入井时，羞恶之心，如受呼蹴之食时，恭敬、是非皆同就此心，而加个美名曰仁义礼智，此等心萌时不学不虑，浑不自知，亦不自有，但从中显此妙用，故曰"非由外铄，我固有之"。

从中可以看出，周汝登强调的是"心体"本身，而反对心、性二分的结构。相比之下，当代新儒家学者多强调《孟子》学"以心善

---

① 参见陈立胜《良知与种子：王阳明思想中的植物隐喻》，《江苏行政学院学报》2005 年第 5 期。
② （明）周汝登：《四书宗旨》，载萧天石辑《中国子学名著集成》，台北：中国子学名著集成编印基金会 1978 年版，第 20 册，第 566 页。

言性善"①，则是对此诠释进路作出的更为精确的表述，其中最集中精要的表述见于徐复观《中国人性论史·先秦篇》，其对孟子"心善"的诠释如下：

> "今人乍见孺子将入于井"的例证，"乍见"二字，是说明在此一情况之下，心未受到生理欲望的裹胁，而当体呈露，此乃心自身之呈露。而此心自身之呈露，却是仁之端，或义礼智之端。"非所以内交于孺子之父母"数句，是说明由此心呈露而采取救助行动，并非有待于生理欲望之支持，而完全决定于此一呈露之自身，无待于外。由此可见四端为人心之所固有，随机而发，由此而可证明"心善"。孟子便把这种"心善"称为"性善"。②

那么，如果从前述周汝登的观点来看，明明是"心善"，"孟子不曾道性善"，则何以能"把这种'心善'称为'性善'"呢？进一步，徐复观通过梳理和诠释《孟子》中的相关论述，得出这样的概括：

> 心在摆脱了生理欲望裹胁时，自然呈露出了四端的活动。并且这四种基本活动形态，虽然显现于经验事实之中，但并不为经验事实所拘限，而不知其所自来，于是感到这是"天之所与"，亦即是"人之所受以生"的性。这是孟子由"心善"以言性善的实际内容。换言之，孟子在生活体验中发现了心独立而自主的活动，乃是人的道德主体之所在，这才能作为建立性善说的根据。③

---

① 徐复观：《中国人性论史·先秦篇》，载李维武编《徐复观文集》第3卷，湖北人民出版社2002年版，第151页。
② 徐复观：《中国人性论史·先秦篇》，载李维武编《徐复观文集》第3卷，第160页。
③ 徐复观：《中国人性论史·先秦篇》，载李维武编《徐复观文集》第3卷，第162页。

也就是说，"心善"的经验虽然来自日常感受，但又具有普遍性和超越日常经验的意义，因此是"心体"的作用，亦即"性体"。同样，在牟宗三、唐君毅等人的著述中，"以心善言性善"也是他们对孟子心学的一项理解共识。而在李明辉的论述中，直接以《孟子》另一段文字没有出现"端"字，来否认"端"式结构，无论是"先后"，还是"体用"义。[①] 正如我们开头所分析，李明辉的这一诠释其实是脱离《孟子》文本本身的。那么，作为现代哲学家的新儒家们为什么会纷纷选择这一种心学式的诠释进路来论述《孟子》所言"四端"，并将其作为儒家道德哲学最重要的面向而加以彰显？一个比较可以理解的理由是，从"四端之心"这样具有高度经验化的起点开始论述，显然比从天理性体出发来论述有更广泛的接受度，因为前者具有一个更低的论证起点，这就牵涉道德哲学的问题了。

三 诠释学意义与道德哲学结构

通过前文的分析，我们已经看到，《孟子》学诠释史上的学者们围绕《孟子》的"四端之心"中的"端喻"问题产生了不同的诠释进路。在所有这些不同的诠释中，除了赵岐的注文比较严格遵守"解经"规范，并因此显得在"端喻"的确切含义上有些含混不清外，后世不同思想家们大都对"端"作为经典文本的一个关键用字作出了不同的明确诠释，他们选取了更明确的"端"式结构进行阐述，尝试以各自不同的道德哲学主张来阐述孟子的道德学说。那么，他们的目标显然并非在一种解经学的意义上进行，不论其所属的文献本身是否为解经学的文献。换句话说，"端喻"文本的诠释者们所进行的诠释，并非完全执着于对《孟子》原文的追问和理解，而是试图用其各自不同的道德哲学形态和结构对《孟子》这段文本进行解说和疏通，注意力则在于文本对读者所应当具有的道德

[①] 参见李明辉《耿宁对王阳明良知说的诠释》，《哲学分析》2014年第4期。

学说效果。他们采用的方式是一种由外介入式的,其效果则是要把对文本的阅读理解转变成生活中的行为,因此,围绕《孟子》中"端喻"的注释文本更多的是一种诠释,而非解说。那么,我们可以说,围绕《孟子》中的"端喻"文本,这些《孟子》学诠释者所要致力的,并非一种解经学意义上的工作,而是对道德哲学观念结构的阐发,进而要对道德生活的行为作系统性的判断,这是一种保罗·利科（Paul Ricoeur）意义上的"哲学诠释学"。[1] 具体到宋明理学对与此"端喻"相关的诠释之中,前文已经展示出,理学家们其实已经偏离了《孟子》的主题,而去探讨与之相关的新的问题,通过他们"诠释性的哲学"来进行"哲学性的诠释"[2],其实质是一种"当下的自我表达"[3]。

接下来的问题是,种种诠释行为的背后,究竟有哪些不同的道德哲学结构借此得以阐发,这就需要将经典与诠释文本统一转换到当代哲学的语境中来理解。我们首先回到《孟子》,《孟子》的"四端之心"可以说是对四种道德情感的描述和概括,它们前面的判断词是"有"和"无",如"无恻隐之心"或者"有是非之心";而"四德"则是四种德目,也就是四种道德价值,因为仁、义、礼、智都是正面的价值判断,如果在前面加上否定判断词,比如"非仁",就构成一种负面的价值判断。因此《孟子》里出现了"无恻隐之心,非仁也",这是由对道德情感的描述性判断——"无",推导出道德价值判断——"非仁"。那么,二者之间怎样的关系引发我们作出这样的推导呢？这就牵涉道德哲学结构的问题,在《孟子》文本中,"端"集中体现为这样一种结构,即道德情感是道德价值之"端",在此,"端"既可以被理解成一种"发端"式的描述,即善念的自然萌动,也可以被理解成内在道德价值的具

---

[1] 参见［法］保罗·利科《作为一个他者的自身》,佘碧平译,商务印书馆2013年版。

[2] 刘笑敢:《诠释与定向:中国哲学研究方法之探究》,商务印书馆2009年版,第32—33页。

[3] 刘笑敢:《诠释与定向:中国哲学研究方法之探究》,第60—65页。

体表现。究竟是哪一种，或者二者兼具，对于《孟子》文本来说似乎并不是一个十分重要的问题，在文本中并不明确；同时，正如前文已经展示的，如果引证《孟子》中的其他文本作为旁证，似乎两者都能找到相应的证据。但是不论如何，在道德哲学意义上，《孟子》所要做的工作只是"道性善"，即通过道德情感的普遍性经验（如"赤子入井"的例子）证成道德价值的绝对性和内在性。

后来诠释者们对"端喻"的不同诠释，其实缘自道德哲学关注点的不同，"端喻"究竟是"先后"，还是"体用"，其实是两种完全不同的哲学问题。在"体用"的诠释中，道德价值是绝对的根源，如程朱理学所示；在"先后"的诠释中，道德情感才是更根本的存在，如邵雍或者陈献章等所示。进一步，在心学一元论的论述中，道德情感具有了道德价值的唯一等效性，这是王阳明良知学的内涵，它的一个必然的逻辑结果是走向"心善"论，如周汝登及现代新儒家所展示。如果从当代哲学来看，抛开思想文化和观念的价值不论，前两者归根到底所要论证的道德哲学结构显然是一个无解的"鸡生蛋"或"蛋生鸡"的形上命题；相比之下，第三种论述显然更值得关注。

不过，新儒家对阳明心学的本体论式道德理解仍然并不能让当代哲学家们满意。就此问题而言，在当代现象学家耿宁（Iso Kern）那里，一方面，"以心善言性善"从表面看来也是他继承儒家心学传统的一个基本诠释进路，耿宁转而以现象学的方式，尝试以"心"之独立自主的活动经验和实际感受等来为道德价值作哲学伦理学的奠基[①]，这既是深受德国古典哲学影响的新儒家们曾经摸索过的路径，也似乎更接近今天具备一定哲学专业素养的阅读者直接从《孟子》文本本身而得到问题意识的方法。[②] 可是，另一方面，耿宁与新儒家们的诠释又有所不同，耿宁坚持认为"四端之心"，

[①] 参见［瑞士］耿宁《中国哲学向胡塞尔现象学之三问》，《哲学研究》2009年第1期。

[②] 参见［美］艾兰《水之道与德之端》，张海晏译，商务印书馆2010年版。

"还不是德性本身,但却是德性的萌芽,德性的开端"①,这里"萌芽"和"开端"的比喻,表明耿宁似乎重又回到了"端"的"先后"义,与此同时,与儒家心学传统不一样,此时的"先后"已经变成一种对日常经验的反思性的哲学描述。总之,这一别致新颖的现象学诠释与解读,使得耿宁不仅扬弃了新儒家及其承载的康德式道德形上学,也使其与宋明理学有别,虽然他似乎十分热衷于儒家心学的心性传统,但至少如果从哲学史研究的角度来说,这是需要特别予以区分和注意的。

四 结语

归纳而言,《孟子》学"端喻"诠释有两个层次。首先是"端"直观表现为空间和时间两种意向:时间的"端喻"给出的是"先后"的直观经验结构;而空间的"端喻"(如四肢)却可以给出"体用"的本体论思辨结构。"四心"与"四德"的关系究竟是"先后"还是"体用",这是第一项诠释分歧所在。其次,由空间的"端喻"而来的本体思辨,理学与心学发生了分歧:理学坚持以不离不杂的"体用"结构来分疏"四心"与"四德",前者是"用",而后者是"体",这与程朱理学对于心性、理气等的论说一致,"四心"为气,而"四德"为理;心学则与之不同,在王学诠释中,"四端之心"是本心良知,亦即天理,因此实际上取消了"端"式结构,"四心"本身是"四德"之体,故以"心善"言"性善",以心学继承者自居的当代新儒家们纷纷顺承了此思路。

在此诠释史的背后,是道德哲学结构论述的转移,从孟子致力于对道德价值绝对和普遍存在的论证,转移到道德情感与道德价值之关系结构究竟如何的问题。当代哲学家则拒斥后者带有浓厚形上学建构色彩的结构论述,但保留以情感论证价值的意义,于是重新

---

① [瑞士]耿宁:《人生第一等事——王阳明及其后学论"致良知"》,倪梁康译,商务印书馆2014年版,第272页。

回到"先后"的"端喻"来论述,以现象学家耿宁为代表。因为"四端"的"端",在"先后"意义上是一种更容易被理解的日常经验,当代哲学家可以尝试从对"四端之心"的经验反思和辨析出发,对道德价值之存在和奠基进行理论的探索,这是当代哲学的路径和视角。

看起来,它们似乎构成了一种循环,从孟子将"四端之心"作为日常经验的洞见,到理学家们对道德价值的形上思辨,然后又逐级降低论证预设,直到当代哲学家们又重新回到以日常经验为基础的论证。对"端喻"的诠释,从"先后"到"体用",从"体用"到"一体"(实际上取消"端喻"),最后又从"一体"回到"先后"。它们是在各自的学理背景和学问方法上对孟子"端喻"作出的不同理解,使得《孟子》被纳入各自的思考之中,《孟子》也正因为具有这样多向度诠释的可能而成为经典,毋庸置疑,这种丰富深刻的哲学洞见其实正是来自生活经验的感受。

犹太教研究

论犹太文化与犹太教的同一性

徐 新

摘 要：对于一个民族而言，人们往往把该民族的文化和宗教区别对待。宗教仅仅被视为文化的一个组成部分，这样宗教就不是区别民族的最核心因素。然而，犹太文化和犹太教之间并不存在这样的区别。对于犹太民族而言，起码是在现代到来之前，是文化的就是宗教的。正因为如此，犹太教被视为一种民族宗教，是犹太民族的宗教。所有信仰犹太教的人也就自然被视为犹太人了。为什么会出现这种现象？为什么犹太民族与宗教不可分？本文认为是犹太文化与犹太教的同一性所致，是犹太文化与犹太教之间存在一种托体同根的关系所致，更是犹太民族的诞生和犹太教的开端是共时的、同步的、不可分割的特性所致。

关键词：犹太教；犹太文化；同一性

作者简介：徐新，南京大学哲学系宗教学系教授、博士生导师（江苏南京210023）。

在世界宗教史上，犹太人的宗教（Jewish religion）无疑是一种独特而有影响的宗教。作为当今世界最古老的宗教之一，犹太人的宗教起源于人类文明的古典发源地之一的西亚地区（或者今日学界所说的中东/近东地区）。尽管在上古时期的西亚地区，犹太人的宗教的出现已属晚期，比其历史悠久的宗教比比皆是，无论是迄今依然矗立在尼罗河畔的埃及古老神殿，还是在两河流域留存的众多神庙遗址和不断出土的各种神像，都在诉说着它们曾经有过的辉煌存在和悠久历史。然而，犹太人的宗教却是那一地区出现在上古时期诸多宗教中唯一历经沧桑巨变延续至今，并依然保持着旺盛生命力的"活着的"（living）宗教。

毋庸讳言，犹太人的宗教的出现与两河流域的传统宗教思想有着直接的联系，是在两河流域的传统宗教思想的直接影响下出现的。宗教作为当时两河流域人们生活的事实直接影响其日后在犹太人生活中的地位。然而，犹太人的宗教更值得关注的特征是它的创新之处。换言之，与其说犹太教①的出现是对两河流域的传统宗教思想的继承，不如说是在宗教思想上的创新。伴随犹太教出现的"独一神"思想在两河流域的传统宗教思想中是未曾有过的新思想，是独一无二的，被后来的宗教学家看成人类宗教史上迈出的"革命性"的一步。

在盛行多神崇拜的上古社会，犹太教"独一神论"的提出实在是一种创新。从犹太教演绎出的"伦理一神教"思想则借助基督宗教的传播在世界范围内产生了极其重要的影响，成为规范人们行为的一种普遍准则。在这里我们不妨借用以色列驻华大使馆在向中国人解释何为犹太教时印制的小册子中对犹太教的简明解释作为犹太教的定义进行说明。该小册子出自以色列犹太教专家之手，他们试图用简洁、最直截了当的词语对何为犹太教进行解释。小册子中是这样说的："犹太教是犹太民族的宗教信仰和生活方式。"从中，我们不难看出，从本质来说，犹太教的独特之处不仅在于其提出的"独一神"思想，而更在于它对犹太人生活方方面面的规范和犹太人生活之道（即犹太

---

① 为了叙述的方便，从此处起采用"犹太教"的表达，指称犹太人的宗教信仰。

律法）的确定。正因为如此，当犹太教的"独一神"思想被基督教接受和继承后，犹太教仍保持着与基督教不同的自身特色。可是，由于犹太教自产生以来主要是在犹太人中流传，再加上长期以来非犹太人社会对犹太人的偏见和对犹太教的歧视，使得人们对犹太教的真正含义缺少应有的把握。而国际学术界囿于基督教神学观的长期影响，通常将"宗教"只定义为一种信仰体系，把"信"当成界定宗教的信仰标准，对不以"信"为主体的犹太教的论述自然很难得"要领"。

尽管，当今世界范围的人们将犹太人的宗教，或信仰体系统称之为"犹太教"，可是在犹太人的母语——希伯来语中却没有"宗教"一词。在犹太人看来，我们称之为"犹太教"的东西只不过是一种生活之道——由一系列专门规范犹太人生活方式和行为准则的律法构成的"道"而已。英语中最常用的，表达犹太人宗教信仰的词是"Judaism"，其在希伯来语中的基本含义拟为"犹太人的一切"，既指代信仰和教义，又指代犹太人生活的方方面面。不仅如此，对于犹太教信徒来说，做一名真正意义上的信徒，最重要的不是他们"信"什么，而是他们"做"什么（如何行），特别是日常生活中以什么准则规范自身和每日的生活。由此可见，犹太信仰的内涵远不止宗教的意义，反映的是一种民族意识，也就是由历史、语言、文学、国家、文化及共同命运所维系的民族感，也就是人们所说的文化和文明。犹太教代表着一个拥有共同身份、共同归属感、共同根源、共同血统、共同使命的民族的文化和文明的全部。正因为如此，很多犹太人都认为，犹太教中的种种具体的律法、制度、组织、礼拜、礼仪、祷告、研习、捐赠、饮食法、习俗等远比抽象的宗教信仰和神学思辨更重要，也更接近犹太教的本质。

犹太教的这一特征使得非犹太人对犹太教产生过一系列误解，难怪连18世纪欧洲最伟大的哲学家康德也认为"犹太教其实不是真正的宗教"，因为根据他的理解，"真正的宗教是建立在纯粹的道德信仰之上的"①。

对于这样一种宗教的评介如果仍停留在对信仰体系的抽象论述上，一定会使读者不得要领，甚至产生不必要的误解，因此，最佳的领会犹太教本质和避免误解的方法是按犹太人对犹太教的观念去理解。

至此，读者的头脑里很可能已经有了这样一种疑惑：如此看来，这里讨论的"犹太教"不就等同于"犹太文化"了吗？不就是一种一般意义上的"犹太文明"吗？

的确如此。这是犹太教的独特性使然。例如，现代犹太思想家、犹太教"重建主义"的创始人开普兰（Mordecai M. Kaplan）在撰写论述犹太教的专著时干脆就使用《犹太教：一种文明》作为书名。② 而犹太教改革派的学者撒母耳·S. 科亨（Samuel S. Cohon）也直截了当地使用了《犹太教——一种生活之道》③ 作为书名。

任何对犹太教和犹太文化有深入了解的人都会察觉到犹太教和犹太文化是托体同根，是一体的、不可分的。而这种一体和不可分性使得犹太人的一切都具有了宗教性，与宗教结合在一起。如果以犹太人的节日为例，对于犹太人而言，所有的节日不仅是文化意义上的节日，更是宗教意义上的节日。在犹太人眼里，宗教与文化同根同源，是宗教的也就是文化的。

事实上，不仅犹太教与犹太文化同一来源，而且犹太文明的其他方面，无论是犹太历史、犹太社会、犹太哲学……都可以归于同一个来源。把握犹太教的这一独特性对于我们理解犹太人和了解犹太文化均十分重要。

而造成犹太教这一独特性的根本原因是犹太民族的独特起源，

---

① Alfred D. Low, *Jews in the Eyes of the Germans*, Philadelphia: Institute for the Study of Human Issues, 1979, p. 93.
② 参见［美］开普兰《犹太教：一种文明》，黄福武、张立改译，山东大学出版社2002年版。
③ 参见［美］撒母耳·S. 科亨《犹太教——一种生活之道》，徐新等译，四川人民出版社2009年版。

或者说是由犹太人对自身起源的独特认知所致。因此，这里有必要首先简略交代一下犹太民族的起源。

从民族起源的一般意义来说，犹太民族显然是两河流域古代诸民族中的一员，被犹太人称为族长的亚伯拉罕就出生在两河流域古代文明中心地带的一个名为"吾珥"（Ur）的苏美尔城市。"他们出了迦勒底人的吾珥"（《创世记》第11章第31节），记录着犹太民族早期历史的《圣经》对犹太人的出处如是说。从种族起源上看，犹太民族与建立起古巴比伦王国的阿摩利人同一来源，是闪族（亦称闪米特人）的一个组成部分，属于闪族语系人群的一支。

史料表明，与其他曾经在这一地区生活过的许多民族相比，犹太民族的出现显然相对较晚（约在两河流域文明出现后的1500年）。在他们进入历史之前，由诸如苏美尔人、阿卡德人和阿摩利人（亦称古巴比伦人）创造的文明早已发展到了辉煌。根据有关史料推算，犹太人进入历史的年代当在汉谟拉比时代，正值古巴比伦王国的"黄金时期"。出现在这样一个高度发展的文明地区和氛围中，犹太民族显然受益匪浅。犹太文明一开始就具有的高度文化性的特征很可能与此有着直接的联系。

不过，由于史料的匮乏，犹太人与世界上许多其他古老民族一样，其早期的历史是朦胧不清的，传说便成了构建这一时期历史的主要来源。读者完全不用因此而感到颓丧，用传说来构建一个具有悠久历史传统的民族的早期历史是十分平常的。譬如，我们中国人自己的早期历史，无论是涉及三皇五帝，还是涉及尧舜均属于传说部分。

然而，与其他民族不同的是，犹太人对本民族在历史上出现的认知十分独特。据犹太人的传说，犹太民族的开端被追溯到一个名叫亚伯拉罕[①]的人身上，并把他作为犹太民族的"始祖"看待。因此，我们可以说犹太人的历史正是通过这个名叫亚伯拉罕的人的介

---

① 最初叫"亚伯兰"，后更名为"亚伯拉罕"（在希伯来语中有"多国之父"的含义）。

人才正式步入人类历史的舞台。

亚伯拉罕是何人？何以能够成为一个民族的始祖？根据《圣经》记载的"族谱"，亚伯拉罕是从"大洪水事件"幸存下来的挪亚三个儿子之一"闪"的后代，祖籍所在地是两河流域中心地带的一个名为"吾珥"的城邦，他生于斯长于斯。尽管《圣经》没有提供更多有关亚伯拉罕在吾珥时的具体生活状况的信息，但犹太传说却有一些详细的交代。[①] 了解这一传说无疑可以帮助我们了解犹太人与犹太教之间不可分的关系。

传说是这样叙述的：亚伯拉罕在成长过程中受到两河流域无处不在、无时不在的宗教的熏陶，承认神的存在，但他不能认同当地流行的多神信仰和偶像崇拜，因为他在观察和思考过程中察觉到无论是天上的太阳、月亮，还是地上的其他自然物体都不可能是神，因为它们的作用十分有限。人们崇拜用石头或者陶土做成的神像在他看来更是无稽之谈，在他的想象中，真正的神必须是无所不在、无处不在、无所不知、无所不能，一定不受任何物质形式、存在形式和表现形式的约束，是造物主创造并主宰世界上的一切。因此，神只能是无形、不可见、不可摸、无法描述的。而且这样的神只能有一个，并非多个。亚伯拉罕对当时人们习以为常的神的这一不同寻常的思考使他成为第一个意识到"独一神"——上帝存在的人，这使得亚伯拉罕不同于常人。

亚伯拉罕不仅是这样思考的，而且还表现在行动上。相传，一日，亚伯拉罕的父亲有事外出，让亚伯拉罕在自己开设的神像店照看生意。有一天，一位老妇人进来买神像。她一边挑选，一边嘴里嘟嘟囔囔，说什么上次请的神像不管用，这回要挑个管用的。亚伯拉罕一问才明白：原来这位老妇人先前曾经来买过一尊神像，可是日前在她洗澡时，一个小偷进屋偷东西，离开时顺便将老妇人家里供奉的神像也给偷了。听到这里，亚伯拉罕十分气愤，进而想到，

[①] 犹太传说有众多来源和不同版本，较有影响的是 Louis Ginsberg 撰写的《圣经传说》(*Legends of the Bible*, the Jewish Publication Society of America, 1956)。

论犹太文化与犹太教的同一性

如果神像连自己都保不住，被一个小偷轻而易举地就偷走，如何能够保佑人？这样的神像还有何用？他开始感到父亲卖神像的行为实际上是一种骗人的勾当，认为再也不能这样继续下去了。于是，他抄起一根棍棒，将店里的神像统统砸烂。随后，亚伯拉罕还用一根绳索将一尊腿被打断的神像拖上街，用"游街示众"的方式告诉人们神像不过是一个废物，偶像不值得崇拜。亚伯拉罕的这一举动表明：这时的亚伯拉罕已经不再是原来的亚伯拉罕了，而是一个决心与两河流域传统，特别是信仰多神、进行偶像崇拜的传统决裂的"新人"。亚伯拉罕在宗教问题上的这一系列思考和做法使得他最终成为只信仰"独一神"的犹太民族的始祖。[①]

在亚伯拉罕意识到作为"独一神"的上帝存在后，上帝开始向亚伯拉罕显现，对他晓谕：

> 你要离开本地、本族、父家，往我所要指示你的地去。我必叫你成为大国。我必赐福给你，叫你的名为大；你也要叫别人得福。为你祝福的，我必赐福与他；那诅咒你的，我必诅咒他。地上的万物都要因你得福。（《创世记》第12章第1—3节）

这几行出现在《圣经》文本中简短的文字被认为开启了犹太人的历史。

因此，严格地说，亚伯拉罕是在遵循上帝的旨意，离开了原居住地后，是在离开了信仰多神的族群后，才有了犹太人的身份。虽然人们也了解亚伯拉罕的先人及所属的群体，然而，在犹太人看来，那些人却并不属于犹太民族之列。很显然，亚伯拉罕之所以成为（或者说被后人认定是）一个民族的始祖，完全是由于他的思想的变化和他所采取的颇为奇特的迁徙行动。以这一方法叙述历史，

[①] 参见 Louis Ginsberg, *Legonds of the Bible*, the Jewish Pubication Society of America, 1956。

特别是把一个民族的开端与一个人的思想变化联系在一起,在我们所了解的上古人类历史上不仅是第一次,而且很可能是仅有的一次。在某种意义上,这一开端之说有可能是在说明犹太教和犹太文化对人和人的价值的独特认知,同时还表明犹太民族从一开始就有一点"与众不同"。

有论者云:通过对一神信仰的全盘接受,一个民族被安排走上了一条将他们与周边其他民族分离的道路,演绎了一部永远地对众多的人和民族产生影响的历史。①

据犹太人自己保存下来的传说记载,亚伯拉罕是在公元前1800年前后,带着自己的家人和财产,离开祖辈生活的两河流域,前往被视为"应许之地"("The Promised Land")②的古迦南地,即犹太人所说的"以色列地",或今日人们所通称的巴勒斯坦地区③。迁徙到古迦南地的犹太人从当地人那里获得了一个新的称谓——"希伯来人"。这是最早用来称呼犹太人的一个专门称谓。该称谓中的"希伯来"(它的英文拼写为"Hebrew",一般认为该词汇来源于"Habiru"④)一词的含义为"自河(指幼发拉底河和底格里斯河)那边过来的人",形象地说明了他们的来历。不管怎么说,在这块新的土地上,伴随着这一新的称谓,一个新的、独特的民族也就出现在了人类历史的舞台上了。

如果仔细研究一下该地区的民族迁徙史,人们便不难发现,在上古时代,迁徙是生活在这一地区(特别是对于其中的游牧民族而言)十分常见的生活方式。"逐水草而居"是对游牧民族生活方式的形象描述,尽管这类迁徙的半径通常有限,人们通常是在一个有限的范围内来回流动。不过,由于人口的增长,这里的居民每隔千

---

① [美]杰克·罗森:《犹太成功的秘密》,徐新等译,南京出版社2008年版,第10页。

② "应许之地"最早是一神学用语,特指上帝允诺给予犹太民族作为家园的土地,即现在人们习惯称之为"巴勒斯坦"的地区。现亦含"希望之邦"之意。

③ "巴勒斯坦"称谓最早由希腊罗马人使用,犹太民族传统上称之为"以色列地"("Eretz Yisrael")。

④ 有"渡河者"含义,亦译哈卑路人。

年左右都要周期性地向外迁徙一次。史学家希提（Phulup K. Hitti）对这一迁徙作过一个十分形象的比喻："就像一个大蓄水池一样，池里的水太满的时候，难免要溢出池外的。"① 犹太人很可能就是两河流域这一大蓄水池中溢出的水的一部分。

不过，亚伯拉罕及其家人的这一迁徙之举唯一令人稍感费解的是，与绝大多数通常是从贫困地向富庶地的迁徙不同，他做出的迁徙举动是一次从被认为是富庶地向贫困地的迁徙行动。因此，一些犹太学者对于亚伯拉罕率领家人离开祖辈生活的家园、从相对富庶发达地区的吾珥迁徙到相对贫瘠的古迦南地一事做出了不同的解释。在他们看来，亚伯拉罕及其家人的迁徙举动绝非是一次普通的迁徙，他们离开原先家园之举一定有着不同寻常的意义。离开有着"背离""决裂"的意味，迁徙包含着"追求"的含义。因此，传统的犹太教认为，做出这一举动的之所以是亚伯拉罕，"不是因为上帝在寻找他，而是因为他在寻找上帝。他那受到启示的思想在异教信仰中看到的只是黑暗。在他那个时代，偶像崇拜流行，然而他的理性思考引导他找到了一个给人以启迪的永恒上帝"②。亚伯拉罕是遵循上帝的旨意、在上帝的直接指引下进行这一迁徙的，是为了一种精神上的追求。③ 犹太史学家埃班（Abba Eban）据此认为：（犹太人的这一迁徙）是为了与两河流域盛行的偶像崇拜决裂，追求一种全新的信仰。④ 犹太学者罗斯的解释更加理想化，他认为亚伯拉罕"是因为看到了某种更崇高的事物，并希望能够达到一种更完美的精神境界才离开他自己的家园的"⑤。尽管这类解释不是建立在史料的基础之上，却在某种程度上更加真实地反映了犹太人历

---

① ［美］希提：《阿拉伯通史》，马坚译，商务印书馆1979年版，上册，第11—12页。
② ［美］杰克·罗森：《犹太成功的秘密》，徐新等译，南京出版社2008年版，第10页。
③ 正统犹太教阐述教义的书几乎无一例外，都这样认为。
④ 参见［以色列］阿巴·埃班《犹太史》，阎瑞松译，中国社会科学院出版社1986年版。
⑤ ［英］塞西尔·罗斯：《简明犹太民族史》，黄福武等译，山东大学出版社1997年版，第5页。

来把信仰作为生活最高目标的特征，甚至完全可以说，是属于另一（更高）层次上的"历史真实"。

一般认为民族和宗教是两个不同的概念，分属不同的范畴。虽然二者之间有时存在着某种内在的联系，但是人们在讨论这两个问题的时候往往会对二者进行严格的区分，如信仰基督教、佛教等宗教的人就分属不同的民族。然而，对于犹太人来说，犹太教和犹太人是统一的，犹太人是犹太教物的外形，犹太教是犹太人的精神内核。[1] 在现代社会到来之前，信仰犹太教是成为犹太人的必然条件。

从上述传说和《圣经》相关表述我们不难看出犹太教与犹太民族之间不同寻常的关系，两者显然是无比紧密地联系在一起的。当代犹太教学者哥尔登伯格（Robert Goldenburg）说过这样一席话："犹太教是一种民族宗教，一种与特别族群或民族认同联系在一起的宗教传统，因此，我们不可能在追寻该宗教历史时不同时追寻该民族的历史。"[2] 我们甚至完全可以作出这样的断言：犹太民族的诞生和犹太教的开端是共时的、同步的、不可分割的。犹太教是在亚伯拉罕意识到"独一神"存在时开始形成的，而犹太民族也是在亚伯拉罕意识到"独一神"后走进历史的。尽管在最初，犹太教展示的还仅仅是一个胚芽，集中在"一神信仰"的核心概念——"独一神"上；犹太民族也仅仅是有了一个具体的"始祖"、一个被后来的犹太人称为"族长"的人，但它们均可以被视为犹太教和犹太民族的"种子"。是种子就会发芽，就会生长。确实，随后的岁月见证了，这两粒种子同生共长。

犹太教（最初以"独一神"思想为标志）经过千年的演进，从亚伯拉罕的应许，到其后代在西奈山授约，到在耶路撒冷为上帝建造圣殿，再到《托拉》的编撰、《圣经》的正典，以及《塔木

---

[1] 参见徐向群《沙漠中的仙人掌——犹太素描》，新华出版社1998年版。

[2] Robert Goldenberg, "Judaism is an ethnic religion, a religious heritage tied to a specific ethnic or national identity, so it will be impossible to trace the history of the religion without also keeping track of the history of the nation", *The Origins of Judaism*, Cambridge University Press, 2007, p. 3.

论犹太文化与犹太教的同一性

德》的编撰,伴随着犹太民族的形成,终于发展成一个有自身体系的成熟宗教,在规范犹太人及其社会、文化、生活的同时,影响着世界。

犹太人经过近千年的整合和发展,从亚伯拉罕、以撒、雅各、约瑟,到摩西、约书亚、大卫、所罗门,再到以斯拉、希勒尔,从迁徙迦南、逃离埃及、征服迦南、建立王国,到巴比伦回归、玛喀比起义、再到哈斯蒙尼王朝的建立,伴随着犹太教的发展,犹太人终于形成了一个极具特色的民族。① 他们在保留和弘扬上古中东地区光辉灿烂的文明的同时,以不朽之势坚守自己的信仰、发展自身的文化,为世界的进步和发展作出了巨大贡献。

说到这里,我们不难看出,起码在犹太传统看来,在讨论犹太教与犹太民族关系问题时,不存在"先有蛋还是先有鸡"的争论。犹太教与犹太民族完全可以说是同生共长,相互依存,互为因果,谁也离不开谁。犹太教与犹太民族这种独特的关系不仅在古代如此,而且一直延续至今。人们因此做出过这样看上去有循环往复悖论之嫌的宣称:是犹太教保存了犹太人,是犹太人守住了犹太教。正如当代著名犹太教研究学者萨纳(Jonathan D. Sarna)所说:"犹太人作为一个民族不能不与作为一种信仰的犹太教缠绕在一起。传统上看,犹太教为人所知是作为一个民族教会而存在的……"②

正因如此,今天所有信仰犹太教的人(包括皈依者)均被视为犹太人,不论他们看上去什么肤色("白人""有色人",还是"黑人"),不论他们原先来自哪个人群或民族,也不论他们是生活在哪个国家和地区。所有犹太人的生活方式和模式均由犹太教规范。

如果稍微比较一下基督教与其信仰者的关系,犹太教与其信仰

---

① 当代犹太教学者戈尔登伯格在其著作《犹太教渊源》(*The Origins of Judaism*, Cambridge University Press, 2007)表达了近似的观点,认为犹太人成为一个民族经历了近千年的发展,犹太教作为一种宗教也经历了千年的发展。详见导言,第1—4页。

② [美]乔纳森·D. 萨纳:《美国犹太教史》"导言",胡浩译,大象出版社2009年版。

者的关系就显得格外独特了。

众所周知,在基督教社会,基督教并不是界定信仰者的关键,更不是决定信仰者文化的关键。例如,法兰西民族和德意志民族的分野显然不在宗教信仰方面。尽管他们的信仰都是基督教,法兰西民族之所以成为法兰西民族是因为他们拥有的法兰西文化,而德意志民族之所以是德意志民族是因为他们拥有的德意志文化。而无论是法兰西文化还是德意志文化均不等同于基督教和基督教文化。

之所以会出现这样的差别,主要因为基督教对于信仰国家和民族而言都是外来的,是作为一种信仰在随后的年代被这些民族接受的(不管是通过传教士传教的方式,还是武力征服胁迫的方式),也就是说,是日后"外加"在这些民族的身上,"外加"在已有的文化之中的,尽管有时也呈现"取代"之势。

而犹太教与犹太民族的关系就不同了,它们是同生共长的关系。即便是日后的皈依者,皈依犹太教的人通常被要求按照犹太教的生活方式生活,而基督教或其他宗教并无这样的要求。许多皈依者通常只需接受信仰,完全可以保持原先的文化和生活方式,例如,中国的基督徒在宗教信仰方面是基督教,在文化生活方面却主要是中国的,尽管变化总是不可避免的。

如果说犹太人与犹太教的关系是同生共长,那么,犹太文化与犹太教的关系就是托体同根,具有十分紧密的同一性,甚至可以说是在犹太教培育下形成的。鉴于此,了解犹太教和犹太文化需要从一个完全不同的角度入手,把握犹太教和犹太文化也需要一种独特的思维。亨廷顿(Samuel P. Huntington)曾睿智地指出:"犹太文明的价值不在于它是普遍的,而在于它是独特的。"[1]

我们理解犹太文化和宗教也应该遵循这样的认识。

---

[1] [美]塞缪尔·亨廷顿:《文明的冲突与世界秩序的重建》,周琪等译,新华出版社1998年版,第369页。

论寓意解经法在基督教与犹太教
分离过程中的作用

刘南阳

摘　要：基督教与犹太教分离是人类历史中的大事，影响深远。寓意解经法是基督教释经学中的两个重要代表性方法之一。本文从基督教与犹太教的关系的视角探讨寓意解经法的作用，认为寓意解经法帮助基督教在一定程度上解决了旧约的地位与权威、基督徒身份认同等难题，对基督教发展成为独立宗教有独特的贡献。

关键词：寓意解经法；基督教；犹太教；新以色列；弥赛亚

作者简介：刘南阳，南京大学哲学博士（江苏南京210023）。

一　基督教使用寓意解经法的背景

众所周知，基督教萌芽于犹太教，最初仅是犹太教中不断出现的众多教派中的一个。在公元1—2世纪，基督教经历了一系列的转折，从一个完全由犹太人组成的宗教群体转变为由犹太人和外邦人共同构成的群体。基督教和犹太教由此开始异向发展，并在这一时期迈出了关键的一步。由于犹太人在这一时期举行了两次大的起义，而且均以遭受重大挫折告终，因此没有对当时并不起眼的基督教的发展给予特别关注，事实上，也无力关注。为了摆脱犹太教的巨大影响，特别是为了彰显自身的独特性，这一时期基督教自然十分关注自身的独立认同。构建独立认同成为当时基督教会的一项中心工作。

在教会构建独立认同的过程中，要确立自身的认同，需要解决以下问题：自身的信仰对象（最终以三一论的方式解决），自身的经典（最终以新旧约全书的方式解决），自身的组织形态（以主教制和教阶制的方式解决），自身的宗教礼仪（以洗礼、圣餐礼、主日礼拜等和犹太教有不同程度的联系而又有独特形式与内涵的方式解决）。

然而，在导致基督教与犹太教异向发展问题上真正发挥重要作用的却是寓意解经法。所谓寓意解经法指的是寻找经文字里行间可能包括的隐意，"暗示经文的真正含义是隐藏在字面的背后。换言之，经文成了某类延伸的隐喻，指向隐藏在它背后的概念"[①]。这一方法被犹太人和基督徒用来解释圣经经文。

尽管寓意解经并非犹太人或者基督徒所独创，人类在解释经典时通常都会使用。然而它在阐述犹太教和基督教教义过程中一直发挥着重要的作用。

犹太思想家斐洛（Philo Judaeus）为了证明希伯来《圣经》与希腊哲学的契合性，曾努力挖掘希伯来《圣经》在字面背后的意义，将其和希腊哲学建立联系。对于斐洛来说，这种解经方法让他可以把"他所接受的希腊哲学观念和理念与他作为一位犹太人从祖宗那里继承来的圣经宗教和道德"[②]，很好地结合起来。斐洛对于那些特定类型的经文进行寓意解释，从而达到了他的目标。斐洛在挖掘圣经中数字的寓意方面非常用心，比如《圣经·民数记》（第8章第24—25节）中提道："利未人是这样：从二十五岁开始，他

---

① [美] W. W. 克莱恩：《基督教释经学》，尹妙珍等译，上海人民出版社2011年版，第35页。
② [英] 罗纳尔德·威廉逊：《希腊化世界中的犹太人：斐洛思想引论》，徐开来、林庆华译，华夏出版社2007年版，第132页。

们要前来任职,办会幕的事。到了五十岁要停工退任,不再办事。"对此,斐洛认为,"要记住,数字五十是完全的,而二十五则是半完全,并且正如某位古人所说的,开端就是整个的一半。我们注意到,他命令利未人从半完全开始做工,担任圣职,表明积极的顺从;同时又命令完全的人不再做事,只要遵守他经过劳苦实践所获得的东西就可以了"①。他还说,"五十是最神圣的数字,深深的植根于自然之中,是由直角三角形的平方形成的,而直角三角形就是整个宇宙产生的源头"②。斐洛解经通常不拘泥于字面意思,不过,为免过于随意,他确定了一个大致的原则。他认为当遇到三种情况时,可以抛开字面意思。这三种情况的具体内容包括:"一是经文提及任何与神不匹配的东西;二是有一些无法疏解的罕见的文法或独特的修辞;三是经文显然是寓意化的措辞。"③ 很显然,斐洛是在"力图把犹太教宗教观念和他所接受的希腊哲学融为一体"④。

这一做法对基督教有三点重要影响:"第一,论犹太教宗教精神与希腊哲学的和谐一致。他认为犹太人的《旧约圣经》是真正的神的启示,与柏拉图哲学和斯多葛哲学是一致的。这对基督教神学的发展有着深远的影响。……第二,论上帝。……第三,论逻各斯。"⑤ 斐洛对基督教的影响不仅是方向上的,也是方法上的。后来基督教不仅努力坚持基督教与希腊哲学的和谐一致性,也参照斐洛的寓意解经法,继续前行。"亚历山大城及其四周的基督徒,深受斐洛不照字面解经的影响。《巴拿巴书》就是一个很著名的例子。它表示,当摩西禁止以色列人吃猪肉时,实际上是说:'你们不可跟猪一样的人扯上关系。'"⑥

---

① [古罗马] 斐洛:《论凝思的生活》,石敏敏译,中国社会科学出版社 2004 年版,第 61 页。
② [古罗马] 斐洛:《论凝思的生活》,第 282 页。
③ [美] W. W. 克莱恩:《基督教释经学》,第 35 页。
④ 吕大吉:《宗教学纲要》,高等教育出版社 2003 年版,第 234 页。
⑤ 吕大吉:《宗教学通论新编》下,中国社会科学出版社 2002 年版,第 654—655 页。
⑥ [美] 奥尔森:《基督教神学思想史》,吴瑞诚、徐成德译,上海人民出版社 2014 年版,第 39—40 页。

不论是犹太思想家斐洛,还是后来的基督教思想家,对于经文和寓意的理解,实际上是在告诉我们,"揭示隐喻的意义不是在文本的字面意义之外引申出的另一种意义",在他们看来,他们所揭示的意义,"是上帝之言唯一的真实寓意"①。

基督教后来的寓意解经法,与耶稣和保罗都有密切关系。在《圣经·约翰福音》(第5章第39节)中,当耶稣声称,"给我作见证的就是这经",实际上为基督教后来的释经指明了方向。当保罗在《罗马书》第9章等处,以亚伯拉罕的两个妻子和儿子为例,阐述他关于基督教和犹太人关系的神学思想时,他为后来的基督教树立了一个典范。后世基督教的寓意解经法,基本是沿着耶稣和保罗所定的方向与方法继续前行的。

由于基督教源于犹太教,若要独立出来,必须建立一种自我认同,重新厘清自己的犹太遗产,并且有时还需要调整或者重新定义或解释。基督教的创教者十分清楚,《旧约圣经》,也就是希伯来《圣经》,如果单纯从字面解释,是无法和基督教信仰建立关系的,或者说并不能为基督教所用。

然而如果像马西昂(Marcion)所编订的正典那样,完全舍弃《旧约圣经》,又会给基督教造成更多、更新且无法解释的难题。这实际上也是正统基督教坚持要保留《旧约圣经》的原因。所以,基督教要保留《旧约圣经》,需要在旧约与基督教信仰之间建立联系,就必须采用寓意解经法。

二 寓意解经法对基督教脱离犹太教的贡献

在我们开始讨论寓意解经法以前,需要先明确一个前提。"在现代,圣经学者已经达成某种共识,就是经文只有一种含义,而圣经诠释的任务就是发现圣经话语的本意。然而,教父们却认为,圣

---

① 潘德荣:《从叙事到隐喻:斐洛的诠释思想》,《安徽师范大学学报》(人文社会科学版)2006年第3期。

经话语常常有多种含义，而且表面的意思并不能穷尽其含义，这一点是不证自明的。"① 这个区别，为早期教父坚持不懈地探索圣经经文中的多重含义提供了动力。当然，这种努力也是现实的需要。以下从两个方面来看寓意解经对基督教的贡献：一是如何认识《旧约圣经》的地位及如何解释《旧约圣经》；二是如何构建基督徒的新身份认同。

（一）希伯来《圣经》的地位及解读方法

《圣经》差不多是"最多人解释过的书，或许也是最少人理解的书"，而且"就连那些熟悉希伯来原文圣经的学习者，也往往只看见表面意思，深入不了多少。他们察觉不到这一文本里有个地下世界，那里充满象征和暗示……如果不做解释的工作，就不能理解圣经"②。在此基础上，随着教会权威不断增强，教会提出这样的观点："需要将圣经视为一本晦涩难懂的书，必须由教会官方来解释。"③ 这样就确保教会解释成为必须。

对于基督教来说，一旦《新约圣经》经卷出现，就和原有的希伯来《圣经》之间产生一种对比。对于犹太基督徒而言，他们对希伯来《圣经》是非常熟悉的，基本也不存在什么障碍。如果以后来被接纳为新约书卷的使徒作品为例，可以明显看出作者对希伯来《圣经》的熟悉，其中有很多处是直接或者间接的引用，还有一些是暗示。总之，对于使徒来说，希伯来《圣经》的文字与传统都像是基因，与生俱来，像血液一样流淌在他们身上。"其实正是使徒的教义不但在实质上以它的内容而且在形式上以它存在于使徒创办的教会中证明了自身的正确。"④ 这也是后来教会不放弃希伯来

---

① ［美］罗伯特·路易斯·威尔肯：《早期基督教思想的精神》，陈知纲译，中国社会科学出版社2011年版，第64页。
② ［美］博恩澈：《研读妥拉：犹太深度释经法入门》，林梓凤译，同济大学出版社2015年版，第1页。
③ Eduardus Van der Borght, ed., *Christian Identity*, Leiden: Brill, 2008, p. 5.
④ ［美］帕利坎：《大公教的形成》，翁绍军译，华东师范大学出版社2009年版，第141页。

《圣经》作为基督教《旧约圣经》的重要原因。

然而，外邦基督徒接受希伯来《圣经》无疑是有一定困难的，毕竟当时的《圣经》除了一少部分关涉整个人类，其他部分基本都是在谈论犹太人的历史、宗教，而且其内容繁杂，篇幅远超过《新约圣经》，读起来也很枯燥甚至难懂。所以外邦基督徒对于正典化过程中的《新约圣经》书卷相对更容易被接受，尤其是像《福音书》等直接谈到耶稣的书卷，或者使徒行传这样直接记载教会最初历史的书卷。而对于《旧约圣经》，外邦基督徒接受起来是需要经过一番努力才能克服一些挑战的。尽管有困难，一旦外邦基督徒认识到《旧约圣经》的重要性，就不但会要求保留《旧约圣经》，而且会想方设法把它从犹太人的希伯来《圣经》变成基督徒的《旧约圣经》。事实上，教会越强调基督救赎的重要性，就越需要承认《旧约圣经》的重要性，因为"维护基督言语的权威同时就是维护基督言语跟《旧约圣经》所记载的启示的承续性，这种承续性在真正的使徒传统中是一种本质的因素"[①]。所以在某种意义上讲，基督的权威、使徒的权威、《旧约圣经》的权威是相辅相成、相互联系在一起的。一荣俱荣，一损俱损。若想吸引犹太人加入基督教会，必然要借助《旧约圣经》，证明耶稣是《旧约圣经》所预言的弥赛亚。

对于《新约圣经》经卷的作者来说，引用《旧约圣经》经文是非常自然的事，因为他们对《旧约圣经》的经文既熟悉又喜欢。对于耶稣和使徒而言，他们在提到"圣经"时，指的就是希伯来《圣经》。

不过，大多数外邦人被接纳进教会时，并没有被要求完全皈依犹太教，而是只需要遵守有限的、比较关键的几条律法。这也在一定程度上影响了外邦基督徒阅读《旧约圣经》的动力。好在外邦人入会后逐渐发现，《旧约圣经》不仅有用，而且必不可少，因为不了解《旧约圣经》，就无法理解《新约圣经》。

---

① [美]帕利坎：《大公教的形成》，翁绍军译，第141页。

论寓意解经法在基督教与犹太教分离过程中的作用

既然《旧约圣经》不可或缺,外邦基督徒就必然面临两个现实的难题:《旧约圣经》的权威和《旧约圣经》的诠释。也就是《旧约圣经》到底重要到什么程度?是否可以与《新约圣经》相提并论?另外就是如何对《旧约圣经》作出适合基督教需要的解释。

历史表明,使徒保罗对寓意解经法作出了重要贡献,甚至成为后来教父的寓意解经法所仿效的榜样。保罗在《加拉太书》第4章,对于夏甲与撒拉的解释就是典型的寓意解经法。

保罗曾经在《圣经:哥林多后书》(第3章第6节),说过一句影响深远的话:"字句是叫人死,精意是叫人活。"这是几乎所有倾向寓意解经法的人都非常喜欢引用的一句经文,引用者包括安波罗修和奥古斯丁这样的早期基督教的著名教父。

基督徒对犹太人的《圣经》有着非常复杂的感情。"希伯来先知及其著作被早期基督徒视为'神谕',尽管他们感到有必要以不同于1世纪犹太领袖的诠释方式去解释他们。当罗马的基督教教师马吉安企图辱没希伯来经卷在基督徒之间的名声,并贬低那些犹太色彩较浓的使徒著作(例如《马太福音》《雅各书》)时,2世纪的基督教领袖群起鞭挞,更肯定这类著作对基督徒是有权威的。"[①] 外邦基督徒完全接纳犹太人的圣经经过了时间和理论的考验。

俄里根(Origen)是第一位直接探讨基督徒应当如何解释《旧约圣经》的基督教学者。他学识渊博,通晓当时很多学问,曾编订《六文本合参圣经》,还对《新约圣经》文本做过研究。对于解释《圣经》,他很有自己的见解。而他的解经方法无疑曾受到斐洛和克莱门(Clemens)的影响。对于耶稣骑着驴驹子进入耶路撒冷,俄里根在他对《圣经·约翰福音》的注释中有非常特别的解释,不但可以表明他对寓意解经法的具体运用,还可以体现他所理解的《旧约圣经》与《新约圣经》的关系。

他说:"所以,耶稣就是'上帝的道',他骑着一头驴——是门

---

① [美]奥尔森:《统一与多元的基督教信仰》,李金好译,台北:基道出版社2006年版,第76—77页。

徒将它从拴驴的绳套中解开——进到了灵魂之中，而这灵魂就是耶路撒冷。我认为这头驴指的是《旧约圣经》的朴实字句，他们的含义由那两个解开驴的门徒阐明。其中一个门徒解开含有隐秘义的字句，使灵魂能够受益，因此，他以寓意的方式作出诠释。另外一个门徒借着影儿之下的事物呈现那些良善、真实的事。他还骑着一头驴驹子，而驴驹子指的是《新约圣经》。因为，在《旧约圣经》和《新约圣经》之中都可以找到真理。"① 俄里根这一处注释既肯定《旧约圣经》的地位，指出基督教圣经的两个组成部分之间的联系，也按照他的寓意解经法做出了示范。如此解经对于基督教认识希伯来《圣经》的地位，并建立独立认同有非常深刻的影响。

在俄里根之后，包括奥古斯丁在内的一些教父，都有这样的共识：即保罗在《哥林多前书》第10章和《加拉太书》第4章所用的方法，可以为后来的基督徒解释其他经文做榜样。在早期教父中，还存在一种约翰·克里索斯托（John Chrysostom）曾说过的倾向："相比于那些明显的经文，更喜爱相对不明显的经文。"② 这样的倾向，无疑可以激发教父努力探求和挖掘经文意义，尽管有可能导致最后的解释偏离经文字面意思太远的结果。

《新约圣经》是基督教解读《旧约圣经》必须倚重的材料，甚至可以说，基督徒就是透过《新约圣经》去理解《旧约圣经》的。更具体地说，基督徒是以耶稣为中心去理解整本圣经的，因为"耶稣本身成了新的、活的妥拉，是初期教会思想和生活的绝对中心"③。当基督徒把《旧约圣经》看作对耶稣的预言和预表，《旧约圣经》的重要性就变得无须争议了。《新约圣经》中耶稣本人的话就成了一个指示牌。他曾说："给我作见证的就是这经。"（约5：39）不仅如此，在《福音书》中，耶稣还对犹太传统中的一些重

---

① ［古罗马］俄里根：《属灵的寓意——〈约翰福音〉注疏（上）》，柳博赟译，华夏出版社2010年版，第317页。

② Chrysostom, *Homily on Genesis* 31.8.

③ ［美］马文·韦尔森：《亚伯拉罕：基督教的犹太根源》，林梓凤译，中西书局2013年版，第69页。

要概念，如安息日、圣殿、律法等都有新的诠释。所以，从耶稣开始，到使徒，再到教父，在对《旧约圣经》的诠释上，有一定的脉络可寻，可以清晰地看到有一定的传承性。

后来的基督教思想家是承认寓意解经法的作用的。正如梁家麟曾经总结的，"用字面解经的方法，确实无从在《旧约圣经》中发现耶稣的福音，唯有灵意解经可以补救此弊。将《旧约圣经》灵意化以至基督化（Christianize），是使徒与教父们惯常的做法，不然《旧约圣经》就不能成为基督教的经典了"①。事实上，从基督教的视角去看待圣经，就会发现"圣经的次序必然是'新、旧约'，而非'旧、新约'；《旧约圣经》不能独立存在，不能独立发挥权威作用"②。在这一意义上寓意解经法帮助基督教找到了《旧约圣经》与基督教信仰的契合处，发挥了不可替代的作用。

"旧约圣经是新约圣经的母亲，旧约信仰是基督信仰的摇篮，基督信仰从那里出来。"③ 先认清《旧约圣经》的地位，再找到相对合适的诠释方法。这一做法实际上为基督教未来圣经神学的建构提供了坚实的基础和广阔的空间。

（二）基督徒建立身份认同

"教宗庇护十一世（Pius XI）有句发人深省的话说：'在灵性上我们全都是犹太人。'"④ 外邦基督徒若想与上帝和基督建立联系，必须要通过犹太人。对于基督教来说，上帝首先是犹太人的上帝，是向犹太人的列祖列宗显现的上帝，弥赛亚也首先是犹太人的弥赛亚，是《旧约圣经》预言要来的那一位。尤其是在早期教父护教的过程中，"若不首先谈到上帝与以色列民族之间的关系，就无

---

① 梁家麟：《基督教会史略——改变教会的十人十事》，香港：明风出版社2012年版，第53页。
② 梁家麟：《基督教会史略——改变教会的十人十事》，第53—54页。
③ ［美］马文·韦尔森：《亚伯拉罕：基督教的犹太根源》，第136页。
④ ［美］马文·韦尔森：《亚伯拉罕：基督教的犹太根源》，第25页。

法将基督的独特之处呈现给人们"①。因此,《旧约圣经》对于基督教来说,是不可或缺的。正是在这个意义上,俄里根才会承认,上帝"首先确立了犹太教,随后又确立了基督教"②。所以基督教若想构建自己的认同,必须与犹太教之间建立联系。犹太教与犹太民族之间联系紧密,"犹太人和犹太教的统一性既是犹太文化宗教性的表现,也是其形成的首要原因"③。如果从宗教信仰对特定人群的影响来看,犹太教对犹太民族影响深远,无法忽视。"随着公元1世纪末至2世纪中叶犹太民族大流散开始,犹太教成为维系以色列民族团结的纽带,成为犹太人身份的重要标志。"④ 不过,基督徒的身份认同必然与犹太人的认同有所差异。首先基督徒不属于任一民族,不聚居于任一地区,将他们维系在一起的主要是共同的信仰,集中表现为对耶稣的信,相信耶稣就是基督。

早期基督徒身份认同,尤其是外邦基督徒的身份认同需要和基督建立关系,需要和以色列建立关系,需要和亚伯拉罕建立关系。正因为如此,教会将自己称为"新以色列",基督徒被视为亚伯拉罕的后裔,那些外邦基督徒也成为"亚伯拉罕属灵的后裔"。"在初期教会里,归信的外邦人加入了这个属于上帝、源远流长的民族。外邦人必须调节自己去适应以色列,而不是反过来。"⑤ 从历史来看,"教会的开端、基督教信仰的源头,从里到外都是犹太的,新约里的证据历历在目,无可反驳。今日教会的非犹太基调是历史造成的,一开始并非如此"⑥。所以对于外邦基督徒来说,如何继承犹太遗产,以何种方式继承犹太身份,是一个十分严肃的问题,毕竟在约公元49年举行的耶路撒冷会议上,外邦人并未被要求先加入犹太教。因此他们必须另外寻找一条路

---

① [美] 罗伯特·路易斯·威尔肯:《早期基督教思想的精神》,第21页。
② Origen, *Against Celsus* 3.14.
③ 徐新:《论犹太文化》,世界图书出版广东有限公司2013年版,第95页。
④ 徐新:《论犹太文化》,第97页。
⑤ [美] 马文·韦尔森:《亚伯拉罕:基督教的犹太根源》,第49页。
⑥ [美] 马文·韦尔森:《亚伯拉罕:基督教的犹太根源》,第55页。

论寓意解经法在基督教与犹太教分离过程中的作用

径,建立自己的认同。

在教会建立独立身份认同的过程中,使徒保罗的贡献非常突出,以至于被认为是教会的实际建立者。或者换一种表达,"今天基督教所传讲的,主要是保罗版本的基督教"①。"我们今天所了解的福音,是保罗在圣灵启迪下,对耶稣基督传讲的教训及成就的救恩的一种独特诠释。"② 保罗曾经对外邦基督徒与以色列的关系进行过非常形象的描述,那就是野橄榄枝与橄榄树根的关系。该比喻表明"教会稳稳种植在希伯来土壤里,借着跟以色列的关系才找得到自己的真正身份"③。后来的教父对于基督徒和犹太人的关系不断加以明确,查斯丁(Justin Martyr)通过对《以赛亚书》有关章节④的诠释,认为既然基督徒是属于基督的,而"基督是以色列和雅各",所以基督徒"是真正的以色列式的种族",查斯丁最后得出的结论是"有两个犹大的后裔,两个种族,因为有两个雅各家:一个是通过血和肉体生的,另一个是通过信心和圣灵生的"⑤。查斯丁还认为当犹太人拒绝了基督,也就意味着他们拒绝了差遣基督来的上帝。⑥ 于是上帝也拒绝了犹太人。犹太人此前反抗罗马人的起义都以失败告终,就被认为是有力的证据。

由于从使徒到教父,经过基督教思想家坚持不懈的努力,他们使用寓意解经法,帮助基督徒建立了身份认同,成为上帝的新选民,新的以色列,甚至让基督徒自认为取代了犹太人的地位。

从2世纪中期开始,日渐强大的教会为了突出基督教是一种独立的信仰,逐渐强调自己就是"橄榄树",甚至进一步切断和犹太的渊源关系。

---

① 梁家麟:《基督教会史略——改变教会的十人十事》,第55页。
② 梁家麟:《基督教会史略——改变教会的十人十事》,第56页。
③ [美]马文·韦尔森:《亚伯拉罕:基督教的犹太根源》,第16—17页。
④ 《圣经·以赛亚书》43:15;42:1-4;65:9-12。
⑤ Justin Martyr, *Dialogue with Trypho*, chapter 135.
⑥ Justin Martyr, *Dialogue with Trypho*, chapter 136.

三 结语

总而言之,基督教徒正是通过寓意解经法逐步将自己定位为"新以色列人""亚伯拉罕的属灵后裔"的,并最终将犹太教的圣经变成了基督教经典,建立起了基督教的解经模式。正是在这一意义上,人们可以清晰地看到,在基督教脱离犹太教成为独立宗教的过程中,寓意解经法所作出的巨大贡献。

《东方哲学与文化》稿约

　　《东方哲学与文化》是由老子道学文化研究会、南京大学道学与东方文化研究中心共同主办的学术集刊。每年出版两辑,向国内外发行。

　　本刊旨在繁荣和推进包括中国传统文化在内的东方学研究,构建具有鲜明特色的东方哲学与文化研究的学术平台,开展专题和比较研究,发掘东方文明的精神内涵与时代价值。

　　本刊常设栏目包括:理论前沿、专题研究(道学研究、佛学研究、儒学研究、印度哲学研究、犹太教研究、日本哲学研究等)、比较研究、书评讯息等。

　　本刊来稿以1万—1.5万字为宜,要求观点明确、论证严谨、语言流畅。来稿请附中英文题目、中英文摘要(200—300字)、中英文关键词(3—5个),作者简介及地址、邮箱、电话等联系方式,国外学者须注明国籍。

　　本刊来稿请采用夹注和脚注两种注释方式,引文、注释务必校对无误,参考文献请附文末。

　　1. 夹注,适用于在正文中征引常见古籍,格式如(《庄子·逍遥游》)。

　　2. 脚注,请使用①、②、③……标示,每页重新编号。

　　(1) 引用古籍示例:(清)姚际恒:《古今伪书考》卷三,光绪三年苏州文学山房活字本,第9页a。

　　(2) 引用专著示例:朱伯昆:《易学哲学史》,北京大学出版

社 1986 年版，第 100 页。（国外作者加国籍，译著在书名后加译者，西文专著书名用斜体）

（3）引用期刊论文示例：汪桂平：《平安清醮与傩仪——谈道教与民俗文化之关系》，《世界宗教研究》2004 年第 3 期。（西文期刊论文加引号，期刊名用斜体）

（4）引用文集中文章示例：杜维明：《从"文化中国"的精神资源看儒学发展的困境》，载《杜维明文集》第 5 卷，武汉出版社 2002 年版，第 469 页。

本刊实行匿名审稿制，审稿期限一般为三个月。三个月后如未接到采用通知，作者可自行处理。因本刊人力所限，恕不办理退稿，请自留底稿。

来稿文责自负，切勿一稿多投，本刊不承担论文侵权等方面的连带责任。对采用的稿件本刊有权删改，不同意删改者请申明。

投稿一经录用即奉稿酬。本刊电子邮箱：orientalstudies@126.com。

本刊通信地址：江苏省南京市栖霞区仙林大道 163 号南京大学哲学系 313 室《东方哲学与文化》编辑部，邮编，210023，联系电话：025 - 89681610。

《东方哲学与文化》编辑部